普通高等院校新闻与传播学精品规划教材
武汉大学创新创业教育系列规划教材

新媒体市场运营

主　编　刘友芝
副主编　易志奇

WUHAN UNIVERSITY PRESS
武汉大学出版社

图书在版编目(CIP)数据

新媒体市场运营 / 刘友芝主编 . -- 武汉 : 武汉大学出版社,2024.12.
武汉大学创新创业教育系列规划教材　普通高等院校新闻与传播学精品规划教材 . -- ISBN 978-7-307-24547-1

Ⅰ. G206.2

中国国家版本馆 CIP 数据核字第 2024MV1969 号

责任编辑:韩秋婷　　责任校对:鄢春梅　　版式设计:马　佳

出版发行:**武汉大学出版社**　(430072　武昌　珞珈山)
(电子邮箱:cbs22@ whu.edu.cn 网址:www.wdp.com.cn)
印刷:湖北金海印务有限公司
开本:787×1092　1/16　印张:13　字数:300 千字　插页:2
版次:2024 年 12 月第 1 版　2024 年 12 月第 1 次印刷
ISBN 978-7-307-24547-1　定价:48.00 元

前　言

党的二十大报告指出，要加快发展数字经济，打造具有国际竞争力的数字产业集群。互联网是承载数字经济发展的重要基础。近年来，我国数字经济持续发展，2022年信息传输、软件和信息技术服务业增加值增长9.1%；全国网上零售额137853亿元，比上年增长4.0%，为保持国民经济稳定增长作出积极贡献。① 截至2023年6月，我国网民规模达10.79亿，互联网普及率达76.4%，占比已超过总人口的3/4。②

快速发展且规模庞大的互联网用户红利，为移动互联网时代新兴媒体市场的发展提供了强大的社会基础，近些年，我国相继涌现出一系列爆发式发展的新兴媒体市场，如视频付费、知识付费、短视频内容、短视频商业营销、主流媒体新闻App、直播电商、移动播客、虚拟数字人等热点新兴媒体市场。

上述各个热点新兴媒体市场因何爆发式发展？爆发式发展的现实具体背景如何？主要发展历程与运营的现状和特征如何？在经过初始的市场爆发运营之后，后续的市场运营面临哪些挑战？与之相关的市场主体的新媒体运营对策有哪些？其市场持续发展趋势如何？全面而具体地深入研究这些运营问题，有助于洞悉上述各个热点新兴媒体市场化运营实践的主要发展脉络，并构成我国移动互联网爆发增长时代以来新媒体市场的主要运营实务。

本书便是针对上述问题的具体研究成果，也是作者继《新媒体运营》教材③之后，结合我国移动互联网时代的新兴媒体市场而展开进一步现实研究的又一主要成果，是《新媒体运营》的配套教材。

本书具有较强的现实针对性，便于广大青年学子学习和掌握我国移动互联网时代新兴媒体市场的主要现实运营规律。

---

① 中国互联网络信息中心：《第51次〈中国互联网络发展状况统计报告〉》，http：//www.cnnic.cn/n4/2023/0303/c88-10757.html，2023-03-02。

② 中国互联网络信息中心：《第52次〈中国互联网络发展状况统计报告〉》，http：//www.cnnic.cn/n4/2023/0828/c88-10829.html，2023-08-28。

③ 《新媒体运营》一书，由中国人民大学出版社出版，获2023年武汉大学优秀教材奖。

目　录

第一章
视频付费市场的运营

第一节　视频付费市场兴起与爆发的现实背景

一、宏观市场环境因素的优化

1. 国家和行业共促视频版权环境的优化

从我国视频行业的发展历程来看，付费模式与免费模式几乎同步产生，早在2004年，视频网站乐视网成立之时，便推出了正版影视剧的网络租赁收费服务，建立了“免费+付费”的双重视频发展模式。然而，在2013年之前，由于我国大多数视频网站以“免费+广告”作为主要发展策略，导致社会各界存在对视频版权的保护意识不强，保护措施不到位甚至缺位的现象，视频版权监管存在较大的漏洞；同时，各大网络视频平台也没有就视频付费采取统一步伐，网络视频行业没有形成视频版权保护的行业联盟，助长了网络视频盗版行为的泛滥，致使我国视频付费模式在2004—2013年的十年间发展缓慢。自2013年下半年开始，国家机关、行业协会和网络视频平台相继开始采取相应的视频保护措施，陆续出台有关网络视频版权保护和监管的文件，强化网络视频版权保护的环境，网络视频盗版行为得到了净化，网络视频平台、网络大电影制片公司和其他视频内容生产主体构建了基础性的版权制度保护环境，如表1.1所示。

表1.1　2013—2015年我国视频版权环境优化历程①

时间	主要措施
2013年9月	《关于加强重点网站版权主动监管的实施意见》，启动对视听作品版权监管预警保护和强化网站对视听作品版权的主动监管。
2013年11月	优酷土豆、搜狐视频、腾讯视频等十大影视机构发起“中国网络视频反盗版联合行动”，发出联合行动宣言，打击网络视频“盗版和盗链”行为。
2014年2月	中国版权保护中心、中国电视艺术家协会、中国电影家协会、中国互联网协会联合发起并成立影视版权产业联盟，推动全媒体影视版权保护，保障文化市场良性运行。

---

① 易观：《中国网络视频付费市场专题分析》，http://www.analysys.cn/article/detail/1000169,2017-01-03。

续表

时间	主 要 措 施
2014 年 8 月	全国人大常委会通过在北京、上海、广州设立知识产权法院，负责管辖专业技术性较强的知识产权民事和行政案件，为服务知识产权强国建设发展大局提供了有力司法保障。
2015 年 7 月	搜狐视频、腾讯视频、优酷土豆、爱奇艺等互联网公司发起组建互联网视频正版化联盟。
2015 年 10 月	《国务院办公厅关于加强互联网领域侵权假冒行为治理的意见》出台，形成政府监督、行业自律、社会参与的监管格局。
2015 年 12 月	国务院颁布《国务院关于新形势下加快知识产权强国建设的若干意见》，深化知识产权重点领域改革，实行更加严格的知识产权保护。

基础性的视频版权环境的优化，客观上增加了视频用户免费观看优质视频内容的难度，使付费成为视频用户获取优质视频版权内容的首要方式，激励着视频平台和其他视频内容投资方和制作方，倾力布局 VIP 付费版权内容的制作与衍生付费增值服务的投入。2016 年涌现出更多精心制作的优质视频内容资源，增强了视频平台对付费会员的内容吸引力。

2. 网络付费环境的改善："提速降费"和多元化在线支付系统

2016 年我国视频付费用户规模的持续高速增长，源于我国视频用户的网络付费环境的改善。一方面，实行网络"提速降费"举措。2013 年 12 月 4 日，工业和信息化部正式向三大运营商发放 4G 牌照，标志着我国正式进入 4G 时代。与 3G 相比，4G 通信具有速度快、网络频谱宽、智能性好、兼容性高的特点。4G 网络的发展极大地促进了网络视频行业的发展，它支持用户以更快的速度收看网络视频、获得更好的收看体验。2015 年 5 月，国务院办公厅进一步印发了《关于加快高速宽带网络建设推进网络提速降费的指导意见》，明确指出要加快基础设施建设，大幅提高网络速率。意见出台后，三大运营商相继开展"提速降费"行动，并实施"流量当月不清零"等流量使用措施。高速的固定宽带和 Wi-Fi 无线网络+低流量费的 4G 智能手机，这些条件无疑降低了视频用户观看高清付费长视频的成本，并且提高了会员付费观看各大视频平台的优质视频内容的观看体验，增强了视频用户的付费意愿。另一方面，网络视频平台建立了实时便捷的多元化网上支付系统。截至 2016 年 12 月，我国使用网上支付的用户规模达到 4.75 亿人，与 2015 年 12 月相比，网上支付用户增加 5813 万人，年增长率为 14.0%，我国网民使用网上支付的比例从 60.5%提升至 64.9%。其中，手机网上支付用户规模增长迅速，达到 4.69 亿人，年增长率为 31.2%，网民中使用手机网上支付的比例由 57.7%提升至 67.5%。① 各大网络视频平台在开拓手机支付系统的同时，针对不同付费用户群体的特定支付习惯，拓展多样化的网上支付系统，包括第三方支付、网银支付、话费支付、虚拟货币支付等多元化支付体系，多元

① 中国互联网络信息中心：《第 39 次〈中国互联网络发展状况统计报告〉》，http://www.cnnic.cn/n4/2022/0401/c88-1121.html,2017-01-22。

化的实时便捷网上支付系统，大大方便了视频会员实时消费。完善的支付系统，客观上促进了网络视频付费用户规模的扩大，如表 1.2① 所示：

表 1.2　多元化网上支付系统

支付类型	典型代表
在线支付平台	支付宝、财付通、优酷钱包、百度钱包等
网银支付	工商银行、农业银行、招商银行等网上银行
话费支付	中国移动、中国联通、中国电信
虚拟货币支付	Q 币、爱奇艺豆等

二、中观环境因素的双向推动

1. 视频广告市场的增速乏力，面临“天花板”式的瓶颈限制

长期以来，广告营销在网络视频平台的整体收入中占有绝对比重，从我国视频行业的整体发展过程来看，早期的视频网站乐视网成立伊始，便建立了“免费+广告”“付费+内容”的双重发展模式；然而自 2005 年以来，以土豆、优酷为代表的视频平台型企业，因沿用美国当时主流的 Youtube 视频网站的“免费+广告”发展模式而迅速崛起，从此，视频广告便成为我国视频行业的主流生存和发展模式，如图 1.1② 所示。

图 1.1　2011—2016 年中国网络视频广告市场规模③

① 易观：《中国网络付费视频付费市场专题分析》，http://www.analysys.cn/article/detail/1000649，2017-01-03。

② 易观：《中国网络付费视频付费市场专题分析》，http://www.analysys.cn/article/detail/1000649，2017-01-03。

③ 易观：《中国网络付费视频付费市场专题分析》，http://www.analysys.cn/article/detail/1000649，2017-01-03。

虽然我国视频广告市场的绝对规模每年不断递增，2011—2016年，分别为48.3亿元、88.3亿元、122.1亿元、170亿元、243.1亿元、365亿元，但相对增速却从2011年的123%，下滑到2012年的82.7%，再到2013年的38.20%，呈现出连续两年同比相对增速剧烈下滑的态势。尽管自2014年起相对增速开始企稳止跌，但2014—2016年近三年间，视频广告市场的增速处于平缓增长的乏力态势。视频行业单纯依靠广告的生存和发展模式，已面临"天花板"式的瓶颈限制；与此同时，2010年以来，伴随以爱奇艺、腾讯视频、搜狐视频为代表的视频平台型企业相继进入视频制作行业，几大视频平台巨头的市场竞争日益激烈，导致视频版权购买成本、视频带宽成本以及影视剧和综艺节目的自制成本和获取用户等运营成本巨大，视频网站大多处于"贴钱运营"状态，视频行业的生存和发展模式亟须转型。

2. 年轻一代的娱乐消费升级，成为视频付费市场的良性驱动力

自2015年以来，我国视频付费市场连续两年的高速增长，离不开年轻一代娱乐消费升级的视频市场环境层面的良性驱动。中国移动综合视频用户中30岁及以下用户占比超过70%，其中24岁及以下的用户占比高达37.4%；在整个移动互联网用户结构中，"80后""90后"用户成为主流网络视频消费人群，个性化、娱乐化消费需求的崛起，带来了新的消费趋势；在网络视频方面，年轻一代用户对于娱乐明星的追捧、对个性化服务体验的追求、对多样化内容的需求是网络视频付费市场增长的良性驱动力。①

3. 视频付费：视频行业新的发展模式

我国各大综合视频平台型企业，在视频广告增长较缓和运营成本攀升的严峻态势下，纷纷探索视频行业新的生存和发展模式。以优质内容吸引视频用户付费，促进视频网站的良性健康发展，逐步成为视频行业新的发展模式。经过早期的视频付费模式探索以及预热启动后，网络视频付费市场在2015年迎来了高速发展，奠定了以会员付费为主的多元视频付费模式。

艾瑞咨询的《2016年中国视频网站付费用户典型案例研究报告》显示，在线视频收入中广告收入的占比正在逐年递减，2016年广告收入的占比仅为53.4%，而用户付费收入占比为15.5%，版权分销占比为3.1%，其他的收入由游戏联运、电商等共同构成。② 用户付费和其他延伸付费项目占比的逐年递增，显示出视频行业正在积极探索摆脱单一依靠广告模式，向以会员付费为主的多元视频付费模式转型。

三、微观层面视频企业用户付费策略的拉动

随着各大视频平台型企业之间日趋激烈的市场竞争，对优质内容资源的竞争不断升级，导致视频内容版权方(如传统电视媒体)提价，这给视频网站带来了巨大的内容成本

---

① 易观：《中国网络付费视频付费市场专题分析》，http://www.analysys.cn/article/detail/1000649，2017-01-03。

② 艾瑞咨询：《2016年中国视频网站付费用户典型案例研究报告——乐视影视会员洞察研究报告》，http://www.iresearch.com.cn/Detail/report？id:26538isfree=0,2016-10-09。

压力。与此同时，视频网站的广告增长率也在不断下滑，单纯依靠广告的营收模式，远不能保证视频网站的可持续发展。在严峻的市场生存环境之下，主要视频平台型网站积极探索新的用户付费营收模式，这就需要独特的付费独播内容。为此，它们纷纷转型，从单纯的视频平台，进一步切入上游视频内容制作环节，成为视频内容的制片方或投资方，有的更是直接成立影视公司，例如爱奇艺影业、乐视影业、企鹅影业等，生产自己的独播内容，为平台提供更具差异化的内容资源。

1. 付费会员的多元化权益激励

从我国视频用户的付费方式来看，会员月度购买是主导方式，2016 年会员月度付费占比接近 50%,① 其离不开爱奇艺、腾讯、优酷、乐视等各大视频平台型企业针对付费会员的多元化权益激励。总体来看，付费会员的主要权益包括去广告、高清画质体验、优质视频内容的专享和抢先看、VR 全景观看、各类主题活动等。这些权益可以增强用户的黏性，留住老的付费会员，吸引新的付费会员。主要网络视频平台付费的会员权益如表 1.3 所示。

表 1.3　主要网络视频平台付费的会员权益②

	爱奇艺	腾讯	优酷
共有权益	去广告、独播剧缓存、会员抢先看、院线新片、高清画质体验、多屏观看、点播券/观影券		
特色权益	• 杜比音效 • 超级网剧 • 演唱会直播 • 签到有奖 • 成长任务 • 专属活动 • 特价商品 • 特价电影票 • 生日礼包	• 独家美剧 • 全球纪录片 • 热剧看全集 • 赠送影片 • 边播边下	• 直播观看 • 上传扩容 • 互动特权 • 商家折扣 • 专属客服 • 每日福利

2. 丰富的优质影视剧：引领视频付费市场

2016 年我国视频付费市场的持续高速发展，在很大程度上是由各大视频平台企业通过各种途径，积累了大批丰富的优质影视剧内容资源所致，尤其是精品网络自制剧和网络大电影，成为引爆视频付费市场的“头部内容”。

---

① 易观：《中国网络付费视频付费市场专题分析》，http://www.analysys.cn/article/detail/1000649，2017-01-03。

② 艺恩：《2016 年中国视频行业付费市场研究报告》，http://lmtw.com/mzw/content/detail/id/140943/keyword_id/-1,2017-01-24。

(1)精品网络自制剧，引爆视频付费市场

根据《第39次中国互联网络发展状况统计报告》，国家新闻出版广电总局网络司网络视听节目备案库的数据，2016年1月1日—11月30日，视频网站备案的网络剧为4430部，共计16938集，节目数量与2015年相比呈井喷式增长。① 截至2016年12月11日，视频付费剧从2015年的36部增长到2016年的239部，增长了将近7倍，网络剧成"吸金"主力，占比47%，海外剧为31%，国产剧为22%。具体数据如表1.4所示。②

表1.4 2016年网络剧播放量TOP10自制剧及平台

网络剧名	播放平台	播放量
《老九门》	爱奇艺	114亿
《太子妃升职记》	乐视	34亿
《最好的我们》	爱奇艺	27亿
《重生之名流巨星》	腾讯	26亿
《余罪1》	爱奇艺	22亿
《余罪2》	爱奇艺	21亿
《半妖倾城》	乐视 芒果TV	20亿
《如果蜗牛有爱情》	腾讯	20亿
《九州天空城》	腾讯	17亿
《法医秦明》	搜狐	14亿

自2015年爱奇艺精品自制剧《盗墓笔记》引爆付费市场以来，各大视频网站纷纷以精品自制剧吸引会员付费。由表1.4可见，2016年，播放量排名前十的自制网剧付费播放量都超过了10亿，爱奇艺的《老九门》更是成为首个播放量超过100亿的自制网剧。精品网络自制剧，引爆了视频会员的付费市场。

(2)网络大电影的规模化，进一步巩固了视频用户的付费消费习惯

2016年，电影成为仅次于网剧吸引会员付费的主要内容类型。每年产量不断上升的院线电影和网络大电影，为视频用户提供了更丰富的选择空间。

网络大电影主要有两大来源：一是由网络视频平台自身的电影制作公司生产，如前所述的爱奇艺影业、企鹅影业生产的网络独播大电影；二是由第三方电影公司制作的国产院线电影和海外引进的新电影。

长期以来，我国电影的传统播出渠道以院线为主，在我国电影产业发展过程中，一些

① 中国互联网络信息中心：《第39次〈中国互联网络发展状况统计报告〉》，http://www.cnnic.cn/n4/2022/0401/c88-1121.html，2017-01-22。

② 艺恩：《2016年中国视频行业付费市场研究报告》，http://lmtw.com/mzw/content/detail/id/140943/keyword_id/-1，2017-01-24。

优秀的文艺片被商业大片挤占了院线排片，从而失去与观众见面的机会，网络大电影为艺术片拓展了市场空间，促进了中国电影产业的良性发展。各大网络视频平台，大多设置了付费会员的 VIP 专享电影专区，不仅包括院线电影、海外引进的新上映电影和经典电影，还包括网络视频平台独播的网络大电影。

近年来网络视频播放平台，吸引了传统的影视内容生产商的参与，他们利用自身已有的制作团队和经验与网络视频播放平台合作生产网络大电影，例如慈文传媒将其网络剧《老九门》已改编成网络大电影，并与爱奇艺联合出品。传统优秀影视内容生产商的加盟和视频用户审美情趣的提升，改变了以往网络大电影以软色情、惊悚片为主要题材的特点，在线播出的电影内容质量得到了大幅提升。对于第三方电影公司生产的网络大电影，平台采取分级分账收入模式，第三方视频制作方可以从视频平台的付费点播模式中获得不同份额的分账收入。

截至 2016 年 12 月 31 日，我国当年网络大电影产量超过 2500 部，较 2015 年增长了 260%。① 网络大电影的规模化，进一步巩固了视频用户的付费习惯。

3. 视频网站差异化的排播，力促会员持续付费

2016 年，主要视频平台型网站针对付费用户和非付费用户的视频内容采用差异化排播方式，也是促进我国视频付费市场持续高速增长的重要策略。

（1）“会员抢先看”

“会员抢先看”是网络视频平台吸引用户付费的最主要的排播方式，非会员用户通常一周可以收看两集，会员用户可以一次性收看所有剧集或者大部分剧集，这无疑对视频用户具有巨大的吸引力。

（2）“先网后台”

以往优秀的电视节目，通常先在电视台播出，网络视频平台通过购买版权进行二次播放，因此对于上星的电视剧，网络视频平台都是追随着电视台的脚步。然而，随着网络视频平台的发展尤其是自制剧内容水平质量的提高，出现了反向输出给电视台播出的现象。2015—2016 年出现了很多“先网后台”的播出情况。作为第一部“先网后台”播出的电视剧，《蜀山战纪之剑侠传奇》先是于 2015 年 9 月 22 日在爱奇艺全球首播，之后在 2016 年寒假期间再次在安徽卫视播出，再次引爆收视热潮。目前，“先网后台”已成为视频付费时代新的排播方式。

（3）“台网同步”

对于网络播放量超过 100 亿的网络热播剧《老九门》，爱奇艺第一次采用了 VIP 会员剧的“台网同步”+“会员优先”的新的差异化播放模式，即每周一、二晚各更新 1 集，而会员用户可以抢先收看 4 集。会员用户提前收看之后，通过在社交媒体上的讨论，可以再次助推电视台的收视率，同时电视台的播放又可以进一步提高网剧的覆盖率，因而“台网同步”实现了相互导流的作用。

---

① 艺恩：《2016 年中国视频行业付费市场研究报告》，http://lmtw.com/mzw/content/detail/id/140943/keyword_id/-1，2017-01-24。

综上所述，我国视频付费市场的发展，起源于 PC 互联网时代即 2004—2007 年间，当时乐视网开始进行市场探索，处于视频付费的萌芽阶段。经过 2010—2011 年爱奇艺的市场预热，视频付费进入了转型阶段。到了 2015—2016 年，视频付费市场迎来了爆发式发展，截至 2016 年年底，我国视频有效付费用户规模已突破 7500 万，标志着视频付费市场迎来了全面爆发期。

第二节 视频付费市场爆发的运营状况与特征

一、付费用户的规模：延续高速增长态势，融入全球付费大潮

我国视频付费用户规模从 2015 年起，就开始呈现出爆发式增长态势，截至 2015 年 12 月 31 日，视频付费用户规模达 2200 万，比 2014 年同期增长了 133%，开启了我国视频付费市场大发展的历史性“新纪元”。根据艺恩公司的统计，付费用户主要分布在爱奇艺、腾讯、优酷、乐视四大视频用户平台上。如图 1.2 所示，我国总体付费用户规模比 2015 年同期增长了 241%，在全球视频付费增速方面位居首位，是美国视频付费增速的 9 倍①，我国视频付费市场呈现高速增长态势。我国视频付费正大踏步融入全球付费大潮。

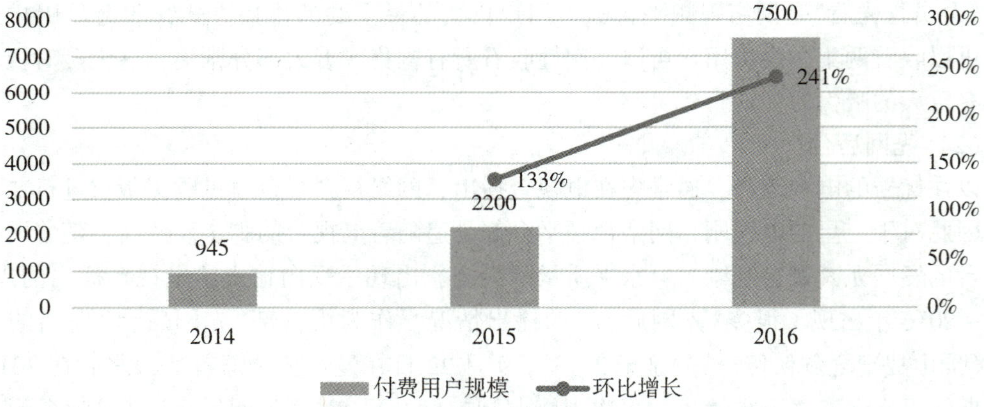

图 1.2 2014—2016 年我国视频付费用户规模②

二、付费用户的结构：处于一二线城市、年轻化、白领化

2016 年我国网络视频的付费用户，从结构上看，除了男女的性别结构较为协调（男性

① 艺恩：《2016 年中国视频行业付费市场研究报告》，http://lmtw.com/mzw/content/detail/id/140943/keyword_id/-1,2017-01-24。

② 艺恩：《2016 年中国视频行业付费市场研究报告》，http://lmtw.com/mzw/content/detail/id/140943/keyword_id/-1,2017-01-24。

占比为 50. 70%，女性占比为 49. 30%)①，在地域分布结构、年龄结构、收入结构和职业结构分布上均呈现出较大的差异性特征。

2016 年不同级别城市付费用户所占计划如图 1. 3 所示。

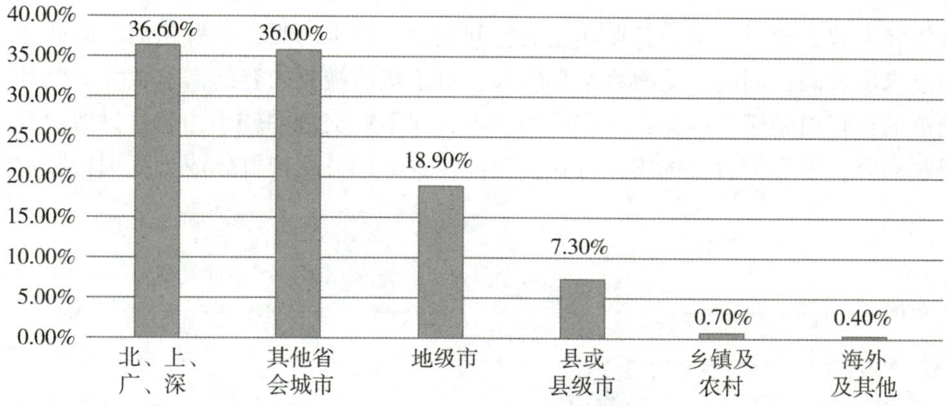

图 1. 3　不同级别城市付费用户所占比例②

由图 1. 3 可见，视频付费用户中 72%以上的人来自北、上、广、深及主要省会城市，其中，北、上、广、深四个一线大城市的付费用户，占比高达 36. 6%，这些地区的经济发展水平相对较高，居民的收入和生活水平也相对较高，因此对于网络视频付费的接受程度也更高。

如图 1. 4~图 1. 6 所示，我国视频付费用户的年龄结构与我国网民用户的年龄结构总

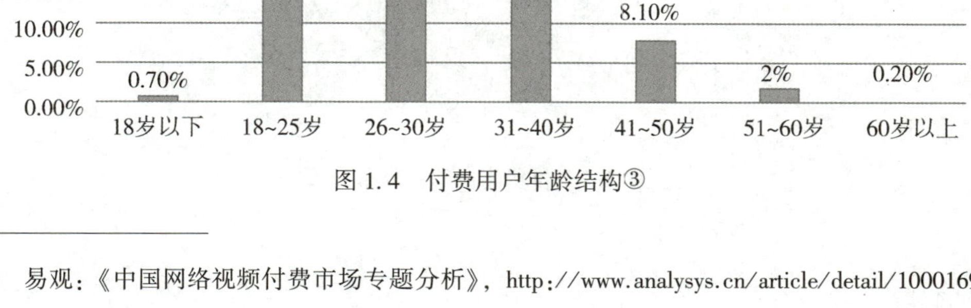

图 1. 4　付费用户年龄结构③

① 易观:《中国网络视频付费市场专题分析》，http://www.analysys.cn/article/detail/1000169,2017-01-03。

② 易观:《中国网络视频付费市场专题分析》，http://www.analysys.cn/article/detail/1000169,2017-01-03。

③ 易观:《中国网络视频付费市场专题分析》，http://www.analysys.cn/article/detail/1000169,2017-01-03。

体保持一致，35 岁以下人群占比高达 89.6%，说明年轻用户有较高的视频付费意愿；付费用户中 51%的人收入在 3000~5000 元；付费用户的职业分布中，白领/一般职员的占比最多，高达 61.6%。总体而言，视频付费用户的构成主体，大多处于北、上、广、深或主要省会城市，年龄在 26~40 岁，收入在 3000~5000 元的白领或一般职员。这一部分群体相对年轻，收入相对稳定，且职业发展空间较大，追求时尚，消费超前，因此对于视频付费的追求度较高；同时，受教育水平较高，对于优质视频内容的需求较大。此外，生活在大城市的年轻白领用户群体，工作压力较大，线下社交范围较小，通过付费收看心仪的优质视频内容，不失为较好的娱乐方式，因此，这一部分用户群体成为我国视频付费的主要用户。

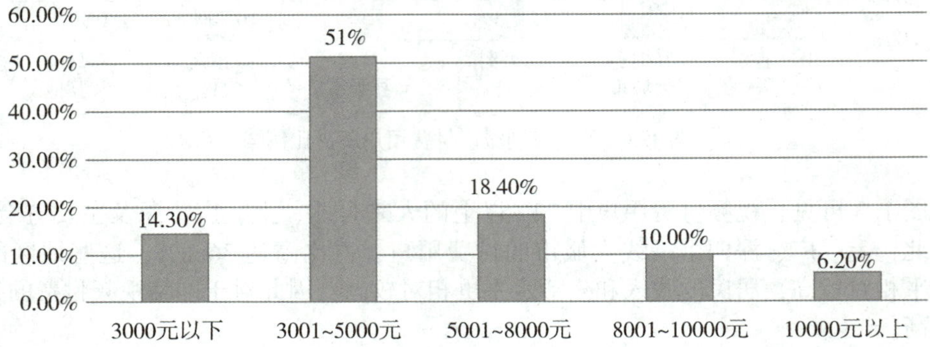

图 1.5 付费用户收入比例①

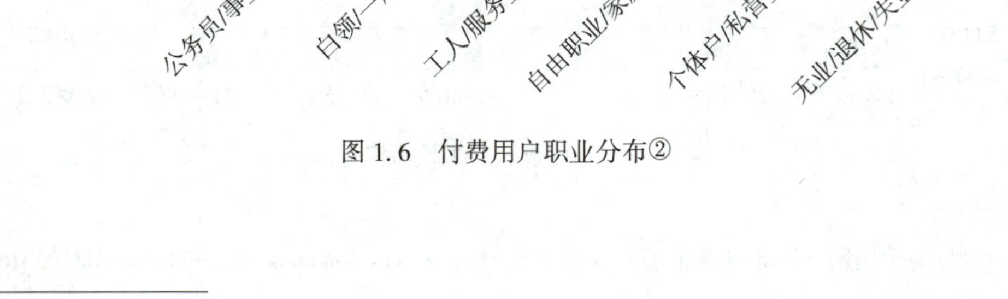

图 1.6 付费用户职业分布②

① 易观：《中国网络视频付费市场专题分析》，http://www.analysys.cn/article/detail/1000169，2017-01-03。

② 易观：《中国网络视频付费市场专题分析》，http://www.analysys.cn/article/detail/1000169，2017-01-03。

三、付费内容的类型：影视剧主导下的付费内容多元化

就付费视频的内容类型而言，2016 年，在付费用户收看中占比最多的是影视剧，主要包括国产院线电影、海外电影、国产台网电视剧、海外电视剧、国产网络大电影、国产网络剧，成为吸引视频用户付费观看的主要内容类型。与此同时，2016 年国产网络综艺，国产台网综艺，动漫，海外综艺节目，体育节目，演唱会、音乐会和纪录片等多种内容类型，也成为视频用户付费的内容类型，如图 1.7 所示。①

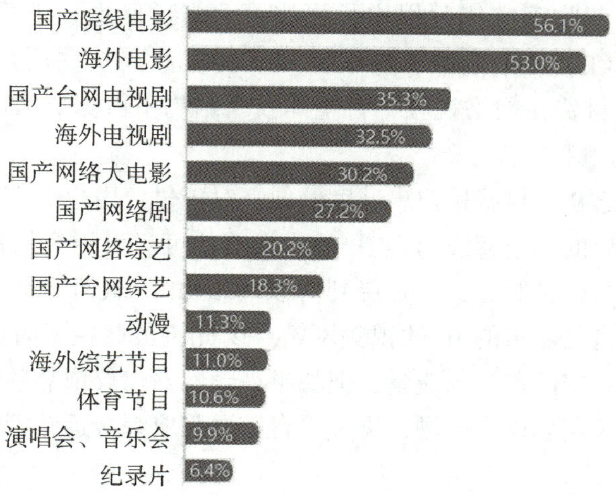

图 1.7 付费视频用户付费观看类型分布

总体而言，2016 年，我国视频付费市场的整体发展现状是：一方面，在付费用户的市场规模上，继续延续了 2015 年的高速发展态势；另一方面，在付费用户的市场结构上，也显现了不平衡性，昭示着我国视频付费市场仍有进一步发展的较大市场空间。

第三节 视频付费市场持续运营的现实挑战

一、付费会员制持续运营面临的现实挑战

如前所述，付费会员制是众多商业视频网站寻求可持续发展的现实选择，面临沉重的带宽压力和版权困扰，国内视频网站单纯依靠广告收入的盈利模式已经不能满足网站日益急迫的盈利需求，2010—2011 年在爱奇艺付费会员制市场试水初步成功之后，付费会员制成为商业视频网站盈利的新常态。然而，2015—2016 年在付费用户剧增后，视频网站盈利了吗？付费会员制持续运营面临着怎样的现实挑战？

① 易观：《中国网络视频付费市场专题分析》，http://www.analysys.cn/article/detail/1000169,2017-01-03。

1. 版权价格高企，短期亏损严重，盈利周期长

透视我国视频付费市场爆发的过程，付费会员制主要依靠爆款内容IP①，如当初《盗墓笔记》一夜之间为爱奇艺带来数亿的点击量，接踵而至的是爱奇艺推出付费会员制。之后，各大视频网站纷纷注入大笔资金囤积IP，从自制剧到买断独家播放权，各大视频平台处于白热化的竞争状态，对优质内容的争夺烽烟未灭，鏖战正酣。在各大视频网站群雄逐鹿般的烧钱战中，其资本投入已远超IP本身的商业价值，这种无上限的泡沫的累积使各大视频网站陷入恶性循环。由于视频网站具有较高的流量和内容成本，加上巨头间的激烈竞争，一直以来视频网站普遍亏损严重。尽管视频网站会员付费制的亏损每年扩大，但营收确实比亏损增长更快，亏损比例也在下降，运营情况有所好转。随着互联网人口红利逐渐削减，网络视频平台应深入挖掘用户价值形成更加多元化的商业模式，用户付费在网络视频平台整体收入结构中占据更大的比重。

2. 用户忠诚度低，平台黏性弱

付费用户制推出之初，付费用户忠诚度较低。对于付费用户而言，之所以选择某一视频付费平台，除了背后的单个超级内容IP外，无其他可吸引用户的价值。有观影需求的人群，也许会花钱购买会员服务，可是待到对该网站IP的激情冷却后，可能会头都不回地转身投入下一个有自己需求的IP的视频网站。因此，虽然在短时期内，视频网站凭借独家版权内容能获取一定的用户与流量，但如果视频网站仅仅依靠独家版权内容，则难以解决平台付费用户的长期忠诚度问题，视频平台需要采取综合运营策略，解决自身黏性弱问题。

3. 付费内容与VIP会员服务同质化

视频付费市场初始爆发时期，付费内容同质化现象严重，某一时期某一视频网站付费IP内容“火爆”之后，其他各大视频网站就会争相播出相同的付费内容，以期“蹭”市场热度。付费内容的同质化给付费会员和视频网站都带来不利影响：对于付费会员而言，如果同一“爆款”付费内容在各大视频网站都可以付费观看，那么这和免费模式下所获取的视频资源并无本质性的区别，从而大大影响付费会员的增值服务体验感受；而对于付费网站而言，这样一来就没有付费用户选择的差异化了，从而影响付费用户对特定视频网站的忠诚度，进而影响该网站的用户黏性。付费内容同质化现象是由于某一视频网站获取IP内容的版权之后，出于收回成本和收益最大化的考虑而进行版权分销所致，也折射出早期视频网站处于“混沌初期”。

VIP会员服务同质化，是付费市场初始爆发期的另一同质化的主要问题。除了为数不多的视频网站提供付费内容IP的独家播放、去广告、高清画质体验权益外，并没有太多其他的权益，这也就意味着视频网站付费会员权益与普通用户权益的区别不大，视频网站提供的付费内容远没有达到可以让用户持续掏钱的程度。以最新影片放映时间为例，大部分视频网站上映影片时间要比电影院晚几个月甚至半年时间，即使会员

---

① IP(Intellectual Property)，直译为知识产权，在互联网界引申为所有文创(文学、影视、动漫、游戏等)作品的统称。

用户观看亦是如此。

二、内容低俗化面临的现实挑战

自2015年以来，尽管我国视频付费市场在市场需求的引领下，得到了高速发展，但不容忽视的是，也存在某些视频网站为追求高收视率而一味迎合某些付费用户的低俗需求，自制节目粗制滥造的现象，这在社会上引起了不良反应。这与长期以来国家对于网剧、网络自制节目等的审核并没有实现与电视台的标准同步有关，为此，广电总局在2016年强调了“电视不能播的，网络也不行”，旨在加强对于网络视频内容的监管和审查。

与此同时，付费视频用户审美品位也在不断提升，付费视频内容的粗制滥造、打擦边球现象很快就走到了尽头。视频制作公司和网络视频平台应该清楚地认识到：只有制作优质的节目内容，才能真正俘获用户的芳心，吸引用户成为付费会员，这也是网络视频平台树立自身品牌形象、可持续发展的关键。只有视频内容精品化，才能促进视频平台与付费用户的良性循环。付费视频内容的原创性和品质有待进一步提升。

三、短视频对视频行业带来的现实挑战

1. 短视频对长视频行业的市场红利分流

近年来，继长视频之后兴起的移动互联网应用——短视频发展迅猛，在很大程度上分流了长视频行业的市场红利。根据《2023年中国网络视听发展研究报告》，截至2022年12月，我国网络视听用户规模达10.40亿，超过即时通信用户规模(10.38亿)，成为第一大互联网应用；网络视听用户使用率为97.4%，同比增长1.4个百分点，保持了在高位的稳定增长。2022年泛网络视听产业的市场规模为7274.4亿元，较2021年增长4.4%。在2022年泛网络视听产业中，无论是从市场的用户规模、产业规模还是人均单日使用时长以及增长速度来看，短视频都远超综合视频行业。一是从市场的用户规模来看，短视频用户规模达10.12亿，而网络大电影、电视剧和网络综艺节目等网络综合视频的用户规模仅为7.19亿。二是从市场的产业规模来看，2022年泛网络视听产业的市场规模为7274.4亿元，较2021年增长4.4%。其中，短视频领域市场规模为2928.3亿元，占比为40.3%，是产业增量的主要来源；网络直播领域的市场规模为1249.6亿元，占比为17.2%，成为拉动网络视听行业市场规模的重要力量；综合视频领域市场规模为1246.5元，占比为17.1%，短视频领域市场规模占比是综合视频领域市场规模占比的2.3倍。三是从用户的人均单日使用时长以及增长速度来看，短视频用户的人均单日使用时长为168分钟，比综合视频的人均单日使用时长(120分钟)长48分钟。近四分之一的新网民因短视频触网，短视频“纳新”能力远超即时通信。新入网的网民中，24.3%的人第一次上网时使用的是短视频应用。综合视频应用尤其是视频付费用户规模逼近天花板，增长放缓。四是从长短视频头部平台活跃用户规模来看，用户增速及使用黏性上存在巨大差距。截至2022年年底，作为长视频行业头部产品的腾讯视频仅拥有1.19亿付费会员，不及抖音6亿多日活跃用户规模的1/5。

2. 短视频对长视频原创内容的版权侵犯

短视频不仅外在地直接分流了长视频的市场红利，还从内容生产的版权及其收益等方面，内在地间接地分割了长视频的市场红利，突出体现在二次创作后的剪辑版影视作品对综合视频作品的网络版权侵犯问题。

近几年来，在短视频内容中，二次创作的剪辑版影视作品受到大量用户的关注，但也引发版权争议。公开资料显示，作为长、短视频行业的头部公司，腾讯和抖音之间就视频版权问题有过多次纠纷，在双方短兵相接最激烈的 2021 年，仅 7~12 月，腾讯就以侵害著作权为由起诉抖音多达 168 次，标的总额超过 29.43 亿元。2022 年 11 月，抖音因侵犯《云南虫谷》版权被西安市中级人民法院判赔腾讯 3200 余万元，刷新了全国法院网络影视版权案件赔偿纪录。①

第四节　视频付费市场持续运营的趋势与应对

一、视频付费市场持续运营的趋势

（一）视频市场的付费用户总规模仍将继续增长

2015—2016 年我国视频付费市场尽管连续两年处于高速增长态势，呈现初始爆发式发展态势，但与我国视频用户总体规模相比，付费用户的规模远小于非付费用户的规模。截至 2016 年 12 月 31 日，我国总体网络视频用户规模达 5.45 亿，其中，付费用户规模仅为 7500 万，非付费用户规模则高达 4.7 亿，付费用户规模不及非付费用户规模的 1/6；同时，显示出我国的付费视频用户规模还有相当大的增长空间。

如前所述，2016 年我国网络视频付费用户规模达到 7500 万，虽然相比上年增长了 241%，但是相较于 5.45 亿网络视频用户规模来说，网络视频付费用户仅占整体网络视频用户的 13.76%，显示出我国的付费视频用户规模还有相当大的增长空间。广大的二、三线甚至四线城市是我国居民的主要分布区域，拥有巨大的发展潜力和消费市场，因此网络视频平台在开拓一线城市市场的同时，也要积极开拓广大的三、四线城市。随着三、四线城市的发展，居民生活水平的提高，这一区域群体也会积极加入视频付费用户的阵营。

与此同时，在 18~30 岁的用户群体中，随着年龄的增长和经济收入的逐渐稳定，会有越来越多的人加入付费会员的大群体。因此，可以说，随着媒体对用户付费习惯的培养逐渐成型，用户逐渐形成付费意识，我国的网络视频付费用户将会持续增长。自 2016 年 12 月至 2022 年 12 月，6 年内我国视频付费市场的总体用户规模呈现出持续增长态势：2022 年我国互联网视频年度付费用户已经超过 8 亿户，② 是 2015 年视频付费用户规模的 36 倍，是 2016 年视频付费用户规模的 7 倍。

---

① 夏金彪：《腾讯、抖音和解或推动长短视频大融合》，《中国经济时报》2023 年 11 月 2 日。

② 卢扬、韩昕媛：《2022 年互联网视频年度付费用户超过 8 亿户》，《北京商报》2023 年 4 月 27 日。

(二)主要视频网站的付费用户规模增速将放缓

我国视频付费市场经过几年的持续发展，长视频行业已逐步进入存量竞争时代，主要视频网站的付费用户规模现已逼近天花板，增速放缓。一方面，更多的网络视听平台进入视频付费市场，芒果 TV、百度、哔哩哔哩、网易云音乐、金山、京东等网络平台也相继进入视频付费市场，视频付费市场竞争日趋激烈；另一方面，国家对视频内容的强监管政策以及短视频和直播市场对用户时长的分流，导致长视频用户规模增速放缓。

据网易网站报道，截至 2022 年 10 月 13 日，App 付费用户数量排名中，腾讯视频以 1.22 亿的付费用户数量排行第一，这也是榜单中唯一一款付费用户破亿的 App；爱奇艺紧随其后，以 9830 万排名第二；而腾讯音乐(含酷我音乐、酷狗音乐等)排名第三，付费用户达到 8270 万；芒果 TV、百度跻身前五，付费用户数量均超过 5000 万。另外，网易云音乐、京东、金山办公 WPS、哔哩哔哩以及同程旅行也跻身前十。如图 1.8 所示。①

	APP	付费用户数量		APP	付费用户数量
01	腾讯视频	1.22亿	10	同程旅行	2610万
02	爱奇艺	9830万	11	喜马拉雅	1440万 截至2021年底
03	腾讯音乐（QQ音乐/酷我音乐/酷狗音乐/全民K歌/懒人听书）	8270万	12	阅文集团（QQ阅读/起点读书/红袖读书/潇湘书院/作家助手）	870万
04	芒果TV	5040万 截至2021年底	13	知乎	850万
05	百度（百度网盘、百度文库）	5000万+ 截至2019年底	14	斗鱼	660万
06	网易云音乐（包括在线音乐和社交娱乐）	3885万	15	虎牙	560万
07	京东	3000万+ 截至2022年7月	16	迅雷	446万
08	金山办公WPS	2856万	17	阿里云	400万+ 截至2021年底
09	哔哩哔哩	2750万	18	Keep	328万 截至2021年底

图 1.8 2022 年主要视频平台 App 付费用户数量排名表

二、视频付费市场持续运营的应对策略

(一)主要视频平台：差异化发力，布局泛娱乐视频生态体系

从实践观察来看，经过一段时间的市场培育之后，视频用户对于网络大电影、网络剧、演唱会、网络综艺节目等视频内容的付费娱乐消费意愿和接受程度得到了较大的提升。进一步来看，愿意为精品视频内容付费的用户群体，对于精品化的网络文学、网络音乐、网络游戏、网络动漫、网络直播等泛娱乐内容，也在较大程度上愿意付费

① 网易网：《各大 App 付费用户数量排行榜出炉》，https://www.163.com/dy/article/HJ5P24E0511AOIU.html,2022-10-13。

消费。付费音乐、付费阅读、付费应用下载以及线下付费等泛娱乐消费，将成为视频付费用户的新消费趋势。这一趋势将推动各大视频平台在日趋激烈的精品泛娱乐市场中争夺用户。未来，差异化布局泛娱乐形态的付费视频内容全产业链将成为主要视频平台发展的重要方向。

1. 爱奇艺：基于原创 IP 的泛娱乐体系

首先，爱奇艺提出“大苹果树模型”，打造基于 IP 的泛娱乐内容生态体系。以某一原创 IP 娱乐产品为基础，将文学、影视、动漫、游戏等衍生娱乐产品生态全面打通，实现 IP 品牌价值的最大化。2016 年爱奇艺成功地打造了以文学 IP《老九门》为核心的泛娱乐内容生态体系。其 IP 价值的具体挖掘过程是：先以热门文学作品预热，沉淀原著粉；然后，制作同名的精品网络剧吸纳新粉丝和付费会员，实现台网联动和平台付费；在网络剧巨大粉丝量和热度的基础上，趁热打铁地制作系列网络电影作品，实现“影视联动”；再进一步实现“影游联动”，深挖同名 IP 价值；强化 IP 价值，打造“粉丝经济”，开发周边衍生产品，实现电商导流创新盈利模式；通过明星代言人将 IP 品牌价值人格化，实现 IP 品牌的高溢价。

其次，打造基于 IP 的泛娱乐综合门户体系。在基于 IP 的泛娱乐内容生态体系的基础上，爱奇艺已不再满足于单纯的网络视频平台的门户定位，而是在其 App 上增设了“乐活”专区，其中包含文学、漫画、电影票的购买、游戏直播、网上商城和奇秀直播几个下属栏目，基于 IP 将自己的平台覆盖领域扩大，从单纯的视频内容平台延展到泛娱乐平台的各个方面。与此同时，为促进泛娱乐综合门户体系的用户的活跃度，爱奇艺还设置了“泡泡圈”，力图通过社交互动，引发网络效应，吸引和留存更多的视频付费用户。

从 2015 年观众对于电视剧中的“抠图”、替身现象的吐槽和热议，以及爱奇艺自制网剧《老九门》播放量破百亿，可以看出广大视频付费用户审美水平有了很大的提高。在大量视频内容充斥互联网的今天，用户可以很轻松地辨别视频内容的质量高低和优劣，从而在市场消费环境层面进一步推动优质视频内容的大规模产出。2018 年第三季度，在《延禧攻略》《中国新说唱》等爆款内容带动下，爱奇艺会员收入第一次超越广告收入，成为公司最大收入来源。2019 年第三季度，爱奇艺会员收入占比首次过半，成为爱奇艺收入增长新引擎。“爆款内容带动会员规模和收入增长，收入增长支撑高品质内容再投入”的良性增长态势持续至今。强劲的内容创作能力，是爱奇艺 2023 年一季度财报表现亮眼的主要原因。爱奇艺出品剧集《狂飙》成为名副其实的全民“爆款”，这部剧以会员专享形式播出，2023 年 1 月 14 日开播，2 月 2 日收官。在剧集收官后，剧情、演员和创作幕后相关信息仍频频登上社交平台话题热榜。爱奇艺 CEO 龚宇曾表示“这部剧是公司成立 13 年来流量最大、收入最高、影响力最大的剧集”。《狂飙》之外，《显微镜下的大明之丝绢案》《我们的日子》《回响》《人生之路》《归路》等剧集陆续推出，也有助于通过多样化的题材供应，承接爆款热度，覆盖更广泛的影视需求。爱奇艺首席内容官王晓晖曾在接受采访时表示，未来爱奇艺会在打击盗版和支持创作者两个维度继续发力，同时下沉市场也仍有很大拓展空间。2023 年一季度，爱奇艺会员收入首次突破 50 亿元大关，增至 55 亿元，日均订阅会员数近1.3亿，较上季度净增1700万。[①] 截至2023年5月16日，在爆款内容和多样化内容组合的带动下，爱奇艺会员收入和规模增长双双迎来新高峰。

2. 腾讯视频：基于社交的泛娱乐生态体系

①社交系统的导流：充分发挥腾讯在QQ、微信等社交媒体方面庞大的用户和流量资源优势，加强用户流量的导流，加强与用户的互动、与客户的联合营销，力争建立最大的泛娱乐目标用户群体。

②内容多元化的开拓：强化视频内容在细分领域的实力，在各领域打造顶级内容。如在海外剧领域，腾讯与HBO、米高梅、派拉蒙等全球影视集团实现独家合作，进一步巩固其在海外剧领域的优势；在动漫领域大规模投入，力图建立我国最大的新媒体动漫内容平台。

③提升用户体验：腾讯注重提升用户在观看视频时的互动体验，通过“鲜花”“吐槽”“竞猜互动”等方式让用户在观看的同时，也能与视频内容和其他用户进行互动。

3. 优酷视频：基于电商的泛娱乐生态体系

优酷视频在被阿里巴巴收购后，一方面，在阿里资本实力的支持下，全面着力布局泛娱乐内容生态体系，如扩大版权购买力度以及深入内容产业链上游，聚拢更多优质制作公司；另一方面，充分挖掘阿里巴巴的电商和网络支付的优势资源，打造与阿里巴巴电商优势资源“数据通”“服务通”“会员通”的“三通”战略。其中，“数据通”战略主要是将优酷会员的数据和观看行为数据与阿里巴巴会员的消费数据结合，有针对性地进行内容生产和运营；“服务通”战略是以优酷会员为纽带，串联起阿里线上线下合作伙伴的服务，让优酷会员享受视频内容之外更多的阿里巴巴会员的服务特权；“会员通”旨在将优酷会员与淘宝、天猫和支付宝庞大的会员人群“打通”，从而为优酷会员带来更多潜在会员用户群体。

（二）主要视频网站的多维度转型

我国视频付费市场自2015—2016年初始爆发高速增长之后，吸引了更多的视听平台进入视频付费市场，除上述三大视频平台，芒果TV、哔哩哔哩、百度、网易云音乐、金山、京东等网络平台也相继进入视频付费市场。伴随更多的市场供给主体的进入，视频付费市场竞争日趋激烈，加上国家对视频内容的强监管政策以及短视频和直播市场对用户时长的分流，视频付费市场中的多家网络视听平台多维度转型，以促进视频付费业态的持续发展。

一是内容业态的转型。视频平台对内容的投入、专注、创新都得到了明显加强。如《觉醒年代》《山海情》《人世间》《叛逆者》等，借助电视和互联网的交互作用，纷纷成为“破圈”的现象级作品。这些主旋律作品，在视频内容平台获得海量的播放，观众中超过半数是“90后”“00后”，他们在观剧的同时通过弹幕、评论的方式积极参与讨论，进一步扩大了主旋律影视作品的影响力。[②] 2022年在国家持续的内容强监管态势下，爱奇艺、腾

---

① 《爱奇艺将中国视频市场单平台会员规模天花板抬高至1.3亿》，https://xueqiu.com/6888930039/250536824?_ugc_source=ugcbaiducard，2023-05-16。

② 尹鸿：《视频平台会员制推动内容创新》，《光明日报》2022年9月4日。

讯视频、优酷、芒果 TV 等主要网络视听平台，深入开展“奋进新征程，建功新时代”重大主题宣传和“我们的新时代”主题创作展播活动，加强“首页首屏首条”建设，统筹运用新闻、理论节目等各类形式，策划实施电视剧、纪录片等重点项目，全景式多维度多形态展现新时代历史性成就。同时，持续推出更多好节目、好作品，讲好新时代故事：一方面围绕重要时间节点和重大战略部署，策划推出一批高品质网络视听产品；另一方面，通过节目、纪录片、文化交流活动等形式，向世界讲好中国故事。①

二是服务模式的转型。2022 年年初，多家网络视听平台宣布全面升级会员权益，为付费会员提供从文娱视频内容到生活多场景的“一站式”服务，向综合服务平台转变。网络视听平台还陆续与汽车品牌合作，推动车内移动影院场景落地，将娱乐生活延伸至出行空间。2023 年 1 月，爱奇艺发布适配于车载端的 App，同时宣布与一汽大众达成合作，在车载应用商店提供下载服务。爱奇艺已与 30 多家车企开展车联网业务合作，并将陆续在 80 多款车型上落地车载视频娱乐服务；6 月，芒果 TV 宣布与十余家车企品牌展开合作，共同探索车载屏视频娱乐服务，通过车载系统内的芒果 TV 客户端，让用户畅享平台热门节目。②

三是与短视频平台开展版权合作，由竞争转向竞合。腾讯等长视频平台通过频繁的版权司法诉讼，对短视频平台进行压制。可是，这种做法带回的用户使用时长有限。目前，视频平台应认识到，唯有双方合作，拓展各自用户边界，才能实现合作共赢。同时，双方合作也具有长短互补的现实基础。事实上，从 2022 年开始，长、短视频平台合作的大幕已经拉开。2022 年 3 月，搜狐视频率先宣布与抖音合作，搜狐视频将其自制影视内容的二次创作授权向抖音开放。2022 年 6 月，快手宣布牵手乐视视频，双方就乐视的独家自制内容达成二次创作相关授权合作。2022 年 7 月，抖音和爱奇艺达成合作，双方宣布将围绕长视频内容的二次创作与推广等方面展开探索。2023 年 7 月，腾讯视频与抖音集团宣布达成合作，双方将围绕长短视频联动推广、短视频二次创作等方面展开探索。市场预计，今后，抖音平台上的二次创作内容或将为腾讯视频的版权内容引流，进而助其“破圈”。③

展望未来，如前文所述，视频付费市场已进入存量竞争时代，主要视频平台将持续发展：一方面，其对内应针对网络视听节目提质减量、降本增效；另一方面，对外应为付费会员提供从文娱视频内容到生活多场景的“一站式”服务，向综合服务平台转变。

---

① 中国互联网络信息中心：《第 51 次〈中国互联网络发展状况统计报告〉》，http://www.cnnic.cn/n4/2023/0303/c88-10757.html，2023-03-02。

② 中国互联网络信息中心：《第 51 次〈中国互联网络发展状况统计报告〉》，http://www.cnnic.cn/n4/2023/0303/c88-10757.html,2023-03-02。

③ 夏金彪：《腾讯、抖音和解或推动长短视频大融合》，《中国经济时报》2023 年 4 月 11 日。

第二章

知识付费市场的运营

第一节　知识付费市场兴起与爆发的现实背景

一、互联网知识付费新模式的起源

在互联网时代到来之前的传统工业化时代，知识付费模式就已产生和大规模发展，其是这一时代人们普遍接受的知识经济模式，消费者只有付费购买才能获得书籍、报刊、磁带、CD 等传统实物型媒介形态的知识型产品，这也成为人们习以为常的知识付费消费方式和知识直接盈利的商业模式。

而互联网 PC 时代的到来，彻底改变了传统工业化时代的知识付费模式，其近乎为零的内容复制成本完全冲击了此前付费型的知识消费方式，迫使知识供给方在知识付费消费的传统模式基础之上探索知识免费的商业模式，简言之，就是以知识内容免费供给换取广告盈利的商业模式。

进入移动互联网时代，随着自媒体的"野蛮式"生长，知识免费消费的商业模式已难以满足人们对于高品质的优质知识内容的消费诉求，从而重新催生了知识付费的新时代。

目前，学界和业界对于源起于移动互联网时代的知识付费模式尚没有统一的概念界定。我们认为，移动互联网时代重新开启的知识付费模式是一种全新的商业模式。

与传统工业化时代的知识付费模式相比，互联网时代的知识付费模式有以下几个显著变化。首先，它改变了传统工业化时代知识型产品的实物型媒介形态，将其转化为互联网时代的虚拟型知识型产品形态。同时，互联网时代的知识范围大大拓宽，已涵盖一切经过编码的信息和各种知识技能。其次，它改变了传统工业化时代人们知识付费的支付方式，将传统的线下支付转变为线上支付；再次，它打破了知识购买活动不能同时共享和分享的传统模式，成为互联网共享经济和分享经济模式的一种新形态。其本质是通过交易手段激励更多人愿意共享自己的知识积累和认知盈余，通过市场规律和便利的互联网传播实现信息的优化配置。

与传统 PC 互联网时代的免费知识商业模式相比，知识付费模式使得优质互联网知识产品的生产者或供给方能够直接及时地获得经济报偿，改变了以往通过广告间接获利的模式。在良好的知识产权保护的社会环境下，这也让愿意付费的消费者能够在第一时间获取所需的优质知识型产品，对互联网知识型产品的供需双方都能产生及时的激励效应。

我国互联网时代的知识付费模式，脱胎于互联网内容付费模式的试水和先行发展。目前，我国互联网内容付费模式主要着眼于泛娱乐内容的消费领域，而知识付费模式则着眼于社会快速变化时代能提升人们认知和未来发展能力的知识消费领域。

综上，互联网知识付费新模式是指知识生产者将对用户有价值的碎片化的传统书籍、资讯、理论和技能等知识内容转化为用户方便使用的标准化、系统化的互联网知识型产品，并借助专业的互联网知识付费平台或自媒体渠道进行传播与营销，最终通过消费者便捷的线上付费方式购买，以满足人们提升认知和未来发展能力的需求。

二、互联网知识付费需求市场兴起的现实背景

首先，进入移动互联网时代，有效内容信息市场产生“供需错位”矛盾。自媒体“野蛮式”生长，导致知识信息冗余与过剩，大大增加了用户寻找有效知识信息资源的难度和时间成本，与移动互联网时代用户对于优质干货知识信息的现实诉求产生矛盾；与此同时，为了满足用户对知识信息中的干货的需求，知识生产需要投入更高的生产成本，与免费供给的知识内容模式之间存在现实矛盾。有效内容信息的“供需错位”的结构性矛盾冲突，激发了用户通过付费方式获取优质干货的知识消费动力，成为引领我国知识付费市场发展的第一个契机。

其次，近几年来我国经济发展进入新常态，居民消费结构升级，由生存型消费转向发展型消费，精神消费需求增强，为消除自身知识焦虑而自愿主动知识付费的个人投资者越来越多，成为知识付费市场发展的第二个契机。

再次，支付宝、微信支付等移动支付终端渗透人们日常消费的方方面面，高度普及的移动支付工具，为知识产品的线上支付提供了便利的支付条件。

最后，随着国家对版权的保护力度不断加强，普通大众的知识产权意识逐渐提升，知识付费意识在一部分一、二线城市年轻用户中率先萌发并逐步向其他用户群体扩散，这为知识付费提供了良好的社会环境。

三、互联网知识付费供给市场的主要发展历程

进入移动互联网时代以来，一部分年轻用户的知识付费消费意愿和条件逐渐形成，满足这部分消费者需求的付费型优质知识供给市场也随之勃兴。2013—2016 年，这一市场率先在部分知识付费自媒体甚至平台上悄然产生，并逐步发展成为引领移动互联网应用的新趋势。

2013 年，自媒体大号“罗辑思维”推出付费会员制，第一期售出 5000 张普通会员与 200 张铁杆会员卡，总收入达到 160 万元；同年 12 月，“罗辑思维”在两天内售出二期会员卡 2000 个，总收入达到 800 万元。“罗辑思维”以“有种、有趣、有料，做大家身边的读书人”为口号，率先开启了我国知识付费供给市场的序幕。

2014—2015 年，微博、微信先后开通支付打赏功能，为知识付费奠定了支付基础；同时，国家出台政策整顿音乐版权问题，为知识类产品的版权保护创造了更加有利的外部

环境。2015 年，果壳网推出付费咨询产品“在行”，“罗辑思维”推出知识服务产品“得到”App，标志着知识付费供给市场进入初步探索期。

2016 年被称为“知识付费元年”，得益于消费结构的升级、版权环境的改善和支付手段的成熟，知识付费供给市场呈现百花齐放的盛况。这一年，千聊、知乎 Live 等新的知识付费型产品相继上线；一些免费型知识产品也开始尝试探索知识付费的新商业模式，如知乎推出新功能“值乎”，“在行”推出语音问答服务“分答”，喜马拉雅 FM 首次推出付费音频《好好说话》，“得到”也推出付费专栏《李翔商业内参》，新旧知识型移动平台纷纷入局知识付费市场，加强了对知识付费型产品的开发，部分平台还采取节日性营销手段，一时间将知识付费模式推向移动互联网应用发展的新风口，知识付费市场的体系逐渐走向正规化，知识付费的探索期仍在持续。

总体而言，2013—2016 年，知识付费市场的兴起得益于移动端内容及移动支付的普及、打赏制度的出现和自媒体的发展。典型发展阶段如图 2. 1 所示。

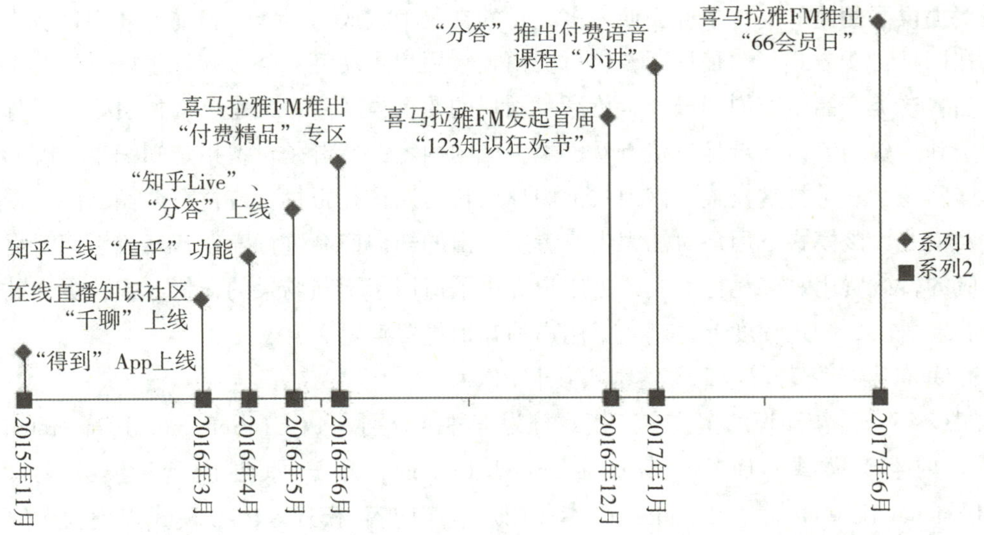

图 2. 1　知识付费市场供求的典型发展阶段①

第二节　知识付费市场爆发的运营状况与特征

2016 年是我国知识付费市场爆发“元年”，2017 年知识付费市场延续了 2016 年的快速发展势头，知识付费用户规模持续扩大，至 2017 年年底达到 1. 88 亿人，较 2016 年的 0. 93 亿人，增长了 102. 2%；知识付费收入显著增长，显示了我国知识付费市场的高速增

① 根据艾媒咨询《2017 年中国知识付费市场研究报告》整理而得，http://www.iimedia.cn/59925.html,2017-12-05。

长态势，知识付费的风口将持续。① 知识付费市场供求双方的主要运营状况与特征，具体表现如下：

一、供给侧：知识付费市场的主要供给特征

1. 知识付费产品形态的多样化，音频类产品最受青睐

目前，知识付费产品形态多种多样，主要媒介的产品形态包括文字类产品、音频类产品、视频类产品以及媒介融合类产品等。具体知识付费产品形态又包括音频录播、图文分享、在线问答、视频直播、视频录播、一对一咨询、付费传统媒体等。基于用户日益细分的需求，知识付费产品的形态也呈现出多元化的态势，不仅局限于线上，也提供线上预约、线下一对一咨询服务，显示出知识付费产品向线下延伸的趋势。在众多知识产品形态中，音频类产品最受青睐，有资料显示，超过四成的用户使用音频类知识付费产品。

2. 知识支付模式的多元化

以支付宝、微信为代表的移动支付工具迅速渗透线上线下各类场景，为移动终端的知识消费提供了便捷的支付条件，使得多元化的支付模式成为可能。目前，知识付费市场主要存在四种付费方式：一是订阅合辑付费模式，用户主动订阅某一知识生产者的一系列知识产品，这类产品生产周期长、定价高，用户的要求也较高；二是单次付费模式，分为查看付费和付费问答，前者是付费查看已经生成的内容，后者是付费指定知识生产者回答某一具体问题；三是打赏模式，该模式下用户可自由选择是否付费或付费金额；四是授权转载付费模式，该模式下用户对知识生产者所产出的知识产品进行商业转载或引用时需要支付相应的转载费用。多元付费模式为用户提供了适用于不同场景的支付方式，更加贴合用户的心理需求，一定程度上也刺激了用户的知识付费意愿。

3. 知识生产模式多元化，整体趋向于 PUGC

2017 年，付费知识的主要生产模式分为三种，分别是 PGC（Professional Generated，专业生产内容）模式、UGC（User Generated Content，用户原创内容）模式和 PUCG（Professional User Generated Content，专业用户生产内容）模式。PGC 模式表现为专家、专业主播团队或专业机构的入驻，典型代表有“得到”平台的知识生产模式；UGC 模式以用户需求为起点，内容生产者向用户过渡，以社区问答为主要表现方式，知乎的知识分享社区成为 UGC 生产模式的典型代表；而 PUGC 则是专业内容生产者与普通内容生产者的结合。2017 年，以喜马拉雅 FM、分答为代表的各大平台的付费知识生产模式逐渐趋向 PUGC 模式，该模式既能保障用户的需求得到满足，同时专业生产者又能严把付费型知识内容的品质关。

4. 平台化、头部化供给态势凸显

2017 年，知识付费市场的供给主体多元化，但整体呈现出平台化、头部化的供给态

---

① 艾媒咨询：《2017 年中国知识付费市场研究报告》，http://www.iimedia.cn/59925.html，2017-12-05。

势。目前，知识付费市场的平台以综合型平台和垂直细分型平台为主。前者生产适合大众的综合型知识，同时业务还拓展至电商、服务等领域，如“罗辑思维”除生产专业知识，还发展电商和社群经济，销售书籍和“罗辑思维月饼”等产品；后者专注于某一细分领域的知识生产，如36氪等。两类平台均致力于通过优质内容实现知识生产者和消费者的最短连接，最终实现用户及时反馈，生产者精准生产的目标，平台化思维将进一步适用于知识付费市场。以喜马拉雅FM、得到、知乎、分答等为代表的大型知识付费平台获得迅猛发展，呈现出头部化的发展态势。以喜马拉雅FM为例，其举办的第二届“123知识狂欢节”销售额达1.96亿元，与第一届狂欢节销售额5088万元相比上涨了285.22%，其推出的内容付费行业首个会员日共召集342万余名会员，实现知识消费6114万元。

二、需求侧：知识付费市场的主要用户特征

1. 用户结构特征：一、二线城市，中等收入，年轻用户群体

艾媒咨询数据显示，2017年知识付费用户群体主要以月收入在5001~8000元的中等收入的年轻群体为主，主要分布在一、二线城市，如图2.2所示。①

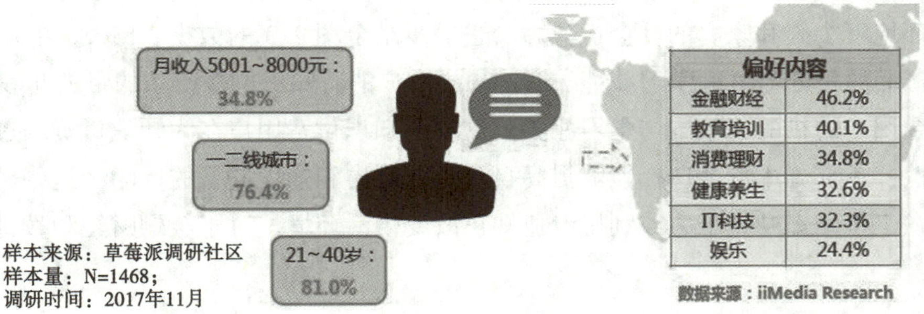

图2.2　2017年我国知识付费用户画像

上述知识付费用户群体的结构分布，主要源于以下三个社会经济因素的共同作用。一是从收入结构分布来看，34.8%的知识付费用户月收入在5001~8000元，说明知识付费用户群体主要集中于中等收入人群。这主要源于：一方面，中等收入群体有着较高的“中产焦虑”，对于面向当下或未来社会提升自身和家庭认知水平和发展能力的干货有着强烈的知识付费意愿；另一方面，其有一定的知识付费能力。二是从地域分布结构来看，付费用户群体主要集中于一、二线城市，一、二线城市用户群体占总用户群体的76.4%。这主要源于：一、二线城市的中等收入群体数量庞大，同时高房价和教育医疗健康问题给中产人士带来的焦虑困惑程度更高。三是从年龄分布结构来看，付费用户群体主要年龄层在

---

① 艾媒咨询：《2017年中国知识付费市场研究报告》，http://www.iimedia.cn/59925.html，2017-12-05。

21~40岁，占比达81.0%，该年龄层主要为“80后”“90后”人群。“80后”“90后”人群属于职场新人或是企业中层，这部分人群在工作中对于知识储备或者实用技能的要求较高，但其碎片化的休息时间无法支持连续的课程学习，更无法在海量的网络内容中及时筛选所需知识，而优质付费内容为其提供了良好的学习资料。总体而言，知识付费用户群体主要是分布在一、二线城市，月收入5001~8000元的“80后”“90后”人群。

2. 用户群体的主要付费意愿：实用化、音频化、低价化

2017年一、二线城市中，月收入5001~8000元的“80后”“90后”人群对于互联网的付费型知识的付费意愿在知识结构上以实用类与音频类内容为主，在价格上以200元以下的低价为主。

第一，从付费用户对于知识内容类型和购买使用目的的偏好来看，2017年用户群体主要倾向于为实用型知识内容付费。

从图2.2来看，偏好金融财经类内容的用户高达46.2%，偏好教育培训的用户占40.1%，偏好消费理财的用户占34.8%，偏好IT科技的用户占32.3%。这四类内容均属于当前一、二线城市中等收入的“80后”“90后”用户群体重点关注的实用型内容。由于这四类内容的专业性较强，需要相应的专业知识生产者针对“中产焦虑”相关的实用型内容作“大众化解读”。对于这类“头部内容”，主要知识付费用户群体有意愿为此买单，以提升时代环境下个人和家庭的社会适应力。进一步结合图2.3的数据，51.8%的用户使用知识付费产品的目的是掌握学习技能，49.3%的用户消费知识付费产品的目的是积累经验知识，其余用户的目的也基本与学习相关。这说明知识付费用户在为知识付费的过程中逐渐趋于理性，大部分用户会选择能够提高自身专业能力和知识储备的产品，这些产品将有助于个人在工作中提升竞争力或利用专业知识改变生活环境。对于金融财经和教育培训的偏

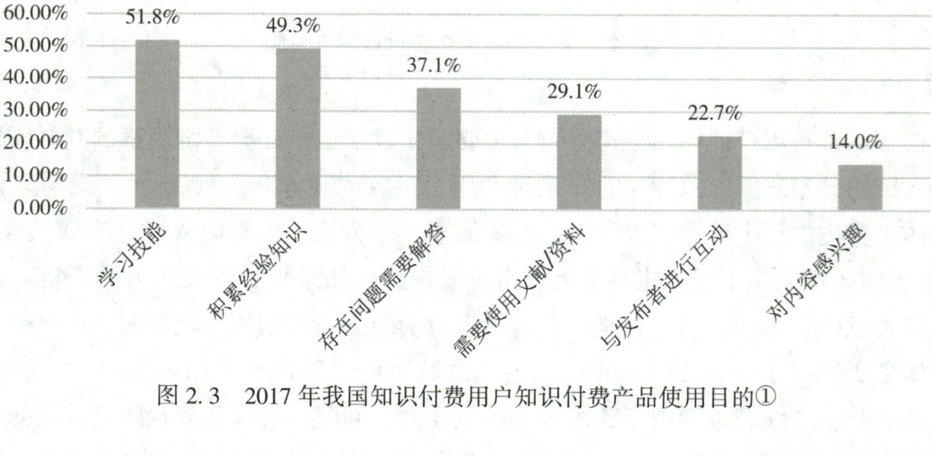

图2.3 2017年我国知识付费用户知识付费产品使用目的①

① 艾媒咨询：《2017年中国知识付费市场研究报告》，http://www.iimedia.cn/59925.html，2017-12-05。

好预示着在未来用户对于付费知识的专业度和质量的要求将持续升级。除此以外，偏好健康养生的用户和偏好娱乐的用户分别占 32.6%和 24.4%，这说明消费结构升级导致用户对于生活质量的关注，一般用户的需求已不仅仅局限于基本的衣食住行，对于身体健康和心灵健全的关注度也在不断提升。知识付费用户尝试借助专业的知识进行养生，同时选择部分前瞻性的内容来释放当前巨大的社会生活压力。

第二，从付费用户对于知识内容的媒介呈现形态的青睐程度来看，2017 年用户群体主要青睐于音频类知识产品的付费。

根据图 2.4，使用知识付费产品的用户中，有 41.6%的人正在使用音频类知识产品，并且有 45.4%的用户表示未来倾向于使用音频类知识付费产品；而选择视频类、文字类等其他媒介形式的知识付费产品的用户比例均低于 40%。这说明知识付费用户在选择媒介类型时更加倾向于音频类产品。根据表 2.1，在 2017 年付费内容购买指数前十名中，70%的产品为音频类产品，有 6 项受欢迎的产品来自综合型音频分享平台喜马拉雅 FM，而喜马拉雅 FM 也凭借音频类知识付费产品成为 2017 年知识付费市场的一匹黑马。音频类知识付费产品受到消费者青睐的主要原因是用户在使用音频产品时仅需要使用听力，这极大地方便了一、二线城市中年轻的中等收入用户群体在上下班途中以及乘坐城市公交、地铁过程中的碎片化、多元化生活场景。因此，音频类知识产品成为最方便使用的知识付费产品。

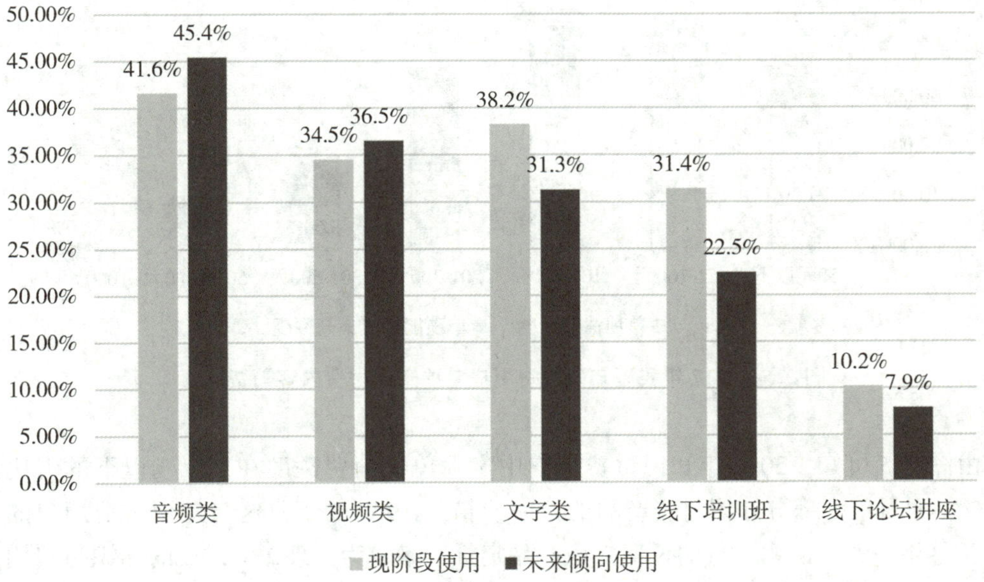

图 2.4　2017 年我国知识付费用户对不同媒介呈现形态的使用①

① 艾媒咨询：《2017 年中国知识付费市场研究报告》，http://www.iimedia.cn/59925.html，2017-12-05。

表 2.1　2017 年付费内容综合购买指数前十名①

序号	产品名称	所属平台
1	好好说话	喜马拉雅 FM
2	小学问	喜马拉雅 FM
3	每天听见吴晓波	喜马拉雅 FM
4	耶鲁大学陈志武教授的金融课	喜马拉雅 FM
5	薛兆丰的北大经济学课	得到
6	李笑来：通往财富自由之路	得到
7	张其成讲《易经》	喜马拉雅 FM
8	凯叔 & 马未都：给孩子听的中国史	喜马拉雅 FM
9	矮大紧指北	蜻蜓 FM
10	刘苏里名家大课	得到

第三，从付费用户对于知识内容的定价接受程度来看，2017 年用户群体的价格付费意愿倾向于 200 元以下的低价产品。

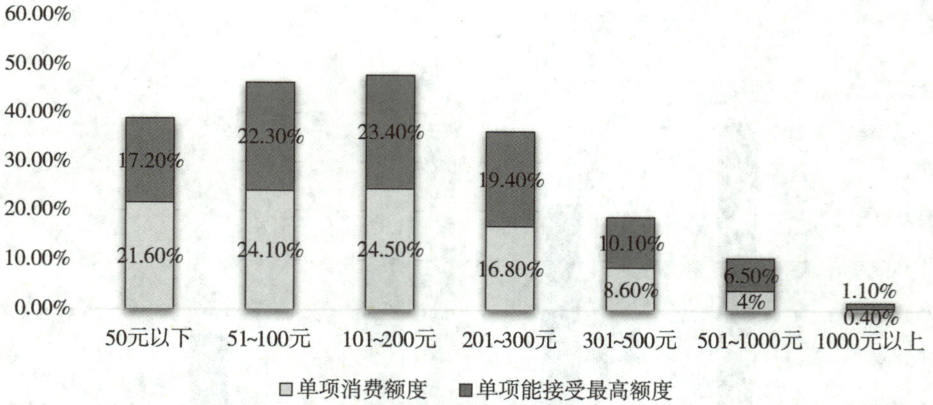

图 2.5　2017 年我国知识付费用户单项知识付费内容消费额度②

由图 2.5 可知，2017 年知识付费用户中实际单项消费额度在 200 元以下的占比达到 70.2%，而目前大部分知识付费产品的订阅价格为 199 元/年，这与知识付费用户的实际消费意愿相一致，说明现行的付费知识产品定价策略较为合理。80.2%的知识付费用户对于单项产品所能接受的最高价格集中于 300 元以下，这说明大多数用户更倾向于接受的小

① 易观：《2017 中国知识付费行业发展白皮书》，https://www.analysys.cn/analysis/trade/detail/1001061/,2017-12-04。

② 艾媒咨询：《2017 年中国知识付费市场研究报告》，http://www.iimedia.cn/59925.html,2017-12-05。

额付费知识产品。因此，未来的知识付费产品的定价不宜过高，知识平台在制定价格策略时要平衡知识生产成本与用户可接受价格之间的关系，主要采取平民化的定价路线和中低定价策略，以便在短期内快速积累规模化盈利的用户基数，促进付费用户的持续购买意愿，促进知识生产的可持续发展。

第三节 知识付费市场持续运营的现实挑战

一、用户知识付费的消费习惯有待进一步培育

从时间维度来看，互联网知识付费的出现晚于知识免费的时代。在传统互联网中，知识传播与复制的边际成本极低，甚至接近于零，这导致爆炸式的信息基本以免费的方式流向网络使用者。长期以来，免费获取网络知识已成为互联网用户根深蒂固的思维模式。当知识付费产业出现时，用户对其收费特征的关注度高于对其优质内容的关注，这也导致网民付费意愿低迷。此外，先付费后体验的模式也与国人保守的消费理念相悖，在不能保障后续产品质量的情况下，用户更加不愿意接受付费型知识产品。因此，知识付费产业在改变网民付费心理等方面需要下一番功夫。

二、知识付费的消费服务有待优化

我国知识付费市场的持续发展还面临深层次的消费服务问题亟待解决：第一，知识付费产品的消费信任问题突出。知识产品是一种无形的体验型商品，其评价是长期的，消费者期望通过知识付费产品获得长期效用。但是知识付费是一次性的，消费者在付费消费知识产品时无法感知其长期效用，这就需要知识生产者或平台通过有效的消费服务解决用户对知识付费产品的信任问题。第二，知识付费产品定价缺乏标准化规范。目前，市场上出现的知识付费类产品价格参差不齐，最常见的为定价 199 元的订阅合辑，此外，还有部分平台依据内容的长短或专业程度收取高低不同的下载或转载费用。整体来看，付费知识产品没有统一的价格制定标准，这将成为知识付费行业规范化发展的一个现实挑战。一方面，知识生产的时间、精力和费用难以量化和统一标准化；另一方面，消费者由于自身原因对同一知识产品的效用感知各不相同。第三，付费知识平台缺乏互动窗口，带来以下问题：一是无法掌握用户的动态，难以了解用户的真正需求，导致生产出的内容不尽如人意；二是用户缺乏反馈渠道，在知识学习的过程中遇到的困惑无人解答，最终弱化了优质内容的传播效果；三是新用户无法通过互动了解产品的品质，难以做出判断，导致部分潜在用户流失。在社群经济时代，连接成为平台发展的重要因素，因此，如何将社交元素融入平台，实现有效互动，成为知识付费产业需要解决的问题之一。

三、知识付费产品呈现出内容同质化趋势

知识付费产品最初的定位是做差异化的优质内容，但随着知识付费市场进入快速发展阶段，内容同质化、质量下降等问题开始显现。这表现为两点：其一，随着知识付费平台

的大量涌现，内容生产集中于热门领域，导致某一领域内的知识付费产品的过度集中。《第41次中国互联网发展状况统计报告》指出，目前市场上生活服务类应用超过49.7万款，占比12.7%，办公学习类应用31.4万款，占比8.0%。① 市场上关于时间管理、文案写作、投资理财的标准化付费知识产品几近泛滥，由此形成的头部效应不仅加剧了内容同质化，同时也打击了后进入市场的内容生产者。其二，随着知识付费模式产业化进程的加快，越来越多的人加入这一行业，其中不乏某些追逐利益者为了迎合消费者的需求，尝试生产自身并不擅长的内容，例如，知识付费平台千聊后台每日审核的内容雷同度颇高等。长此以往，对知识产品控制的缺位会消耗用户的信任，最终伤害的是知识付费产业本身。

四、优质内容持续输出面临现实难题

目前知识付费市场面临的一大难题是优质内容的持续输出。诸如喜马拉雅FM、知乎、得到、分答等平台均依托于专业生产内容，对知识“大V”或专家的依赖度较高，但这部分人群并非专职内容生产者，优质内容的生产需要他们投入大量的时间，却不一定能够收到良好的效果，因此许多内容生产者表示难以持续生产优质知识产品。与用户知识需求结构相匹配的优质专业知识生产者资源的稀缺，最终导致优质内容持续输出面临现实难题，这将使知识付费平台的生存变得更加艰难。

五、国家政策护航下的知识产权仍受威胁

在知识付费兴起的同时，对于付费知识的侵权盗版行为也屡见不鲜，《2017年我国数字阅读行业版权保护政策环境分析》显示，仅2016年移动端付费阅读因盗版行为损失50.2亿元。② 层出不穷的盗版行为不仅为国家版权监管带来困难，也影响了知识付费平台的盈利。

为打击此类盗版侵权行为，国家版权局于2015年7月9日发布了《关于责令网络音乐服务商停止未经授权传播音乐作品的通知》，之后又公布了《著作权行政处罚实施办法(修订征求意见稿)》，该文件不仅加大了对著作权侵权的处罚力度，同时将著作权侵权的计量单位改为“次、首、部”等，为互联网内容侵权性质的判定提供了依据。2017年1月，国务院印发了《“十三五”国家知识产权保护和运用规划》，进一步加大损害赔偿力度，并进行诉讼诚信建设，严厉打击知识侵权犯罪行为，力图为知识交易市场打造清明环境。

从目前环境来看，在知识付费风头正盛的浪潮下，国家政策和地方保护措施在不断完善，但在淘宝、微信等平台仍有盗版低价或免费产品的出现，司法实践与行政执法仍需继续发力。

---

① 中国互联网络信息中心：《第41次〈中国互联网发展状况统计报告〉》，http://www.cnnic.cn/n4/2022/0401/c88_1127.html，2018-03-05。

② 《2017年我国数字阅读行业版权保护政策环境分析》，http://zhengce.chinabaogao.com/it/2017/11153016452017.html，2017-11-15。

六、知识付费风口下我国传统媒体转型机遇与挑战并存

面对互联网免费内容经营模式的冲击，传统媒体纷纷探索“付费新闻”经营模式——付费阅读的“付费墙”业务。《华尔街日报》和《金融时报》分别于1997年和2002年开始试水阅读收费业务，为全球较成功的付费数字新闻网站之一。但在互联网发展的早期，即便在国外，采取付费阅读的媒体也不是很多。2009年，美国新闻集团掌门人鲁伯特·默多克做出了一个震惊全球传媒业的决定——新闻集团旗下所有新闻网站都将实施收费。他认为有质量的新闻报道不应该是廉价的。自此之后，以《纽约时报》《泰晤士报》等为代表的老牌传媒巨头，纷纷筑起了“付费墙”，开启付费阅读时代。

2011年3月《纽约时报》建立了计量收费的“软付费墙”，2011年后，付费墙模式到达高潮。截至2013年年底，全美已有超过500家日报推出数字收费计划。《纽约时报》历年的财报表明，付费读者数量由2011年的10万左右上升到2014年3月末的90万左右。2013年，《纽约时报》线上线下订购额占到了总收益的52%，帮助《纽约时报》实现了扭亏为盈。国际报刊联盟(FIPP)发布的《2022全球数字订阅报告》显示：《纽约时报》订阅用户在第二季度达到832万，订阅收入14.79亿美元，占比高达64.08%，订阅用户收入已成为《纽约时报》主要营收来源。

目前在欧洲，66%的报纸、71%的周报和新闻杂志已尝试推行新闻内容付费模式。

然而，欧美国家传统媒体大力推行的新闻的网络付费模式，在我国传统媒体的初始实践中却大多以失败告终。《人民日报》早在2011年1月1日便尝试了数字版付费，但在2016年年底，《人民日报》宣布自2017年1月1日起，取消实施了6年的数字版收费政策。《新京报》是一家一直在坚定做“付费墙”的媒体，其数字报是订阅模式，收费比报纸便宜一点，但数字版仅有两三万付费用户。①

然而，在知识付费兴起的大背景下，内容消费也在升级，越来越多的人愿意为内容付费。“得到”App和喜马拉雅FM在内容付费上的成功就是明证。

知识付费的风口到来，使生产优质内容成为互联网新媒体新的直接盈利来源。传统媒体有着生产优质内容的优势，而优质内容正是内容付费平台的关键所在。2017年以来，知识付费用户偏好金融财经类内容，占比高达46.2%，这无疑为财经类传统媒体的转型迎来新的契机。

得益于财新网原创财经新闻报道的优质内容的“背书”以及国外财经媒体《华尔街日报》和《金融时报》付费阅读的成功运营经验，2017年11月6日，财新网基于不同的用户需求，推出“四通”优惠订阅专享计划。“四通”产品即周刊通、财新通、数据通和英文通。其中，“财新通”(498元/年)：财新网+财新周刊；“数据通”(1998元/年)：财新网+财新周刊+“数据+”；“英文通”(1348元/年)：财新网+CaixinGlobal；“周刊通”(298元/年)：仅限财新周刊。

---

① 《财新将全面收费，付费新闻的前景又将如何?》，https://www.sohu.com/a/201634356_609520，2017-11-01。

尽管财新网“全面付费”模式，在当时并不被看好，然而，实践证明，财新网凭借优质的原创内容质量，这一新的业务模式，在我国新闻付费市场试水，已获得初步成功，2018 年，财新传媒累计付费个人用户超过 20 万；2019 年，付费订阅用户增加 10 万，达到 30 万。2020 年上半年，《财新》付费订阅用户突破 51 万。国际报刊联盟发布的《2021 全球数字订阅报告》显示，财新传媒的线上订阅，以 70 万付费阅读用户入围榜单，进入全球前十。2022 年，财新传媒的线上订阅已经有 90 余万付费读者，已成为英美之外全球最大的付费订阅媒体。“线上付费订阅”已成为国际主流新闻媒体普遍采用的模式。

然而，总体来看，我国传统媒体面临着新闻同质化严重、受众新闻付费意愿低、数字新闻版板保护较难、盈利周期长等现实挑战，因而通过新闻“付费墙”模式实现市场转型，道阻且长。

第四节　知识付费市场持续运营的趋势与应对

一、知识付费市场初始爆发之后的前景展望

2016—2017 年，知识付费成为我国移动互联网应用的新风口，知识付费市场发展前景如何？

1. 用户规模有望继续扩大，短期内用户增速放缓，长期仍然向好

艾媒咨询曾预计，随着中国移动支付用户规模的扩大，知识付费用户规模会持续扩大，2018 年知识付费用户规模将达到 2.92 亿，在经历泥沙俱下、蜂拥而上的爆发期后，付费用户将回归理性，短期内面临存量付费用户的留存问题。2015—2023 年中国知识付费用户规模如图 2.6 所示。

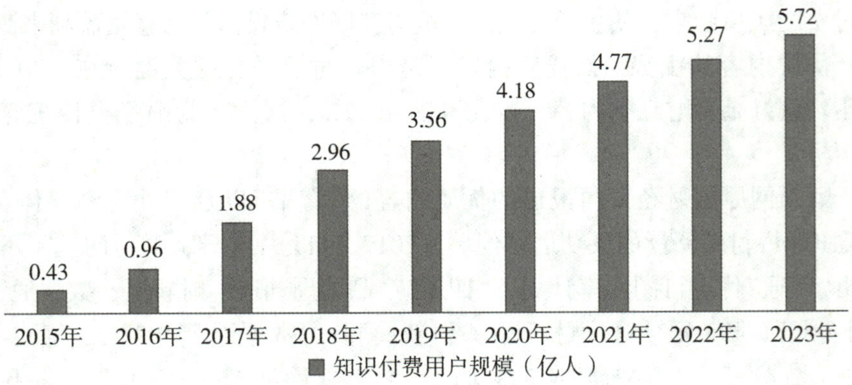

图 2.6　2015—2023 年中国知识付费用户规模①

① 艾媒咨询：《2022 年中国知识付费行业报告》，http://www.iimedia.cn/c400/85595.html，2022-05-16。

然而，长期发展前景仍然向好。事实上，近年来，互联网产品逐步视频化，政策层面亦进一步加强知识版权保护。消费升级驱动文化支出增加，知识付费市场不断扩大，呈现出全民内容输出寻求变现和产品内容形式多元化等新特点。艾媒咨询数据显示，2021 年中国知识付费市场规模达 675.0 亿元，较 2015 年增长约 42 倍，预计 2023 年市场规模将突破 1800 亿元。①

2. 技术升级将促进知识付费的场景化、智能化

技术将进一步成为知识付费平台实现精细生产、精准推送的有力支持，大数据、云计算等技术的不断成熟将逐渐改变知识付费平台粗放式的营销策略。以技术预测读者订阅倾向，逐个击破将成为知识付费平台灵活调整运营模式、有效黏住用户的手段。

2017 年，中国人工智能快速发展，截至 2017 年 6 月，中国拥有人工智能企业 592 家，占全球总数的 23.3%，仅次于美国。② 人工智能机器学习、数据挖掘等先进技术不断发展并将进入更多企业，知识付费行业可借助于人工智能进一步精准定位用户实时生活场景，及时推送相关内容。除此之外，人工智能还将有利于知识付费平台拓展咨询、指导等服务。

通过算法推荐，平台为用户精准推送感兴趣的内容，移动端的信息传播呈现高度的个人化属性，大众传播被个性化传播所取代，传播效率进一步提升。无论多小众的内容，都可能吸引到一批忠实粉丝。

二、知识付费市场爆发之后的持续运营策略

1. 优化平台的内容生产机制，保障优质内容的持续生产

面向未来，我国知识付费平台的内容生产将从平台化的综合性头部内容逐步转向垂直细分知识领域，充分利用尾部资源扩大知识付费市场规模。为保证输出内容的质量和持续性，知识付费平台应优化平台的内容生产机制：一是尽力吸收行业大咖，提升付费知识产品的专业度；二是可尝试将 PGC 和 UGC 生产模式结合起来，为垂直领域知识网红提供孵化体系，再依靠专业人员做好把关工作，引入知识生产者的筛选、评价机制，以保障优质知识产品的持续生产。知识付费平台，“知识”的内核不能被改变。用户知识付费是为了获得自身所需、能让自身成长的知识给养。平台所提供的知识内容能否契合消费者心意、能否达到高质量标准，是平台能否长期发展的关键因素。

2. 打造用户社群实现双向互动，黏住核心用户，开拓新用户群体

《第 41 次中国互联网发展状况统计报告》显示，截至 2017 年 12 月，我国网民达 7.72 亿，全年共计新增网民 4074 万，网民普及率为 55.8%，较 2016 年年底提升 2.6%。网民增长速度逐渐放缓，互联网人口红利逐渐消失。③ 我国知识付费市场经过 2016 年和 2017

---

① 艾媒咨询：《2022 年中国知识付费行业报告》，https://www.iimedia.cn/c400/85595.html，2022-05-16。

② 中国互联网络信息中心：《第 41 次〈中国互联网发展状况统计报告〉》，http://www.cnnic.cn/n4/2022/0401/c88-1127.html，2018-03-05。

③ 中国互联网络信息中心：《第 41 次〈中国互联网发展状况统计报告〉》，http://www.cnnic.cn/n4/2022/0401/c88-1127.html，2018-03-05。

年的“野蛮生长”，预计未来知识付费用户增速将放缓，平台与用户互动不足的问题逐步暴露出来，导致平台用户留存问题进一步凸显。因此，加强平台与用户的双向互动显得尤为重要。

在知识付费市场的起步阶段，各大平台获得的用户大多为原有粉丝或是为满足好奇心而来的新粉丝，平台后续仍需培养用户的付费习惯，以黏住核心用户。因此，知识付费平台需深耕专业内容，打造用户社群，利用强社交关系实现双向互动，掌握用户习惯，实现精准营销，同时为用户提供深度知识吸收场景。例如，完善评价机制，为后续用户提供消费参考；建立微信或 QQ 群，提供答疑解惑和相互交流心得的平台；尝试带有互动性的授课式直播，从而黏住粉丝用户。

与此同时，应积极开拓新用户群体。第七次全国人口普查数据显示，中国 60 岁及以上人口为 2.64 亿人，占总人口的比重达到 18.7%，比 2010 年上升 5.4 个百分点。国家统计局数据显示，2020 年中国 35 岁以上人口占比达到 56.2%，较 2014 年提升 2.6 个百分点。由于网络社会的兴起，社会节奏不断加快，“35 岁+”群体容易感受到知识焦虑，产生生理及行为上的不适应感和心理上的不平衡感。在这个阶段，“35 岁+”群体普遍感受到知识体系老化的威胁，“35 岁+”群体的知识消费网络需求大幅提升。面对事业、金钱、家庭、健康等重重关卡，通过知识付费的手段去获取信息和方法，这一现象成为知识付费行业的主流。艾媒咨询调研数据显示，使用知识付费产品的“35 岁+”用户主要集中在一线和二线城市，大多是普通职员、企业管理者和专业人员。该类人群文化素养和收入水平较高，心智审美相对成熟，具备一定消费能力，对真正有价值且能丰富内心的内容付费意愿较强。“35 岁+”群体成为知识消费主力军。①

3. 引入多元付费机制，满足用户的差异化价格诉求

作为体验性产品，知识产品难以制定体系化的价值转化标准，为此，知识付费平台要加强对用户付费意愿的持续关注，制定适合不同消费水平用户的价格策略。将免费与付费相结合，引入会员制，对会员实行更多的优惠，可提供知识产品部分内容先体验后付费或是一定期限内允许退货的售后服务；系列产品可提供单次出售或合辑出售方案；知识付费平台可根据市场供求行情，灵活合理地调整价格；也可成立行业内部规范部门，逐步实现知识付费产品价格制定的标准化。针对部分高端知识产品，可以发展个性化定制服务。

4. 加强多元化服务，提升用户的留存率和活跃度

随着知识付费平台内容的增多，平台如何完善对知识产品的细分、筛选、评价及推荐机制，将会成为未来知识付费平台提高用户体验、加强用户的留存率和活跃度的基本问题。为此，知识付费平台加强多元化的服务势在必行。首先，应加强知识付费平台首页的细分、评价和推荐功能的设置，以方便用户用最少的时间查收、筛选并确定心仪的付费型知识产品。其次，知识产品是非标准化品，用户对知识产品的付费消费体验还存在个体理解上的差异，为此，知识付费平台应进一步加强对付费用户的分类，提供更加细化的分类

① 艾媒咨询：《2022 年中国知识付费行业报告》，https://www.iimedia.cn/c400/85595.html，2022-05-16。

服务。对于授课内容、解决什么问题要给出充分的说明，让授课者和听课者都能根据内容来对内容质量进行互动评判。知识付费平台需不断提供其尾部服务，依靠智能技术升级深入辨别用户生活场景，以提供稀缺知识资源为基础，借助平台内的专业人员延展一对一咨询、线下指导、项目投资等服务性产品，最终实现内容、社交和场景的三位一体。同时，针对知识付费产品供求“错位配置”问题，可利用大数据和算法实现精准推送。最后，尽管音频类产品是当前知识付费用户的首选知识媒介产品形态，但知识付费平台也应考虑到音频相对于视频更加抽象、稍纵即逝，这对用户的记忆力和理解能力提出挑战，从而可能影响用户对知识付费产品的使用效果。因此，知识生产者在抓住用户痛点时，应合理安排内容、时长，以保证用户的使用效果，从而调动用户的付费意愿。

用户知识付费意愿不仅受到用户内在的文化素养影响，也与用户的动机(如积累文化知识、提升经济收益和促进社交认同)密切有关；客观形态的产品平台体验感亦是关键影响因素；与知识付费的内容品质、服务质量、学习过程和结果的认证认可更有直接的关联。

精细化服务是提升复购转化率的重要途径。以“21天气血双补训练营”为例，百家号训练营围绕“35岁+”群体对陪伴和关爱的诉求，通过培训官方助教，在社群中提供从早7点到晚11点的答疑、互动服务，以家常语气回答学习过程中遇到的相关问题，并设计饮食打卡、晚间放松等互动环节，营造活跃温馨的社群氛围。此外，平台还增加了穴位图、养生食谱、站桩指导手册等物料，加强学员的体验和关怀，最终实现50%的复购转化率，远高于业界水平。

5. 进一步完善国家相关政策，多方举措抵制盗版侵权

付费知识产品盗版侵权者多为散兵游勇，个人账号和微信群、QQ群成为侵权主体，对于知识付费平台来说，这类侵权者难以追踪，限制其行为难度大。因此，需要政府不断完善相关政策，加强对于劣质内容的监管，加大盗版侵权行为的惩罚力度，通过政策和行政的影响力从根本上提高公民的版权保护意识，此外，适时应用防范盗版侵权的新型技术，从而多方举措抵制盗版侵权，减少盗版侵权行为的发生。

6. 新老互动，助力传统媒体的转型

新媒体擅长于用户思维和新兴技术的使用，而传统媒体则掌握着优秀的内容生产团队。在知识付费风头正盛之时，传统媒体应由“媒体属性”逐步转向“服务属性”，借力新媒体，掌握用户需求，学习新兴技术，生产受市场认可的大众化解读的实用型专业知识。同时，新媒体为规避知识大咖不足的弊端，也要借助于传统媒体的权威性和影响力，引入传统媒体知识，扩大影响力，最终实现新老媒体的良性互动。

三、知识付费市场持续运营的新趋势与方向

近些年来，知识付费产业及市场格局发生剧变，知识付费市场迎来新的发展机遇。《中国网络视听发展研究报告(2023)》显示，在新网民第一次触网使用的网络视听应用中，在线教育课程已位居第二位，占比17.2%，仅次于短视频的24.3%；知识付费已成为新网民网络视听应用的重要选择。随着我国短视频的强势崛起，短视频平台将成为网民获取

新闻资讯及学习相关知识的首要渠道。2020年以来，短视频平台通过与科研机构、科普专业人士合作，大力扶持知识传播，鼓励泛知识内容产出。

与此同时，从知识付费用户结构来看，艾媒咨询《2022年中国知识付费行业报告》显示，知识付费玩家由Z世代演变为“35+”次世代人群。技术流、精品化及宽渠道的大平台优势凸显。知识付费用户对于金融财经、教育培训、消费投资等头部内容的需求仍将持续增长，基于此，主要知识付费平台将针对用户对于头部知识的诉求，继续生产优质内容。

为解决部分知识行业“大咖”难以长期专注于知识内容持续产出的问题，知识付费平台将完善知识生产孵化体系，扶持更多优质内容生产者的成长。头部内容持续发力，“35岁+”群体垂直细分领域受到关注。在头部知识内容持续发展的同时，付费知识体系也将逐步向深层次的垂直细分领域拓展，满足部分知识用户群体的小众需求，将会有更多的垂直细分类产品出现，儿童、情感生活、人文等领域将会受到内容创业者和用户的青睐。同时，知识生产者将由自带粉丝效应的名人、大V逐渐扩展到各个专业领域的资深专家以及拥有专业知识的普通大众。

百度百家号锁定的“35岁+”群体呈现对品牌忠诚度更高、黏性更大并能持续付费等特点。聚焦“35岁+”群体的内容创作者，开始不断探索线上模式，采用网络直播和付费视频课程的方式服务用户。视频化的授课模式，逐步被广大“35岁+”用户接受和认可，对以音频付费课程为主要模式的第一代知识付费形态产生一定程度的冲击。百度百家号数据显示，截至2021年12月，百度App的付费专栏和训练营中，35~45岁、46~55岁、55岁以上群体消费金额占比分别为38.6%、34.0%、13.2%，累计占比达到了85.8%。

当前“35岁+”知识付费领域虽仍存在资源供给不足、认知偏差及师资严重匮乏等问题，但以百家号付费专栏为代表的第二代知识付费平台，依托百度生态优势，通过作者引入、运营活动和基础设施建设等策略提前布局“35岁+”市场，孵化了“跟山姆说英语”等一批“35岁+”群体偏好的知识型作者，为用户提供更丰富的内容和体验。

随着平台用户数量的持续增加，知识付费产业链亦进一步成熟、知识付费行业的发展基础将更加牢固。知识付费平台的内容、功能和形式也趋向差异化、精细化，行业发展势头总体向好。

知识付费头部平台在稳定一、二线城市等主要市场的前提下，应逐步往下沉，实行线上线下融合。随着我国新型城镇化建设向纵深推进，下沉市场将成为知识付费行业用户充实的后备军。随着中国人口素质不断提升，三、四线城市居民可支配收入不断增长，其对自身知识的涉猎领域及知识深度的要求将不断提升，下沉市场机会进一步扩大。①

① 艾媒咨询:《2022年中国知识付费行业报告》，https://www.iimedia.cn/c400/85595.html,2022-05-16。

第三章

短视频内容市场的运营

第一节 短视频内容市场的兴起与发展历程

短视频自诞生以来，经历了萌芽期、探索期、成长期和成熟期四个发展阶段。在萌芽期，短视频的发展更多聚焦于其概念价值上。在探索期，由于短视频"短平快"的内容消费模式更符合移动互联网时代下用户"碎片化"的使用习惯，短视频应用的形式价值受到肯定。这一时期，短视频内容营销以社交营销、粉丝经济为主导，微视、美拍和秒拍开启了基于社交平台的短视频社交营销模式，将短视频内容市场推到了一个新的高度。在成长期，2014 年，快手充分发挥技术优势，创新差异化短视频内容营销策略，将基于网红效应的用户粉丝算法推荐，转变为基于内容互动性、有趣性等多维度的算法推荐，深受三、四线城市青年的喜爱。2016 年，用户对短视频内容消费习惯逐渐普及，短视频内容 App 的数量呈爆发式增长；短视频平台和用户对优质内容的需求加大，"内容价值"成为支撑短视频产业持续发展的主要动力。

进入 2018 年之后，我国移动互联网市场的新兴媒体产业应用首次遭遇到用户人口红利的"天花板"限制，整体进入一个高位下行的寒冬态势。然而，短视频应用的崛起，成为 2018 年最为显眼的一个现象，成为国民新的"时间杀手"，同时，也是我国移动互联网中后期时代引领新兴媒体产业发展的新市场热点领域。在这一年，无论短视频内容产业还是短视频商业营销产业，均呈现出爆发之势。

2018 年后，短视频内容产业步入成熟期，随着智能手机的普及、4G 网络环境的优化，在大数据等移动互联网技术的支持下，短视频的用户体验得到了极大的提升，促进了短视频日均用户规模和使用时长的爆发式增长。《中国网络视听发展研究报告(2023)》显示，截至 2022 年 12 月，短视频用户规模已达 10.12 亿，人均单日使用时长超过 2.5 小时，使用率更高达 94.8%，短视频已成为吸引网民"触网"首要应用。

然而，经过几年的初始爆发增长之后，自 2018 年以来，短视频的用户增长速度已由三位数、两位数的增速逐步转向个位数的增长，用户增长红利逐渐消退。短视频内容产业由流量思维向用户经营思维转化，平台方和内容方不断进行垂直细分。此外，部分短视频内容创作者的侵权盗版行为，导致网络影视版权案件层出不穷，不仅影响了短视频内容行业的社会声誉，最终也影响了短视频内容市场的持续健康发展。进入后疫情时代之后，长、短视频内容市场相继进入成熟期，两大视频内容行业之间逐渐由彼此的存量竞争转向竞合的融合发展。

第二节 短视频内容市场爆发的运营状况与特征

2018年是我国移动互联网应用的初始转折点。一些新兴媒体应用，如视频付费、知识付费、直播等经过初始爆发之后，短期内面临市场调整。这一年，在短视频平台方、内容方、MCN机构共同推动下，短视频应用成为移动互联网增量市场的“王者”，强势收割用户时间和注意力资源。其运营状况与特点，主要表现为以下几个方面。

一、用户需求侧：总体变局与特征

1. 短视频：成为用户新的最强“时间杀手”

2018年，我国移动互联网市场呈现出冰水两重天的局面：一面是整体市场的寒冬，另一面是短视频的火热。《QuestMobile中国移动互联网2018年度大报告》数据显示：2018年移动互联网月活跃用户规模全年期末净增仅4600万，比2017年同期期末净增6400万，增幅减少了1800万，同比增速已放缓至5%以下。① 这表明移动互联网整体应用市场的用户红利已呈现出逐步消退的整体发展态势，如图3.1所示。

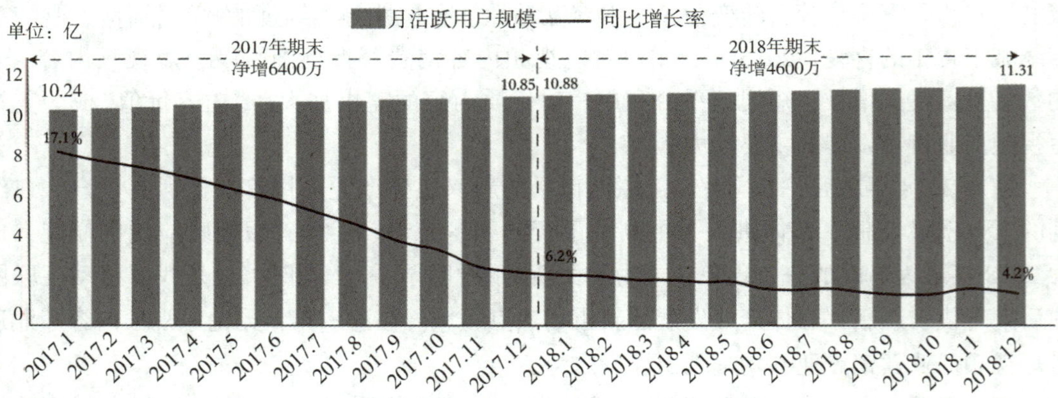

图3.1 中国移动互联网月活跃用户规模趋势②

然而，近年来，在知识付费、网络直播等曾经的移动互联网“风口”趋于平稳，甚至略有下滑的发展态势下，短视频却“逆势上扬”。卡思数据显示，2018年，短视频整体领域以平均每月8.8%的速度极限扩张。③ 与此同时，QuestMoboile的数据也显示，在2018年

① QuestMobile移动大数据研究院：《QuestMobile中国移动互联网2018年度大报告》，http://www.digitalling.com/articles/100162.html，2019-01-28。

② QuestMobile移动大数据研究院：《QuestMobile中国移动互联网2018年度大报告》，http://www.digitalling.com/articles/100162.html，2019-01-28。

③ 卡思数据：《2018年度KOL红人行业白皮书》，http://www.199it.com/archives/818964.html，2019-01-09。

12 月，用户月总使用时长同比增量占比 TOP10 细分行业中，短视频位列第一，占比 33.1%；而位列第二位的即时通信仅占比 18.6%。① 短视频和即时通信两个细分行业的时长增长贡献了整体时长增量的一半以上。短视频成为 2018 年用户上网新的主要应用形式，在移动互联网增量应用市场中，成为用户新的最强"时间杀手"，如图 3.2 所示。

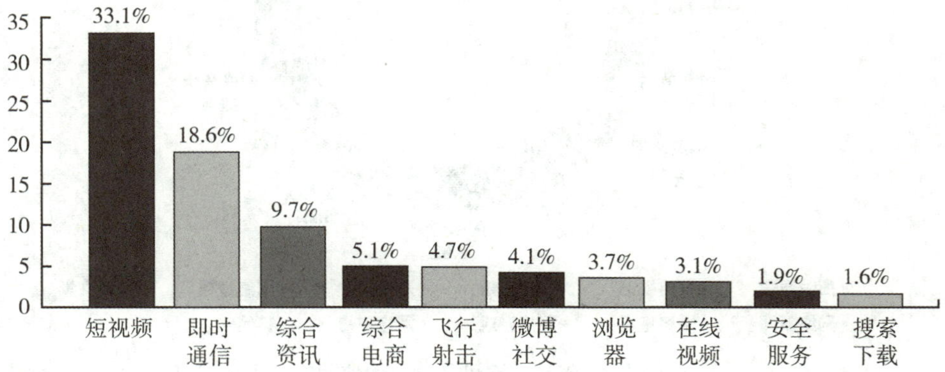

图 3.2　2018 年用户月总使用时长同比增量占比 TOP10 细分行业②

短视频应用不仅在移动互联网增量市场"逆势上扬"，也在整体应用市场中快速崛起。根据中国互联网络信息中心（CNNIC）《第 43 次中国互联网络发展状况统计报告》相关调查数据，截至 2018 年 12 月，我国网民数量为 8.29 亿，其中 78.2%的网民使用短视频应用，短视频用户规模达到 6.48 亿。短视频的整体用户使用时长位列移动互联网细分行业用户使用时长的第 4 位，仅次于即时通信、网络视频和网络音乐。③ 短视频应用的崛起，成为 2018 年最显著的现象，如图 3.3 所示。

2. 用户画像：年轻人引领风潮，三、四线城市用户渗透率更高，女性用户略多于男性用户

短视频用户总体特征表现为：年轻人引领风潮；三、四线城市用户渗透率更高；女性用户略多于男性用户。卡思数据显示，从年龄结构上看，短视频用户整体偏年轻，寒暑假为使用高峰期；24 岁以上的用户占比过半（51%），30 岁以下网民对短视频的使用率在 80%以上。但随着"Z 世代"④的到来，小镇青年和白发老人登场，短视频也逐渐成为他们喜爱的应用之一，如图 3.4 所示。

---

① QuestMobile 移动大数据研究院：《QuestMobile 中国移动互联网 2018 年度大报告》，http://www.digitalling.com/articles/100162.html，2019-01-28。

② QuestMobile 移动大数据研究院：《QuestMobile 中国移动互联网 2018 年度大报告》，http://www.digitalling.com/articles/100162.html，2019-01-28。

③ 中国互联网信息中心：《第 43 次〈中国互联网络发展状况统计报告〉》，http://www.cnnic.cn/n4/2022/0401/c88-838.html，2019-02-28。

④ "Z 世代"是指 1996 年以后出生的年轻人群体。

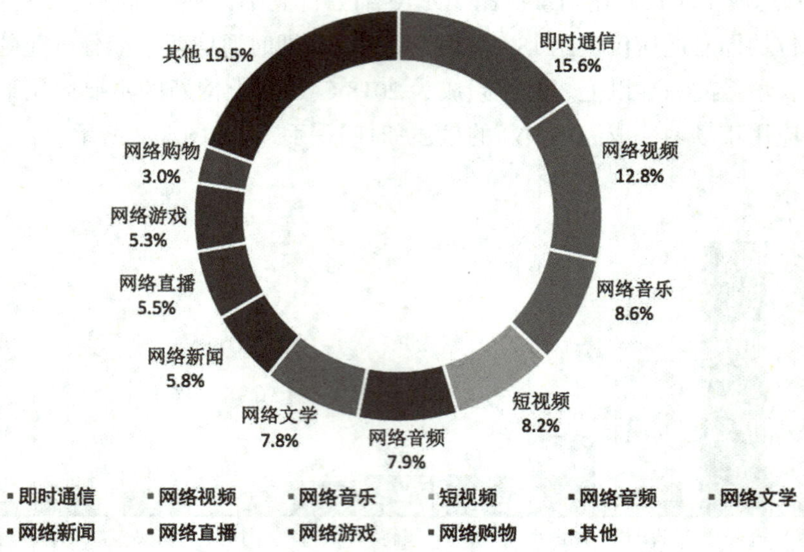

图 3.3 2018 年移动网民各类应用使用时长占比①

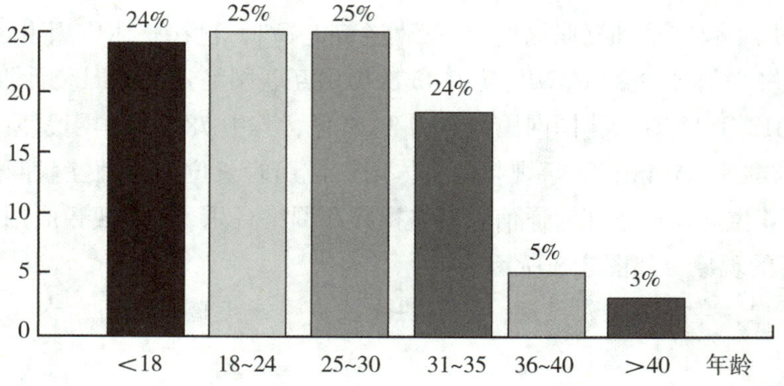

图 3.4 短视频用户年龄分布②

从地域分布上看，短视频用户已经向三、四线城市深度下沉，三、四线及以下城市用户占比达到了 52%，小镇青年引领短视频内容消费时尚。从用户性别结构来看，六大核心短视频平台的男女用户比例为 48 : 52，与 CNNIC《第 43 次中国互联网统计报告》显示的中国网民男女比例(52.7 : 47.3)十分接近。短视频用户性别比例基本持平，女性用户略多于男性用户。

① 中国互联网络信息中心：《第 43 次〈中国互联网络发展状况统计报告〉》，http://www.cnnic.cn/n4/2022/0401/c88-838.html,2019-02-28。

② 火星文化、卡思数据、新榜研究院：《2019 短视频内容营销趋势白皮书》，http://www.sohu.com/a/284419933_114819,2018-12-25。

具体而言，抖音短视频用户日活跃量达到2亿，日均用户活跃时长达到76分钟；用户较为均匀地分布在新一线城市、二线城市、三线城市和四线及以下城市，核心用户分布在一、二线城市；24岁以下的用户是抖音短视频的主力军。快手短视频用户日活跃量达到1.3亿，日均用户活跃时长为60分钟；用户集中在四线及以下城市；18岁以下的用户为使用主力军。

二、内容供给侧：总体变局与特点

1. 平台方：头部化与跨界化

2018年，短视频平台内容供给深度变革，“短视频+”巨头和细分平台共同加码，在互联网“下半场”中抢夺用户时长。近年来，短视频行业平台内容供给的格局一直在被深度改写。2016年秒拍、美拍、快手“三足鼎立”。2017年快手成为短视频领域当之无愧的“王者”，雄踞当年中国短视频类App年度排行榜第一位。2018年在快手引领下，短视频市场呈现出群雄逐鹿的局面。除抖音和快手外，BAT、微博等互联网巨头都在加码短视频市场。2018年，短视频市场获得各方广泛关注，百度、腾讯、阿里巴巴、微博持续在短视频领域发力，网易、搜狐等纷纷推出新的短视频应用，短视频市场迅速发展。

群雄逐鹿的竞争态势之下，短视频内容平台呈现出头部化格局，共同抢占活跃用户和用户使用总时长。几大主流短视频App的数据如图3.5所示。快手与抖音作为头部平台，在活跃用户与使用时长上远超其他平台。2018年，抖音无疑成为短视频平台最大的一匹

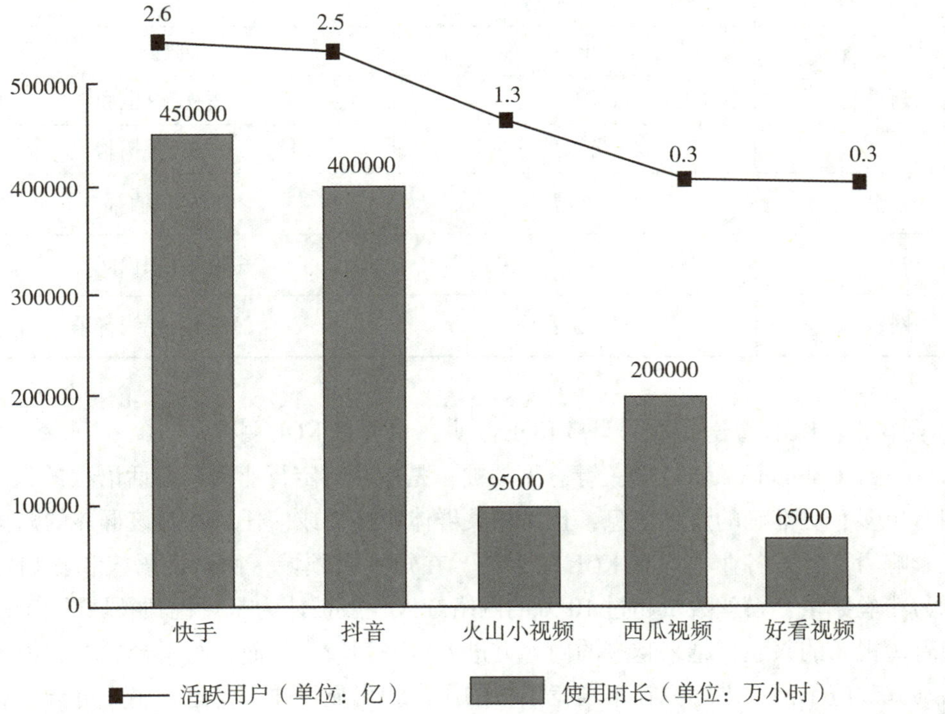

图3.5　2018年几大主流短视频App活跃用户与使用时长

黑马，由2017年中国短视频App平台排行榜的第五位一跃而起，与排名第一的快手并驾齐驱，甚至在日均用户活跃时长市场指标上以76分钟反超快手的60分钟。快手、抖音成为2018年短视频市场的两大头部平台。在具体内容选择上，搞笑段子类、情景剧类内容仍然深受两个平台用户的喜爱，其次是获取知识和技能类型的内容。区别在于，抖音用户内容需求更多元，而快手用户内容需求更集中，如图3.5所示。

短视频市场格局在头部化的同时，也呈现出跨界化的特征。在外界称为“头腾大战”的竞争中，腾讯在复活微视、投资快手的同时，上线了超过6款独立短视频App。百度押注好看视频，阿里则对土豆寄予厚望，淘宝打造“短视频+电商”，钉钉推出“短视频+招聘”。微博在合并“一直播”后强化自有短视频业务，让一下科技聚焦在短视频业务上，希望收复失地。网络知识社区平台知乎在首页增加“视频”专区，以“短视频+知识问答”展示精选短视频内容。网易云音乐推出短视频现金激励计划，以“短视频+在线音乐”增强用户体验。大众点评和途家也相继推出了“短视频+美食推荐”和“短视频+在线租赁”功能。2018年，各大互联网平台在原有功能基础上增加了短视频功能，使短视频市场呈现出跨界化的特征，如表3.1所示。

表3.1 短视频市场跨界化格局

互联网公司	平　台	模　式
腾讯	微视	投资+上线独立短视频App
百度	好看视频	投资
阿里	土豆	收购
	淘宝	短视频+电商
	钉钉	短视频+招聘
新浪	微博	合并“一直播”
知乎	知乎	短视频+知识问答
网易	网易云音乐	短视频+在线音乐

2. 内容方：KOL增速放缓，头部KOL较少，中腰部KOL崛起

KOL(Key Opinion Leader)即关键意见领袖，是指在特定行业内具有话语权的人。KOL一般拥有更多、更准确的产品信息，且为相关群体所接受或信任，并对该群体的购买行为有较大影响力。各行各业中均有KOL的存在，在短视频领域，衡量话语权和影响力的重要指标为粉丝数量，粉丝数量超过10万的网络红人一般被认为是短视频领域的KOL。

随着短视频的兴起，越来越多的内容方进入这一领域。然而，与平台方在成为头部后出现的马太效应不同，内容方在市场竞争中的用户积累显得并不稳定。用户可能会对平台产生使用习惯和偏好，但是不会对单一的内容产生长久的偏好。即便是头部KOL，如果

不能继续产出爆款内容，也很快会被新的内容创作者超越。①

2018 年，短视频 KOL 增速放缓，行业竞争进入存量用户争夺阶段，KOL 的增长趋势与用户增长趋势非常接近，从 2018 年第二季度开始，增速大幅放缓。短视频用户红利期基本结束，KOL 队伍尽管在壮大，可平分到单个 KOL 身上的流量有限。

各垂直类别的 KOL 分布中，从体量分布来看，“小姐姐”类 KOL 占比仍然最高，搞笑段子、音乐舞蹈和“小哥哥”类 KOL 位列其后，但与第一梯队的“小姐姐”类 KOL 存在比较大的差距；从各垂直类别 KOL 的粉丝质量来看，搞笑段子类表现最佳，“小姐姐”类持续下滑，发展后劲不足。这是由于“小姐姐”类 KOL 虽然体量最大，但内容同质化严重，若无创意和才艺加分，很难获得早期的流量效果。

具体到各平台的 KOL 粉丝量，抖音上粉丝量在 50 万以下的 KOL 占比 78%，粉丝量在 500 万以上的 KOL 占比仅 0.58%。其 KOL 分布呈现典型的金字塔结构，中腰部和尾部 KOL 数量巨大。在快手平台上，粉丝量在 50 万以下的 KOL 占比为 84%，因为快手的“普惠”逻辑，对于爆款存在限流措施，因此越往头部走，KOL 增粉越难。②

因此，总体来看，在各大平台的短视频内容生产方面，头部 KOL 的数量保持在较低水平，且粉丝增长难度较大；中腰部 KOL 有望崛起，但并非所有的中腰部 KOL 都能把握住这一机遇，并持续产出优质内容。细看抖音和快手，迭代洗牌主要集中在 10 万~30 万的粉丝层，即“并不太红”的 KOL 中。游戏类、宠物类、创意类 KOL 虽然数量占比不高，但是具有较大的发展潜力。③

3. MCN：继续强势发展

从“个人化”到“机构化”是内容生产的大势所趋，MCN 作为专业的内容生产扶持机构，是指联合若干垂直领域具有影响力的互联网专业内容生产者，利用自身资源为其提供内容生产管理、内容运营、粉丝管理、商业变现等专业服务的机构。④ 其模式源于国外成熟的“网红”经济运作，本质是一个多频道网络形态的产品。简而言之，MCN 是介于平台方和内容方之间的中介力量。MCN 并非一个新鲜的概念，最早是依托于 YouTube 平台机制创生的商业模式，定位于服务内容方，其业务的根基在于更好地帮助内容方进行内容生产和商业变现等活动。

该模式被引入中国后，与中国本土化模式相结合。2015 年以前，少部分嗅觉敏锐的内容机构借鉴 YouTube 的 MCN 模式在国内尝试性发展，但是由于缺乏市场基础和平台动力，这个时期的 MCN 并未掀起波澜。2015 年和 2016 年，各平台逐步开始尝试 MCN 模

① 艾瑞咨询：《2018 年中国短视频营销市场研究报告》，http://www.iresearch.com.cn/Detai/report?id=3302&isfree=0,2018-12-03。

② 火星文化、卡思数据、新榜研究院：《2019 短视频内容营销趋势白皮书》，http://www.shou.com/a/284419933_114819,2018-12-25。

③ 火星文化、卡思数据、新榜研究院：《2019 短视频内容营销趋势白皮书》，http://www.shou.com/a/284419933_114819,2018-12-25。

④ 美拍、易观：《2017 年中国短视频 MCN 行业发展白皮书》，http://www.ananlysys.cn/article/detail/1001185,2018-02-01。

式，MCN 在国内逐渐起步。

从 2017 年开始，MCN 在国内大规模发展，2018 年延续 2017 年发展的强劲势头，MCN 继续大规模扩张。根据易观《2017 年中国短视频 MCN 行业发展白皮书》预测，2019 年短视频 MCN 将达到 4700 家。而事实上，根据艾媒咨询数据，截至 2021 年，短视频 MCN 机构数量已达到 34000 家，短视频用户规模已经快速增长至 9.34 亿人。

MCN 在中国的发展模式与美国略有不同。在美国，MCN 公司一方面签约优质内容生产者，另一方面寻找有资质的平台和广告主。对于有潜力的头部内容生产者，也就是 KOL，MCN 会对内容进行包装和流量配置，这个模式也被称为“流量对赌”。而在中国，MCN 的运作模式是，MCN 公司自己推出内容生产者，也就是“红人养成”，同时利用旗舰 PGC 带动红人体系。

MCN 作为专业的内容生产扶持机构，其巨大价值在于将内容产业变为一个追求生产效率、规模效应和工业化的产业。MCN 的出现使内容生产的效率大大提高，不仅实现了内容量产化，而且实现了“红人养成”的工业化，包括筛选、定位、养成、流量放大、社群维护等。

随着 MCN 的火热，平台和内容方都积极寻求与 MCN 的合作，甚至扶持或转型为 MCN 机构。一方面，越来越多的平台与 MCN 机构合作，以寻求双赢的局面，比较典型且较早与 MCN 合作的平台是微博。2016 年 9 月，微博率先启动 MCN 管理系统内测；2017 年 5 月，微博推出垂直 MCN 合作计划，开启各个垂直领域 MCN 机构的接入合作，强化内容生产，扶持优质内容创作者和机构。2017 年 12 月，微博宣布成立 30 亿基金扶持 MCN；2018 年 8 月 8 日，微博推出“微博内容商业联盟助力计划”，实现 MCN 机构与品牌的双向商业变现。根据 2018 年微博财报，微博在第三季度投入超过 5 亿元的广告资源用于扶植内容机构。在第三季度，微博合作的 MCN 机构已超过 2200 家，头部用户发博量和阅读量均同比实现双位数增长，在微博上的新晋“金 V”(月阅读量超过 1000 万的用户)也越来越多。

除了微博以外，各短视频平台均于 2017 年进军 MCN 内容中介细分领域。2017 年 4 月，大鱼号推出了针对 MCN 机构的“大鱼计划”；9 月，美拍举行“MCN 战略启动仪式”，成为国内首个正式开展 MCN 战略的短视频平台，并在同年 12 月宣布 MCN 战略再升级。2017 年年底，抖音也推出了自己的 MCN 战略，并推出了“抖音多元化 MCN 双周 TOP 榜”，对于上榜的账号和机构给予流量扶持。进入 2018 年，MCN 延续强势发展势头，2018 年 7 月快手开展 MCN 合作计划，对 MCN 机构提供服务和指导。

4. 新风口：Vlog 异军突起

2018 年，Vlog 作为一种新的短视频方式强势崛起。Vlog 即“视频博客”，源于“blog”的变体，也被称为“视频网络日志”。Vlog 作者以影像代替文字和照片，拍摄视频日志上传到网络上与网友分享。Vlog 并非全新现象，2012 年，YouTube 上出现了第一条 Vlog，B 站上也有不少在小众圈子中传播的 Vlog。

2018 年，明星欧阳娜娜 16 段 Vlog 总观看量超过 8000 万，该现象受到网友的关注。

借助欧阳娜娜、王源等人的强势明星效应，Vlog 大面积进入国内用户视线。2018 年，短视频行业竞争加剧，商业化变现成为各平台追求的目标。这为 Vlog 的崛起提供了契机，Vlog 无商业色彩、去表现化、强调真实人格的特征使其区别于其他短视频，因此在内容上更具传播优势。

基于此，越来越多的平台在“加码”Vlog，小影、秒拍、人人视频、微博、今日头条、腾讯等相继涉足 Vlog。2018 年 2 月，小影举办大型发布会，对外宣称用社区打造 Vlog 生态圈；秒拍宣布补贴作者，正式推广 Vlog；人人视频利用美剧爱好者聚集社区推广 Vlog；9 月，微博 Vlog 官方发出正式召集令，成为微博认证的 Vlogger 享受微博扶持；今日头条与欧阳娜娜联合开展首个明星 Vlog 计划；11 月，腾讯发布短视频平台 yoo 视频，腾讯打造的 yoo 视频剑指 Vlog，其副总裁林松涛在“2018 腾讯全球合作伙伴大会”上介绍，yoo 视频将以人格化账号为主体，通过 Vlog 和 Vstory 两种不同的内容形态，来展示有故事的人和有态度的价值观。越来越多的公司入局 Vlog，越来越多的用户发布 Vlog，欧阳娜娜系列 Vlog 8000 万的总观看量说明新的流量池正在形成。

第三节　短视频内容市场持续运营的现实挑战

2018 年以来，尽管短视频行业在移动互联网应用市场中如日中天，但在初始繁荣发展背后，短视频内容市场中内容方、平台方、MCN 等各方市场主体面临一些持续运营的具体现实问题与现实困境。

一、内容方：低俗化、制作粗糙、版权问题、持续经营困难

1. 内容低俗化

部分短视频制作者为了获取巨大的流量，会忽视伦理道德，大量产出低俗内容，以迎合受众，从而获取更大的流量。在如今快节奏的生活中，人们很容易也很愿意陷入表层和通俗娱乐信息。过于压抑的生活以及爆炸式的信息轰炸，使得疲于其中的现代人往往会选择易于理解、带有消遣意味的信息来放松自己。短视频成为最好的消遣方式，用户在平台推送的短视频中获得短暂的快感。平台方为了迎合受众，不断地推出易获得流量的内容，而这样往往会触碰到道德的底线，甚至生产出大量低俗内容。

2018 年 4 月，今日头条被下线，抖音被禁评论，内涵段子被永久关停。字节跳动公司的三大看家应用纷纷出事，这与平台低俗内容的泛滥是分不开的。字节跳动公司总裁张一鸣曾经笃行的“技术没有价值观”的经营理念，是导致这一问题产生的逻辑根源。字节跳动公司的三大看家应用，都是靠内容黏着用户，而内容信息的传播，就涉及媒体核心层面的传播价值观。坚守内容信息传播的社会价值底线，是包括字节跳动公司在内所有以科技为手段，从事实质性的媒介内容信息传播业务的所谓科技公司持续发展的基石。2018 年以来，国家广电总局、网信办等有关部门多次约谈触碰红线的内容方和平台方，并予以责令整改、暂停运营和永久封号等处罚措施，即是最好的证明。

2. 内容制作粗放化、同质化，变现难

由于短视频内容方存在大量 UGC，他们缺乏专业指导，在视频制作方面，难免出现内容制作粗放的问题。虽然 MCN 的出现在一定程度上缓解了内容制作粗放问题，但是，由于当前产业发展尚未完全成熟，短视频营销制作团队良莠不齐，专业广告公司和优质视频制作公司未完全下沉，从业者自身创作能力不足，市场走向不明确，内容制作粗放化的问题仍然存在。

内容制作粗放化还表现为同质化现象严重，目前，短视频领域内容同质化成为突出问题。短视频头部 KOL 格局渐趋稳定，在同质化严重的内容创作环境中，单凭颜值或者“跟随型”创作，已经很难取悦日渐挑剔的短视频受众，内容方持续经营困难。

变现难。2017 年，将近一半(47.9%)的短视频内容方没有盈利，21.9%的短视频内容方收支达到平衡，仅有 30.3%的短视频内容方实现盈利。其中，72.6%的内容方通过平台补贴变现。然而，补贴只是平台方在激烈竞争中的突围之策，而不是长久之计。①

3. 长短视频平台间的内容“版权”之争

版权问题是移动互联网时代新媒体所共同面临的问题，短视频内容创作同样面临版权问题。2018 年 7 月，国家版权局、国家互联网信息办公室、工业和信息化部、公安部联合宣布启动打击网络侵权盗版“剑网 2018”专项行动，截至 2018 年 11 月，15 家短视频平台共计下架各类涉嫌侵权盗版作品 57 万部。

“二次创作”短视频是长短视频平台“版权”之争的焦点问题。一位“二次创作短视频”的从业者向《中国经济周刊》记者透露，在短视频平台通过剪辑影视综艺作品吸粉效果非常好，他通过这种低成本方式孵化过数十个短视频账号，之后又通过挂电商链接、出售剪辑课程以及直接“卖号”等方式，4 个月内盈利近百万元。② 与此同时也引发“版权”争议。如前文所述，作为长、短视频两大平台巨头的腾讯和抖音之间就视频版权有过多次纠纷。以版权侵权为例，仅 2021 年下半年，腾讯起诉抖音就多达 168 次，③ 甚至封禁抖音；④ 而抖音以数据垄断与反垄断起诉腾讯，⑤ 直至 2023 年 4 月，两大视频平台通过“版权合作”达成“和解”。⑥

---

① 艾瑞咨询：《2018 年中国短视频营销市场研究报告》，http://www.iresearch.com.cn/Detai/report?id=3302&isfree=0,2018-12-03。

② 青川：《长短视频由竞争到合作 抖音与腾讯视频真能“世纪大和解”？争议焦点“二创”4 个月能赚近 100 万?》，《中国经济周刊》2023 年第 7 期，第 78-79 页。

③ 夏金彪：《腾讯、抖音和解或推动长短视频大融合》，《中国经济时报》2023 年 4 月 11 日。

④ 侯利阳：《互联网平台反垄断的局限与突破：由“腾讯封禁抖音案”引发的思考》，《商业经济与管理》2021 年第 4 期，第 88-96 页。

⑤ 余曼琪、晏宗新：《平台经济数据垄断与反垄断规制——以抖音起诉腾讯为例》，《汕头大学学报》(人文社会科学版)2022 年第 12 期，第 54-66、95 页。

⑥ 茂林、王子霖：《“冤家”握手言和 腾讯视频与抖音宣布达成合作》，《上海证券报》2023 年 4 月 8 日。

二、平台方：面临严格监管整治和用户红利消退的双重难题

短视频平台对流量的商业利益化追求，导致短视频内容营销市场火爆。然而，缺乏对短视频内容的把关也导致了低俗内容的频频出现，成为社会热点问题。

随着短视频的火爆，各类短视频平台也"野蛮"式生长，其中不乏一些无照经营的短视频平台，它们屡屡触碰价值观红线。为规范短视频平台的发展，2018年3月，国家广电总局下发《关于进一步规范网络视听节目传播秩序的通知》，强调不得与未取得《信息网络传播视听节目许可证》的网络视听节目服务机构合作。此举从源头上有效遏制了短视频违规的不良内容问题，但同时也给一些未取得视听牌照的短视频平台带来了经营资质方面的发展困境。2018年4月起，短视频平台遭遇了史上最严格的监管整治，今日头条、快手被相关管理部门约谈，要求下架App进行整改，其中头条系产品内涵段子被永久关停，这给各大短视频平台敲响了警钟，内容红线不容触犯。在政策层面遭受严格监管整治之后，2018年下半年，各大短视频平台在市场层面也面临用户红利消退的经营困境。根据CNNIC第43次《中国互联网发展状况统计报告》，2018年中国网民数达8.29亿，手机网民数为8.17亿，其中，短视频用户数已快速增长至6.48亿，占手机网民数的78%，可见短视频用户市场趋于饱和，市场格局逐渐稳定，用户大幅增长的红利趋于消退，进入瓜分存量市场的阶段。如何在竞争激烈的存量市场中存活并盈利，成为短视频平台面临的又一大现实难题。

三、MCN：受到头部的平台方与内容方的双向挤压

尽管MCN在2018年延续了2017年的强势发展势头，但随着短视频内容行业整体的成熟和深入发展，MCN所面临的问题也逐渐显现，最突出的问题是MCN受到来自平台方和内容方的双向挤压。

一方面，MCN受到短视频平台方的市场挤压。进入2018年，腾讯和百度投入大量的资金，直接补贴内容方，促进旗下腾讯微视和百度Nani短视频进军短视频行业，在其大力扶持MCN的利好环境背后，是其抢夺优质内容和KOL资源的野心。头部平台方直接扶持增量的垂直化内容方，从而在内容领域对MCN形成市场挤压之势。与此同时，平台方为了巩固自己的地位，逐渐开始自己搭建商业平台，直接与广告主对接。这些平台肩负资源撮合、交易管理、数据监测和评估的功能，在某种程度上，挤压了MCN在短视频广告营销领域的生存空间。

另一方面，MCN受到头部内容方的市场挤压。随着越来越多的MCN出现，头部内容生产者也有了更大的选择空间。部分头部甚至腰部内容生产者积极向MCN转型，利用自身资源扶持其他内容生产者。例如网红"papi酱"成立MCN机构"papitube"；"何仙姑夫"转为MCN类服务机构；"罐头视频"不断孵化内部网红，签约外部IP。因为内容生产者熟悉内容产业，因此转型成为MCN难度相对不大。另外，在广告营销领域，广告主在短视频营销时越来越倾向于跳过MCN，直接与头部平台和内容方合作。

尽管MCN受到平台方与内容方的双向挤压，但目前仍然是短视频产业链中不可缺少的一环。虽然平台方纷纷开始搭建自己的商业平台，但由于成本和团队的限制，平台方不可能对整个平台的内容生产者进行精细化的管理和扶持；而且，内容生产者也迫切需要专业机构对内容生产进行指导。因此，未来几年，MCN仍是短视频行业的热门细分领域。

第四节 短视频内容市场持续运营的趋势与应对

一、总体宏观趋势

1. 强监管：全面而细致的严格规范化与常态化管理

针对近年来短视频市场出现的种种“乱象”，2018年是在宏观监管层面出“重拳”进行事后严格管理。2019年伊始，中国网络视听节目服务协会发布了《网络短视频平台管理规范》及《网络短视频内容审核标准细则》。《网络短视频平台管理规范》与《网络短视频内容审核标准细则》在巩固事后严格管理取得阶段性治理成果基础之上，将事后监管进一步前置到事前的制度化规范管理层面，从源头上对短视频市场形成全面而细致的常态化管理态势。

首先，对短视频平台方，监管方以严格资质的事前市场准入管理方式，从源头上加强规范化管理。《网络短视频平台管理规范》明确规定：“开展短视频服务的网络平台，应当持有《信息网络传播视听节目许可证》(AVSP)等法律法规规定的相关资质，并严格在许可证规定的业务范围内开展业务。”①这一规定意味着没有视听节目许可证资质的短视频平台，将无权从事短视频行业的内容生产与传播活动。

其次，对短视频平台方，以先审后播的管理方式，内化其事前审核的社会责任与保障措施。一是《网络短视频平台管理规范》指出：“网络短视频平台实行节目内容先审后播制度。平台上播出的所有短视频均应经内容审核后方可播出，包括节目的标题、简介、弹幕、评论等内容。”②二是《网络短视频平台管理规范》提出了短视频平台先审后播制度的具体保障性落实措施。一方面要求“各网络平台在开展短视频业务的同时，根据其业务规模，建立审核员队伍。审核员需经过专业培训，审核员数量与上传和播出的短视频条数应当相匹配。原则上，审核员人数应当在本平台每天新增播出短视频条数的千分之一以上”③。另一方面要求网络短视频平台对在本平台注册账户上传节目的主体，实行实名认

① 中国网络视听节目服务协会：《网络短视频平台管理规范》，http://www.cnsa.cn/art/2019/1/9/art_1954_43559.html,2019-01-09。

② 中国网络视听节目服务协会：《网络短视频平台管理规范》，http://www.cnsa.cn/art/2019/1/9/art_1954_43559.html,2019-01-09。

③ 中国网络视听节目服务协会：《网络短视频平台管理规范》，http://www.cnsa.cn/art/2019/1/9/art_1954_43559.html,2019-01-09。

证管理制度。对 PGC 而言，平台应当核实其组织机构代码证等信息；对 UGC 而言，平台应当核实身份证等个人身份信息。详细的先审后播制度，首次以明文规定方式内化了短视频平台对内容审核的社会职责。

再次，对短视频平台方，《网络短视频平台管理规范》加强具体“红线”的规范化管理。《网络短视频平台管理规范》指出，网络短视频平台应当建立“违法违规上传账户名单库”，一周三次违规上黑名单，根据上传违法节目行为的严重性，列入“违法违规上传账户名单库”中人员的禁播期，分别为一年、三年、永久三个档次。对于内容管理，《网络短视频平台管理规范》要求网络短视频平台应当履行版权保护责任，给出了五大类具体“红线”式规范要求。对于技术管理，规范要求设立未成年人家长监护系统，防止未成年人沉迷短视频。

最后，对短视频内容方，《网络短视频内容审核标准细则》划定了 21 类具体内容红线规范化管理。如果说《网络短视频平台管理规范》侧重于对平台方的监管，那么 2019 年 1 月 9 日同时公布的《网络短视频内容审核标准细则》则主要针对内容方施行“红线”式监管。《网络短视频内容审核标准细则》详细划定了 21 类具体内容红线，作为内容制作方不可触碰的内容“底线”包括“不得出现攻击我国政治制度、法律制度的内容；不得出现分裂国家的内容；不得出现损害国家形象的内容；不得出现损害革命领袖、英雄烈士形象的内容；不得出现泄露国家秘密的内容；不得出现破坏社会稳定的内容”①等共 21 条细则。这些细则对于引导内容方的内容生产方向和平台方的传播方向发挥着重要作用。

2018 年是短视频行业的市场“监管元年”，国家对于平台方和内容方的监管力度加强。但是，短视频内容市场的乱象仍然存在，2019 年监管力度进一步加大。在政策强监管下，短视频内容行业可能在短期内会受到一些影响，强监管必然会导致一部分没有资质的平台和庸俗内容生产者的死亡。这些平台方和内容方在市场中占据一定的比例，它们的退场将导致市场热度在短期内消退。

但是长期来看，强监管给短视频内容行业和市场带来的影响“利大于弊”。没有资质的平台方退出市场以后，市场资源将会得到优化配置，具有信息网络传播视听节目许可证的内容生产者和传播机构将会受到平台的追捧，从而改变平台无资质、无序化发展的“乱象”。同时，具有经营资质、坚守内容红线、具有良好表现的中腰部内容 KOL 和 MCN，将会受到平台和用户的双重青睐，最终形成短视频行业的良性市场竞争秩序。

2. 市场总体趋势：短视频用户增速总体放缓，但“纳新”能力位列首位

截至 2018 年 12 月，短视频用户规模达到 6.48 亿。但是，2018 年下半年以后，短视频用户增速趋于放缓，增幅趋于平稳，用户大幅增长的红利开始逐步消退。艾瑞 mUserTracker 数据显示，2018 年以来，中国短视频行业月独立设备数的环比增长率逐渐放缓，基本已经到达成熟期，用户增量市场趋于饱和，内容营销将进入成熟期，激烈竞争将出现在内容存量市场，如图 3.6 所示。

① 中国网络视听节目服务协会：《网络短视频内容审核标准细则》，http://www.cnsa.cn/art/2019/1/9/art_1954_43558.html，2019-01-09。

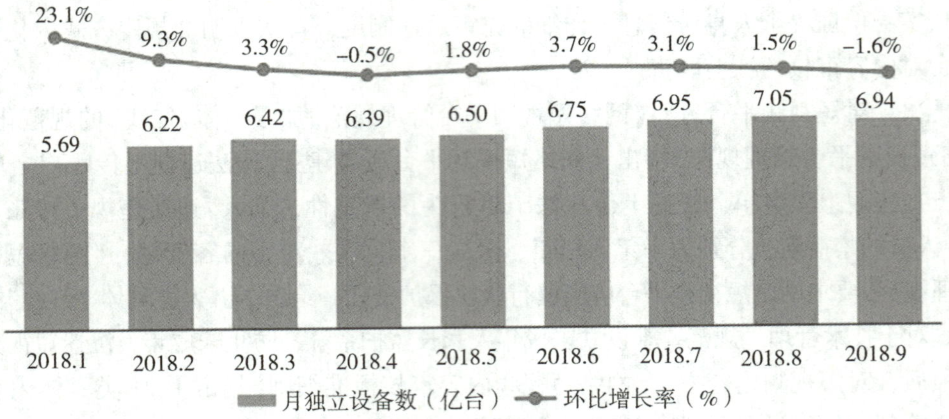

图 3.6 2018 年 1—9 月我国短视频行业月度独立设备数①

在短视频内容营销市场领域，一、二线城市基本已经处于成熟的存量市场，在三、四线以下城市以及"Z 世代"、小镇青年、白发老人中可能还有部分增量市场，但是随着短视频的持续发展，增量市场也将消退，短视频内容市场将从蓝海趋向于红海。自 2018 年以来，短视频用户规模及其使用率增长态势趋于平缓，如图 3.7 所示。

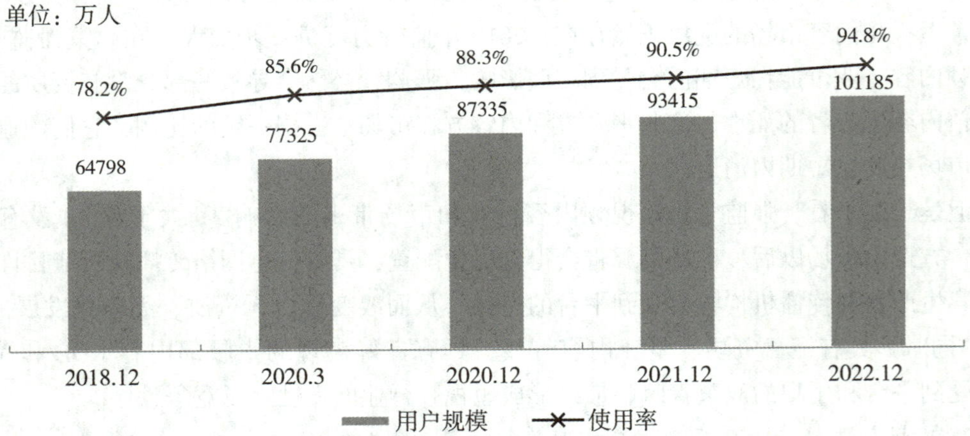

图 3.7 2018.12— 2022.12 我国短视频用户规模及其使用率②

尽管短视频用户增速趋于放缓，增幅趋于平稳，然而，站在我国移动互联网整体应用层面来看，短视频用户增速却是最高的，《中国网络视听发展研究报告(2023)》显示，短

① 艾瑞咨询：《2018 年中国短视频营销市场研究报告》，http://www.iresearch.com.cn/Detai/report?id=3302&isfree=0,2018-12-03。

② 中国互联网络信息中心：《第 51 次〈中国互联网络发展状况统计报告〉》，http://www.cnnic.cn/n4/2023/0303/c88-10757.html,2023-03-02。

视频“纳新”能力远超即时通信。新入网的网民中，24.3%的人第一次上网时使用的是短视频应用，与其他应用拉开较大距离。短视频成吸引网民“触网”的首要应用。2022年，短视频用户规模持续增长。与2021年相比，各类用户群体对短视频使用率均有所上升，短视频进一步向各类网民群体“渗透”，短视频“纳新”能力远超即时通信，近四分之一(24.3%)的新网民因短视频“触网”看短视频，而仅有16.2%的新网民进行即时通信或聊天。截至2022年12月，短视频用户规模达10.12亿，同比增长7770万，增长率为8.3%，在整体网民中的占比为94.8%。

3. 视频行业：长短视频由竞争转向竞合

长短视频平台用户争夺一度势同水火，长视频付费市场自2010—2011年PC时代就已兴起，并2015—2016年迎来爆发式增长，然而伴随短视频和网络直播的兴起和爆发式增长，2018年以来，网络视听行业的市场发展格局发生新变化，短视频逆势迅猛发展，截至2021年6月，抖音成为头部短视频应用产品，其日活跃用户超过6亿。在短视频和网络直播的市场强势夹击下，长视频付费市场近几年已进入存量竞争时代，用户总规模逼近天花板，增速微乎其微。然而，综观近几年短视频行业逆势反超长视频付费行业的主要现实影响因素，从外部市场环境来看，除了快节奏时代短视频迎合了用户的“碎片化”观看的需求之外，也与近年来短视频“二创”作品对长视频付费IP内容作品原创版权的侵权有关，如抖音短视频“二创”作者对腾讯长视频内容“版权”侵权问题日趋严重，双方围绕“版权”的司法诉讼更是不胜枚举。

与此同时，随着疫情影响逐渐消散，线下需求的回暖分流线上注意力，短视频行业近年来用户规模和使用率均已见顶，短视频内容创作者依靠对长视频的网络版权获得用户流量的粗放式发展模式既不合理合法，现实也难以为继。

为此，长、短视频平台认识到，唯有双方合作，拓展各自用户边界，才能实现合作共赢。同时双方合作也具有长短互补的现实基础：短视频迎合了快节奏之下消费者碎片化的观影习惯，拥有海量的用户群体，其精准推荐模式为长视频提供了推广、引流途径；而长视频丰富的优质内容又有助于吸引与留存用户，2023年4月，持续多年的长短视频之争终于迎来和解，抖音集团与腾讯视频宣布达成合作，双方将围绕长短视频联动推广、短视频二次创作等方面展开探索。业内认为，作为长、短视频带头大哥的腾讯与抖音和解，与此前的长短视频合作相比，对整个网络视听行业的影响更为深远，将进一步打破长期横亘在长短视频平台间的版权之争。市场预计，今后，抖音平台上的二次创作内容或将为腾讯视频的版权内容引流，进而助其破圈；抖音也可以通过合法方式获得更多版权内容，将为优质短视频内容创作与传播提供充分保障，为用户创造更良好的使用体验。未来，随着长、短视频从版权之争过渡到合作互补，可能会有更多的长、短视频平台达成和解。①

① 金彪：《腾讯、抖音和解或推动长短视频大融合》，《中国经济时报》2023年4月11日。

二、微观趋势与具体对策

在短视频内容营销市场中，平台方、内容方和 MCN 三方主体将在国家强监管和市场红利基本消退的总体宏观趋势之下，针对 2018 年各方市场主体各自面临的问题与困境，确立具体的持续运营对策。

1. 平台方：强监管下规范自律与红利消退下用户经营

(1)强监管下的全面规范化自律管理

2018 年，短视频行业进入监管元年，在国家一系列“重拳”监管之下，开始逐渐脱下低俗化“外衣”。2019 年年初，中国网络视听节目服务协会针对短视频平台方和内容方两大市场主体，相继出台了全面而具体的严格常态化管理规范和细则。短视频平台应自觉提高社会责任感，全面加强规范化自律管理。

首先，加强内部自我整改。经过 2018 年的严格监管，今日头条首席执行官张一鸣发表了致歉信；抖音累计清理了 27231 条视频、8921 个音频，永久封禁了 15234 个账号，并宣称即将上线“风险提示系统”和“时间管理系统”；火山小视频表示要落实黑名单制度，在全网实施跨平台封禁；西瓜视频除了优化推荐算法之外，还将设置正能量视频内容池；快手相继上线了“家长控制模式”和未成年过滤内容池；B 站发布公告，宣布整改措施。

其次，在日常管理中引入综合自律管理方式，加强短视频红线管理。一是引入一级 AI 视频机器审核机制，过滤不合规的色情视频、涉政视频、暴恐视频，建立违规 DNA 库；二是扩大内容审核人员，加强人工审核机制，对于机器难以辨认和把控的短视频，根据审核类别的重要程度，分别建立普通内容审核人员初审、中层二审、高层三审制、终审机制；三是建立用户有奖机制，加强全民监管，同时建立公平有效的用户审核机制。

(2)从流量思维转向用户经营思维，应对用户红利消退

2018 年短视频平台遭到严厉整治的背后，是市场相对饱和、短视频行业用户红利消退和行业竞争加剧背景下的市场“乱象”。对于平台方而言，增量市场已逐渐到达瓶颈期，竞争转到存量市场之中。平台方未来发展的战略重心需要从拓展用户规模向深度挖掘单个用户价值转移。简而言之，平台方应从追求用户流量思维转向用户经营思维。

流量思维是指力求在各个层面都要触及更多更全的用户群体，通过粗放型的用户流量价值实现商业价值的转化；而用户经营思维则是指充分调动资源，在特定用户群体中建立品牌壁垒，针对单个用户进行精细化运营，纵深化挖掘商业价值。① 用户经营思维的典型表现是垂直化、差异化的内容生产策略。

换言之，未来平台方在战略定位、内容布局和商业模式上都将迎来垂直时代。平台方需要从用户感知的角度寻找细分定位机会，结合内容、网红/KOL、市场等资源，不断巩固垂直定位的品牌形象。对于用户使用平台的目标要有一个清晰的认知：是打发时间、获

① 艾瑞咨询：《2018 年中国短视频营销市场研究报告》，http://www.iresearch.com.cn/Detai/report?id=33028&isfree=0,2018-12-03。

取资讯还是碎片化追剧？由此满足不同用户的个性化需求，从而形成垂直化定位，巩固平台品牌形象。

2. 内容方：从粗放化到精细化，特色优质内容成竞争关键

内容提供方为应对其面临的内容生产困境，需要改变原有的粗放式内容生产方式，加强精细化内容生产。具体而言，精细化内容生产主要表现为内容生产的组织化、专业化、差异化、垂直化以及大数据化。

在短视频行业发展阶段，平台投入大量的资金补贴，以推动短视频行业的发展。2018年4月，为了在短视频行业占据一席之地，同时为了狙击抖音，腾讯微视推出了金额为30亿，时间为4~8个月的补贴政策。5月，百度Nani短视频也公布了自己的补贴计划，采取“底薪+提成”的模式，优质头部达人最高可获万元底薪，普通达人最低也可领取3000元底薪。但是，短视频行业中平台和MCN机构、KOL之间围绕“补贴”纷争不断。短视频行业的补贴并非长久之计，也不是以后的主旋律。目前短视频内容市场已经成熟，但是商业化市场仍然有发展前景，随着短视频进一步商业化，补贴终将成为过去式。

如前所述，在目前平台补贴的背景下，短视频内容往往粗放而不精细，主要是因为短视频早期内容生产方式是未经过专业化训练的UGC生产。从“个人化”到“机构化”创作是必然趋势，2019年的优质短视频内容一定是创意和专业的结合，而MCN的崛起可促进内容生产从“个人化”到“机构化”的转型，从UGC向PGC甚至PUGC转化，实现内容生产的组织化、专业化转型，可有效降低单个内容生产者高昂的试错成本，帮助其准确摸索短视频市场的发展走向。

为解决粗放化的内容生产问题，内容生产方可采用垂直化定位、差异化生产。从粗放化到精细化是内容生产的发展方向，目前表现为专家型和地方型KOL受到用户和广告主双方的喜爱。以抖音新锐榜为例，2018年11月第3周，新锐榜第1位为一名乌克兰专业舞者@ALEKS KOST，其粉丝量达到547万，凭借在专业领域的精湛表现，一个月内“涨粉”377.8万。2018年11月第3周，新锐榜第26位@上海小阿姨，粉丝量474.9万，通过以上海话唠嗑这一极具地域特色的形式，在一个月内涨粉52.5万。由此可见，通过垂直细分领域，进行专业化、精细化的内容生产，KOL仍然拥有很大的发展潜力。如前文所述，面向未来，随着“Z世代”、小镇青年和白发老人登场，短视频也将成为他们喜爱的应用之一。未来短视频内容营销市场必将是在垂直的市场差异化定位基础之上，积极引入大数据分析工具，及时精准洞察用户的消费偏好及其变化走向，生产差异化的优质内容。

3. MCN：中小MCN难生存，头部做大IP，腰部做深

2018年MCN虽然发展势头强劲，但是也面临诸多问题，经过几轮厮杀，MCN的整体格局已经初现，腾讯副总裁林松涛在2018年腾讯全球合作伙伴大会上表示：“MCN的模式将成为行业主导的方式，在2019年将会是一个非常陡峭的增长方式。”①在2019年，

---

① 《腾讯副总裁林松涛：2020年是中国5G全面商用的技术元年，是内容创作最好的时代》，http://www.163.com/dy/article/DVI19MKS05268BPZ.html，2018-11-01。

MCN 将继续延续 2017 年和 2018 年的强劲势头继续发展，但是行业内部竞争也会加剧。由于资源集聚，2019 年，MCN 也有可能面临洗牌期，头部的 MCN 还有机会和能力选择发展方向，但靠平台红利生存的中小型 MCN 就没那么幸运了。广告收入不稳定，找不到更好变现途径的中小 MCN 将会出现死亡潮。

未来，MCN 的流量、资本和商业资源一方面向头部 MCN 公司倾斜，另一方面向腰部垂直化 MCN 拓展。头部做大 IP、腰部做深，将成为 MCN 的两大具体微观趋势与对策。头部做大 IP，是指头部 MCN 做出能够穿透主要头部平台的大 IP；腰部做深，则是指内容与产业深度结合。

在头部做大 IP 方面，部分头部 MCN 已经发展出一条适合自己的道路。MCN 机构“微念”在做大 IP 方面算是佼佼者，2018 年 11 月微博机构榜单排名前五的分别是 papitube、大禹、微念、蜂群文化和快美。“微念”旗下的 KOL“李子柒”，通过田园生活和传统美食文化，收获微博粉丝 1500 万左右，全网 3700 万粉丝。2018 年 8 月，“李子柒”推出同名天猫旗舰店，上线当天，5 款产品销售额破千万元，“双 11”售出 20 万瓶调味酱，名列调味酱类第一名，并已陆续入驻线下新零售渠道，2019 年预计营业额 6 亿元。以内容出道的“李子柒”将品牌做大，形成了自己独特的 IP，并以此实现了内容变现。一旦 MCN 旗下的 KOL 粉丝集聚到一定的规模，同时具有了一定的共有文化价值，那么 KOL 就不仅仅是一个简单的内容生产者，而成为了一个 IP。当 MCN 旗下的 IP 越来越多，MCN 未来的发展也会越有前景，从而逐步成为头部 MCN。

定位垂直细分、内容与产业深度结合是未来 MCN 应对困境的另一大解决方案，也是 MCN 机构未来的发展趋势。对于 MCN 而言，最现实也最被资本市场认可的模式一定是在一个垂直领域做深，然后把成功的经验扩展到更多的细分市场。在这方面，“快美”是一个代表。在 2018 年 12 月 21 日新浪微博举办的“微博 V 影响力峰会”上，“快美”获得了 2018 年十大最具商业价值 MCN 机构。“快美”原来叫“快美妆”，之前是一家专注做美妆领域的短视频 MCN，现已扩展至女性时尚全品类，但美妆护肤领域仍是公司重点，旗下 KOL 超 200 个，其中七成是美妆类博主。同时，“快美”还构建了红人电商，进行红人品牌孵化，以及探索推出红人品牌联名款等变现途径。内容的背后要有可嫁接的产业，否则将很快触及天花板。“快美”背后可嫁接的产业一开始就是整个美妆行业，因此在相关的商业模式以及变现上将会进行得十分顺畅。

综上所述，2018 年，在我国移动互联网市场整体寒冬态势下，短视频应用的崛起成为当年最显著的一种现象：从需求侧来看，近八成网民使用短视频应用；从供给侧来看，平台方呈现出头部化与跨界化态势等特点；内容方中腰部 KOL 崛起；MCN 继续强势发展；2018 年短视频内容产业在市场繁荣发展的背后，也存在着种种问题：一是低俗化、版权问题、用户使用沉迷等突出社会问题。二是内容制作粗糙、用户增量红利消退、持续经营与商业变现难等市场问题。针对这些问题，2018 年监管方出“重拳”进行严格的事后整治；2019 年年初发布的《网络短视频平台管理规范》及《网络短视频内容审核标准细则》将事后监管延伸到源头上的制度规范管理。在国家强监管和用户增量红利消退的总体宏观趋势之下，内容市场各方主体应加强规范自律，注重存量市场的用户经营，从粗放化走向精细化，做深做优。

从短视频行业的总体市场竞争格局来看，头部“两强”(抖音和快手)格局持续强化，各自形成差异化竞争优势。抖音、快手作为短视频头部平台，用户规模远高于其他短视频应用，且随着各自集团内部短视频应用①的发展，市场集中度进一步提升。近年来，尽管有其他大型互联网平台不断尝试进军短视频领域，但均未能打破“两强”的市场格局，这也在无形中“劝退”着新的挑战者。同时，通过持续深耕细分垂直领域，两大平台力争形成比较竞争优势。快手先后获得北京冬奥会、2021 美洲杯、NBA 等重要体育赛事的直播、视频点播及短视频版权，带动体育内容渗透和消费迅速增长，“短视频+体育”生态日趋成熟；抖音则不断加码布局音乐板块，搭建一站式音乐合作解决方案平台“炙热星河”，上线“汽水音乐”App，重点推进“2022 抖音看见音乐计划”等，实现与音乐的深度绑定。②

从视频行业整体发展趋势来看，如前所述，随着疫情影响逐渐消散，线下需求的回暖将分流线上注意力。2022 年以来，视频服务行业流量和观看市场趋于稳定，视频行业整体红利见顶，长、短视频赛道之间由竞争逐渐转向竞合，头部在线视频平台与短视频相继达成版权合作，以“抱团取暖”方式共享流量市场。

---

① 内部短视频应用指抖音、快手旗下抖音极速版、西瓜视频、抖音火山版、快手极速版等应用。

② 中国互联网络信息中心：《第 51 次〈中国互联网络发展状况统计报告〉》，http://www.cnnic.cn/n4/2023/0303/c88-10757.html,2023-03-02。

第四章
短视频商业营销市场的运营

智能手机普及和4G网络环境的优化、人脸识别和AR以及大数据等多方技术的大力支持，使短视频用户体验得到了极大的提升，短视频用户规模和使用时长早在2018年就迎来了爆发式增长，这一年已有约6.48亿网民使用短视频应用，用户日均使用时长达到60分钟。短视频的整体用户使用时长位列移动互联网细分行业用户使用时长的第4位，仅次于即时通信、网络视频和网络音乐。[①] 短视频成为用户新的最强“时间杀手”，短视频内容的商业营销价值大大提升。自2018年以来，以抖音、快手为代表的短视频平台的强势崛起，引发了一场覆盖视频内容、社交、营销等多个领域的革命。当用户的时间被短视频强势收割，其中的品牌广告频频成为内容爆款时，大家逐渐意识到，移动营销的“下半场”，属于短视频。[②] 2018年成为我国短视频商业营销“元年”，短视频商业营销成为短视频行业发展的“新风口”，促进了短视频广告营销市场的爆发式增长。2020年以来，短视频市场应用更加逆势发展，至2022年，它已成为网民首要“触网”应用。从短视频商业营销市场来看，近年来，短视频成为直播带货的重要应用入口，短视频电商化、直播化成为短视频商业营销市场的新发展方向。

第一节　短视频商业营销市场爆发的运营状况与特征

一、短视频商业营销市场的总体状况与特征

1. 短视频商业化营销：进入“风口”爆发期，市场规模高速增长

短视频商业化营销市场，建立在短视频内容行业价值成熟的基础上，晚于短视频整个内容行业的发展。2005年土豆网的成立标志着短视频内容行业的起步，但直到2016年，短视频的商业化营销进程才开启。2016年，资本纷纷下场布局短视频平台，“一条”“秒拍”融资超过1亿元，头条系产品抖音强势入局，短视频媒体平台大爆发，用户流量极大增长，短视频的商业化营销价值得到市场认可，视频流广告和头部内容植入成为短视频商业变现的主要方式。当年，号称“第一网红”的papi酱在罗振宇的操刀下，以2200万的价

---

① 中国互联网络信息中心：《第43次〈中国互联网络发展状况统计报告〉》，http://www.cnnic.cn/n4/2022/0401/c88-838.html，2019-02-28。

② 火星文化、卡思数据、新榜研究院：《2019短视频内容营销趋势白皮书》，http://www.sohu.com/a/284419933_114819，2018-12-25。

格卖出了自己的首条贴片广告，让短视频创作者看到了另类商业变现的曙光。

伴随短视频用户规模和使用时长的"野蛮生长"，短视频内容商业营销价值也随之凸显。与此同时，短视频市场竞争白热化，抖音后来居上，与快手领跑短视频市场。短视频用户增长红利开始逐渐消退，短视频商业化成为各方主体发展的主要目标之一，其营销变现模式也逐步得到各方主体的认可。短视频平台方积极搭建自己的商业化营销平台：2017 年 5 月，美拍成立商业平台"M 计划"；2018 年 9 月，抖音成立商业平台"星图"；2018 年 10 月，快手成立快手营销平台。同时，第三方营销服务商微博易、IMS 等也推出短视频数据平台，为短视频智能化营销提供支持。2018 年，短视频商业化营销进入规范化和专业化发展阶段。短视频内容商业营销价值进入集中收割的"爆发期"，2018 年短视频营销市场规模达 140.1 亿元，同比增长率高达 520.7%。如图 4.1 所示。①

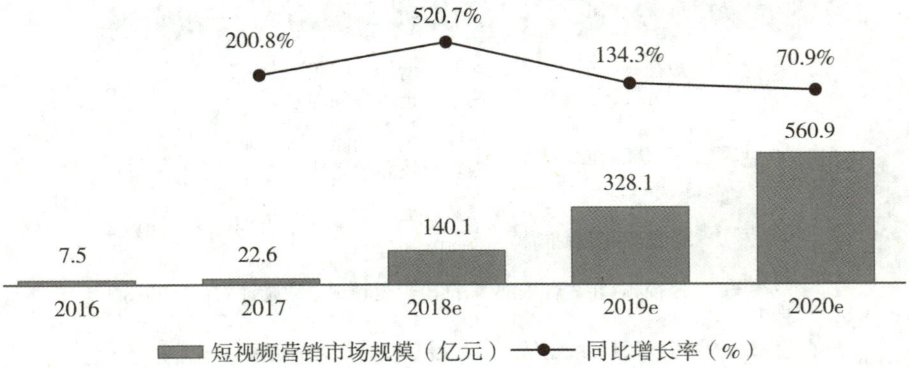

图 4.1　2016—2020 年我国短视频营销市场规模及预测

（资料来源：艾瑞咨询《2018 年中国短视频营销市场研究报告》）

2. 短视频营销新风口，引领主流互联网平台"短视频+"跨界拓展

在短视频风口下，企业争相逐利而入，经过 3 年的积淀，市场已趋于饱和，抖音、快手双巨头引领市场的格局已定，想入局者不仅很难获得利润，反而要承担一定的风险，如微视 App，虽背靠腾讯，做足营销，但是其日活量远远比不上头条系和百度系短视频产品。② 所以，主流互联网应用平台采取"曲线救国"路线，纷纷创新短视频玩法，风生水起地玩起了跨平台的"短视频+"。目前，平台+短视频大体可以分为三种模式。第一，内容嵌入，用于用户导流，提供短视频内容留住用户。例如，知乎在用户首页加入视频专区，展示精选视频，利用肥尾效应，吸引用户注意力，留存用户。第二，功能嵌入，将短视频作为一种产品功能的补充形式嵌入平台，进而实现产品优化，增强用户体验。例如，淘宝

① 艾瑞咨询：《2016 年中国视频网站付费用户典型案例研究报告——乐视影视会员洞察研究报告》，http://www.iresearch.com.cn/Detail/report? id:26538isfree=0,2016-10-09。

② QuestMobile 移动大数据研究院：《QuestMobile 中国移动互联网 2018 年度大报告》，http://www.digitalling.com/articles/100162.html,2019-01-28。

将短视频用于商品展示，用户可以简单直观地了解产品的特点。第三，战略嵌入，在平台上嵌入区别于产品核心业务的短视频功能，以达到平台战略扩张或转型的目的。例如，网易云音乐将短视频嵌入首页的视频功能，并推出短视频现金激励计划，由在线音乐平台向UGC内容生产平台布局。随着越来越多的平台加入“短视频+”的模式，短视频内容和平台呈现泛边界化的趋势，短视频营销新玩法未来可期。如图4.2所示。

平台	模式	具体表现	时间
淘宝	短视频+电商	在手机淘宝搜索页面增加“视频”图标，点击可跳转至以短视频信息流为展现形式的商品挑选界面	2018.7
钉钉	短视频+招聘	用短视频形式呈现求职简历、企业介绍和招聘信息等	2018.6
知乎	短视频+知识问答社区	在首页增加“视频”专区，展示精选短视频内容	2018.6
唱吧	短视频+在线K歌	上线短视频功能，增加独立内容板块和录制功能	2018.6
大众点评	短视频+美食推荐	在首页增加“+号”功能和“视频”专区	2018.4
网易云音乐	短视频+在线音乐	推出短视频现金激励计划	2018.3
途家	短视频+在线租赁	上线短视频看房功能	2018.2

图4.2 2018年主要互联网平台“短视频+”动态①

二、短视频商业营销市场的具体状况与特征

1. 头部平台：商业变现模式多元化，广告成为主要盈利模式

2018年，头部短视频平台加速其商业变现进程，商业营销市场规模呈现出大幅增长态势，广告、游戏、电商和直播打赏成为短视频平台内容价值商业变现的“四驾马车”。具体表现如下：

(1)广告

经过几年的高速发展和沉淀，当下短视频平台的营销变现产品基本开发完善，集中体现为两大类：一类是围绕广告生态开发的基础类硬广告类产品(如信息流广告、开屏广告、粉丝头条、话题挑战赛/标签等)；另一类是围绕内容生态和社交生态推出的自助化商业开放平台(如KOL广告交易平台、短视频账号等)，后者是衍生拓展类的广告投放平台型产品。

① QuestMobile移动大数据研究院：《QuestMobile中国移动互联网2018年度大报告》，http://www.digitalling.com/articles/100162.html，2019-01-28。

2018 年，以快手、抖音、美拍为代表的头部短视频平台，纷纷推出可以实现广告投放规模化运营的平台化运作模式，分别基于内容生态和社交生态构建自助化智能营销服务平台：一种是主打内容价值的短视频企业账号，如抖音蓝 V 企业号、快手商业号，以母号为矩阵，构建众多子号，完善营销生态布局，如以小米为代表的 3C 公司官方品牌号入驻抖音，传播公司文化、产品功能，与粉丝进行互动等；另一种是主打社交价值的 KOL 广告交易平台，连接广告主、广告代理公司与 KOL/MCN 机构，一方面，帮助广告主高效找到可匹配的达人，利用达人粉丝效应，带来最佳传播效果，另一方面，帮助 KOL 高效找到符合其风格、调性和粉丝偏好的品牌来进行合作，赋能 KOL 变现，构建健康可持续的内容营销生态，[①] 如抖音星图平台、快手快接单/ 快享计划、美拍 M 计划等。

(2)游戏

高利润的游戏行业成为社交平台盈利的一大寄托。游戏的发行、联运、开发，是短视频运营游戏的主要方式。快手在 2018 年春节推出独立社交游戏 App 快手小游戏，刚一上线就取得社交游戏领域春节 DAU(Daily Active Users，日活跃用户数)top5 的好成绩，Q1 季度周涨幅位居全网 App 第一。[②] 2018 年 12 月份 MAU 超过千万的手游榜单中，快手小游戏排名 15，MAU 达 1289 万。[③] 数据显示，快手小游戏用户中，有 75.3%是快手用户，说明短视频为游戏提供了巨大的流量入口。抖音于 2019 年春节上线自己的首款抖音小游戏《音跃球球》，不同于快手成立独立的 App，抖音小游戏以小程序的形式呈现，其最大的优势就是有巨大的视频流做入口引流，用户还可以录屏将游玩过程进行分享。今日头条则正在孵化游戏直播产品，未来将整合游戏直播、短视频、广告和分发，初步形成游戏产业链。

(3)电商

内容电商的变现能力逐渐被认可，电商的场景化营销成为一大趋势，短视频得天独厚的条件为场景化营销提供了肥沃的土壤。全面跨界，将电商嵌入生活场景，边看边买逐渐成为潮流。另外，快手还推出“快手小店”计划，用户在直播和发布作品时可以添加商品信息，在作品和直播中通过“去看看”进入第三方电商平台，完成购买转化。抖音则有“好物联盟”计划，鼓励参赛者积极卖货；入选“好物联盟”计划后，抖音会对蓝 V 进行分层的运营扶持。

(4)直播打赏

直播分成是短视频变现老生常谈的盈利方式，现在几乎成为短视频平台的标配。对快手而言，直播分成几乎是救命稻草，2016 年，尚处于亏损状态中的快手搭上了直播快车道，上线直播功能成为其商业化变现的第一步，尽管快手最贵的直播礼物只有 30 元，但根据《财经杂志》的了解，快手在直播上的收入流水是很高的，直播分成已然成为快手平

---

① 火星文化、卡思数据、新榜研究院：《2019 短视频内容营销趋势白皮书》，http://www.sohu.com/a/284419933_114819,2018-12-25。

② 《快手小游戏：周活涨幅 15000% 上线百天成新一代“流量收割机”》，http://www.chinaz.com/news/2018/0423/877324.shtml,2018-04-23。

③ 《2018 微信小游戏 MAU 排行榜：31 款过千万，数量远超 App 游戏》，http://www.gamedog.cn/n/2545766.html,2019-01-28。

台早期核心盈利方式,① 但是对于诞生较晚的抖音来说，短视频变现有着更多的可能，所以抖音只是将直播分成作为 KOL 创收的补充。由此可见，不同的平台直播的战略意义存在不同。

2018 年，短视频头部平台尝试探索的上述四种盈利模式，其中以广告营销表现最抢眼。以快手、抖音为代表的头部平台围绕内容生态和社交生态纷纷推出自助化商业开放平台，自此，2018 年成为头部短视频平台大规模商业化的启动元年。

2. 短视频营销主体的多元化，广告主与平台方合作逐渐成为主要营销模式

(1)头部平台方：不断推进内容生态和商业化布局，短视频商业营销平台和主流营销产品已基本完善

平台方通常在跨过用户增长和内容生态搭建两个阶段后，才有足够的条件进行商业布局。近年来，在短视频用户爆发增长态势下，头部平台不断加强内容生态建设。如图 4. 3 所示。

平台方	计划	扶持情况	推出时间
火山小视频	百万行家计划	10亿元补贴泛职业内容	2018.7
西瓜视频	“3+X”计划	20亿元联合出品基金	2017.11
360	“快基金”计划	100亿元扶持短视频原创作者	2017.11
快手	MCN合作计划	提供服务和指导，不涉及资金补贴和流量倾斜	2018.7

图 4. 3 部分短视频平台内容生态布局概况②

与此同时，头部平台方也加快了其商业化布局进程，如图 4. 4 所示。

平台方	商业平台	主要功能	推出时间
快手	快手营销平台	资源撮合	2018.10
抖音	星图	交易管理	2018.9
美拍	M计划	数据监测及评估	2017.5

图 4. 4 部分短视频平台内容生态商业化布局概况③

① 《从经济的角度看快手的盈利模式分析》, https://wenku. baidu. com/view/f483e0e76629647d27284b73f242336c1eb930a4.html? fr = income3-doc-search&_wkts_ = 1733386268742&wkQuery = %E4%BB%8E%E7%BB%8F%E6%B5%8E%E7%9A%84%E8%A7%92%E5%BA%A6%E7%9C%8B%E5%BF%AB%E6%89%8B%E7%9A%84%E7%9B%88%E5%88%A9%E6%A8%A1%E5%BC%8F%E5%88%86%E6%9E%90&needWelcomeRecommand = 1,2023-11-12。

② QuestMobile 移动大数据研究院：《QuestMobile 中国移动互联网 2018 年度大报告》，http://www.digitalling.com/articles/100162.html,2019-01-28。

③ QuestMobile 移动大数据研究院：《QuestMobile 中国移动互联网 2018 年度大报告》，http://www.digitalling.com/articles/100162.html,2019-01-28。

自2016年以来，经过2年多时间的发展和沉淀，至2018年，短视频平台的商业化布局与具体营销产品基本开发完善，集中体现为：一是围绕广告生态开发的硬广类产品，以快手为例，如开屏广告、信息流、粉丝头条、话题标签页等；二是围绕内容生态推出的矩阵号和商业号，如广告主建立自己的官方品牌账号，塑造品牌形象，积累用户资源，同时通过矩阵号构建营销布局，亲自下场把握营销节奏；三是围绕社交生态推出自助化商业开放平台，如快手、抖音、美拍等分别推出自己的商业化平台——服务快接单、星图和M计划，用于对接广告主和内容生产者，提供交易管理和数据分析的服务。以快手为例，其商业化布局与具体营销产品如图4.5所示。

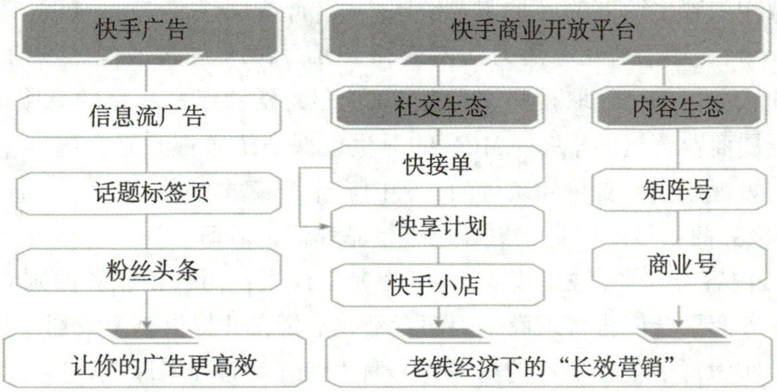

图4.5　快手短视频平台的商业化布局与具体营销产品①

(2)内容方：泛娱乐、泛生活类KOL是广告投放的主要领域，中腰部KOL比头部KOL更受青睐

在短视频风口下，越来越多的内容方涌入这一行业。对内容方而言，在保持优质内容生产能力的同时，尝试探索多元化经营，寻求商业模式的扩张和变化成为普遍策略。然而，内容方的商业变现情况却不容乐观。今日头条速算中心调研结果显示：2017年仅有30.3%的短视频内容方实现盈利，其中有72.6%的内容方通过平台补贴变现，有60.5%的内容方通过短视频营销变现，整体来看，平台补贴和短视频营销是当前内容方主要依赖的变现方式。然而，补贴是平台方在激烈竞争中的突围之策，不是长久之计，内容付费和电商转化只有做到头部内容方才有机会真正实现盈利，因此，短视频商业营销成为绝大部分内容方最稳定、最值得倚重的商业变现方式。

短视频内容方的营销，主要来源于粉丝量10万以上(抖音商业平台星图的基本入驻标准)的KOL，他们深耕垂直领域，背靠巨大的粉丝资源，用户黏性和忠诚度较高，用户画像更加精准。《2018年短视频内容营销趋势白皮书》显示，KOL社媒营销在2018年发展

① 火星文化、卡思数据、新榜研究院：《2019短视频内容营销趋势白皮书》，http://www.sohu.com/a/284419933_114819,2018-12-25。

迅速，营销规模将突破 10 亿元大关。① 其中，搞笑段子类、情侣类、美妆类别的泛生活、泛娱乐类 KOL 位居 KOL 广告营收前三甲。泛娱乐、泛生活类 KOL 是广告主投放的主流选择。中腰部 KOL 更受广告主青睐，多被用于组合 KOL 的营销投放，商业变现加速；而头部红人粉丝情况复杂，投放成本高，性价比低，商业变现能力下滑。

(3) MCN：帮助短视频网红/KOL 更好地进行内容生产和商业变现活动

网红/KOL 等内容生产商变现的核心在于视频的创意，但是单一的内容生产商很难保证源源不断地产出优质内容产品。MCN 定位于内容的服务商，扮演内容方的“供销商”角色。一方面，MCN 了解用户的内容需求，为内容方提供创意方向；另一方面，MCN 提供广告销售渠道，打通营销市场通路。MCN 凭借聚合优势解决内容生产困境，创新商业模式，成为短视频内容生产方的进阶发展模式。以 papitube 为例，papitube 是网红“papi 酱”成立的 MCN 平台，用于孵化有潜力的网红和 KOL。2018 年该平台已签约 60 多人，涉及不同的垂直领域，目前已经取得抖音粉丝 7000 万，累计点赞 3 亿的亮眼成绩。② 内容是短视频平台开展商业营销的根基，MCN 的诞生也保证了短视频平台内容生态的健康和良好，它已成为短视频平台支持和认可的一种内容生产模式。

(4) 营销服务商：帮助广告主更好地进行品牌营销活动

MCN 对接内容方与平台方，以“二更”为典型代表；而营销服务商则对接广告主与代理商。营销服务商聚合广告代理商，为两者牵线搭桥，并提供创意策划、数据分析、成本核算等服务。作为营销服务平台的梅花网号称“营销人的方案库”，它主要以作品、服务商、需求三个主体构成，针对不同品类的产品、不同种类的营销工具可自行筛选适合自己的作品、服务商或者需求。代理商或者服务商可以自行在梅花网参考以往经典营销案例，接收广告主需求，同时借助平台进行营销效果分析。营销服务商可以为广告主提供更好的短视频营销策划方案，是短视频营销市场规范化和专业化发展的重要一环。

综上所述，MCN 和营销服务商的出现，虽然在短期内给短视频营销提供了便利，但是同样增加了广告投放的沟通成本和过程成本，而由平台方搭建的自助商业服务平台将会逐渐成为短视频商业化营销的主要方式，它在网红资源匹配、平台广告整合营销、交易管理、数据挖掘方面存在着天然的优势。各平台纷纷推出自有 KOL 广告交易平台，可以集中化、规范化管理 MCN 机构和 KOL，以提升广告效果和广告主的合作体验。广告主直接与平台方合作逐渐成为短视频商业化营销的主流合作模式。

3. 广告主重视短视频营销，引领短视频商业化营销发展方向

广告主重视短视频营销，广告预算逐年倾斜。艾瑞咨询数据显示，2015—2020 年，中国移动端原生广告市场规模不断扩大，到 2020 年，其已占到整个移动广告市场的 68.4%。其中，2017—2018 年，广告主社会化营销投放短视频和直播的意向从 22% 增长

---

① 火星营销研究院：《2019 年短视频内容营销趋势白皮书》，https://www.woshipm.com/it/1776762.html，2018-12-13。

② 《新榜：抖音粉丝 7000 万，papitube 做对了什么?》，https://www.chinaz.com/manage/2018/0827/929388.shtml，2018-08-25。

到62%，几乎增长两倍。同时，广告主投放社交平台和移动视频的意向也在上升。而兼具视频和社交两种特点的短视频营销，必将成为广告市场的宠儿。广告主作为短视频商业化营销的需求方与资金流的源头方，享有最大的话语权，其营销需求和体验要求，引领其更加追求整个产业的规范化和稳定发展，如图 4. 6 所示。

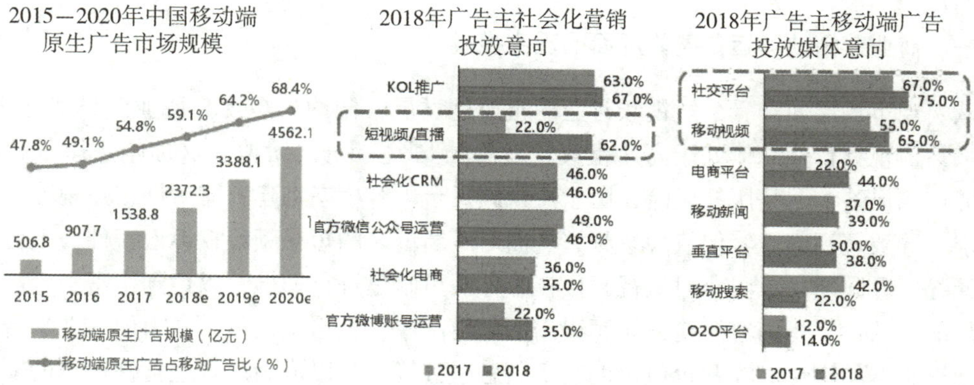

图 4. 6　广告营销市场投放状况

（资料来源：艾瑞咨询《2018 年中国短视频营销市场研究报告》）

4. 具体广告营销模式与表现形态多样化

随着营销主阵地向短视频靠拢，短视频营销的玩法也不断创新。按照广告主对短视频营销投入的人力、物力、财力等成本的卷入程度来看，卷入程度从低到高可以分为六个模式，硬广投放、内容植入、内容定制、网红活动、账号运营和跨平台整合。随着卷入程度的加深，玩法和效果会更加丰富，同时对投入资源和营销能力也提出了更高的要求。硬广告投放，即在短视频平台上投放短视频信息流；内容植入，则是在短视频平台内容中植入广告，冠名，露出产品、logo 等；内容定制，则是和 PGC 或者 KOL 合作，定制短视频内容进行传播，比如音乐垂直类 KOL“1MILLION”为支付宝进行内容定制营销，将广告洗脑神曲和创意舞蹈相结合，传播“支付就用支付宝”的广告口号；网红活动，则是联合网红和平台方，策划互动类活动，如挑战赛等，世界杯期间，哈尔滨啤酒在抖音发起“抖出庆祝新姿势”的主题挑战赛，以明星示范和达人效应引爆网络，定制化道具贴纸和《一起哈啤》BGM 营造氛围，线上线下联合互动，成功吸引了超过 27 万用户参与，视频参与量高达 35. 3 万，视频总播放次数超过 13 亿，总点赞量超过 5312. 5 万；① 账号运营，则是在短视频媒体平台开通品牌官方账号，持续输出营销内容。《2019 年短视频内容营销趋势白皮书》显示，抖音目前已有蓝 V 企业账号数 12000+，但是粉丝在一万以上的仅占比 13. 22%，多数蓝 V 活跃度不够，其中粉丝互动活跃度最高的为游戏类和文化娱乐类。蓝 V 用户的短视频核心内容多为记录展示、创意剪辑、搞笑段子、技能知识培训等；整合营销则是有

① 《一起嗨（哈）皮（啤）！抖出 13 亿播放量》，https://www.adguider.com/case? id = 614c31acf16e6c83949701d27ad7a3b0，2018-07-12。

机结合多个媒体或营销形式，搭建营销矩阵实现联动效应。随着短视频营销的成熟，未来会有更多的营销“爆款”产出。

第二节 短视频商业营销持续运营的现实挑战

一、商业营销持续运营整体层面的现实挑战

从宏观市场层面来看，短视频行业的粗放化发展，制约着短视频商业营销实际进程。近年来，短视频行业总体处于高速粗放化发展的“野蛮生长”阶段，这加剧了短视频商业营销的市场风险：一是版权风险，由于短视频平台内容生态搭建的滞后性，短视频内容供不应求，导致短视频内容侵权现象频繁。面对不断增多的短视频版权诉讼事件，平台方往往选择睁一只眼闭一只眼，对短视频侵权事件明里暗里进行助推，以达到丰富平台内容生态布局的目的；二是内容风险，频频爆出的内容乱象，色情、低俗、暴力内容在平台中出现，缺乏基本的道德底线和价值尺度，不断触碰红线，难以成为广告主营销信息的安全载体；三是平台风险，纷繁复杂的各类短视频平台不断涌现，广告主难以识别平台的规范性和合法性；① 四是数据风险，短视频粗放化发展阶段，主要遵从流量经济商业变现法则，流量经济下，数据代表了商业营销价值，在短视频用户红利增长趋缓的市场竞争加剧下，与流量经济相伴而生的是数据造假问题，滋生出专门的黑色数据造假产业链，粉丝量、播放量、互动量的造假成本低，造假动机强，造假行为隐蔽，不利于平台商业生态的健康发展；五是广告营销违法违规风险，各种违法广告、虚假广告屡禁不止，P2P 金融广告、医疗美容广告、山寨假货、“三无”产品等虚假广告与产品，近年来也堂而皇之地登上了短视频平台，短视频平台成为虚假营销的温床。

从微观层面来看，当前短视频商业化营销的具体实践活动，还存在着短视频广告投放效果评估难，缺乏有效的短视频营销效果和舆情监测工具的现实问题。目前，短视频广告投放只能从播放量、互动量等数据上评价广告触达率，但是一些更深层次的维度，比如品牌提及率、品牌舆情、正负感情倾向、TA 画像、目标 TA 比例这些指标都无法衡量。短视频营销效果评估难且评估流于表面的现实问题也逐渐凸显。

由于短视频高速粗放化发展的“野蛮生长”，进而频频出现上述短视频内容和商业营销市场领域中出现种种市场风险，势必会导致广告主对短视频移动营销载体投放的谨慎选择，从而制约短视频商业营销的实际进程。

二、各方市场主体商业营销持续运营的具体现实困境

1. 平台方面临双向难题：用户增速放缓与遭严格监管

2018 年伊始，各大短视频平台就人人自危，今日头条、快手被广电等部门进行约谈，

---

① 艾瑞咨询：《2018 年中国短视频营销市场研究报告》，http://www.iresearch.com.cn/Detai/report?id=3302&isfree=0,2018-12-03。

要求下架 App 并进行整改，其中，头条系产品内涵段子被永久关停，给各大短视频平台敲响了警钟，内容红线不容触犯。2018 年 6 月，抖音等平台广告涉嫌侮辱邱少云烈士被约谈，其广告业务被暂停，要求完善广告审查机制，将广告审查纳入总编辑负责制。2018 年 7—12 月，国家版权局、国家互联网信息办公室、工业和信息化部、公安部开展“剑网 2018”专项行动，针对新兴短视频领域中的版权问题多措并举、重拳出击，共下架删除抖音短视频等 15 家短视频平台各类涉嫌侵权盗版短视频作品 57 万部。① 从长期来看，2018 年国家对短视频行业的严格监管整治，将对短视频营销市场的规范化和成熟化产生直接的推动作用；但从短期来看，政策监管从严对短视频产业发展和各方企业经营有一定程度的抑制作用，部分从业者将面临洗牌和淘汰的危机。

如前所述，2018—2022 年的短视频用户规模与用户使用时长的增速，尽管在 2022 年网民用户的互联网应用中已位居首位，成为我国用户的首要应用，但与 2016—2018 年三年间年均增速高达两位数，至少 30%以上的用户增速相比，2018—2022 年四年间的用户增速已趋于放缓，这一期间短视频年均用户增幅趋于平稳，增速已降至 5%左右。与此同时，包括内容方、广告主、广告代理商和 MCN 机构等更多的短视频商业营销主体进入短视频营销市场，短视频市场局外的新老互联网平台也相继进入短视频商业营销市场，在内外部市场竞争主体的双向夹击下，2018 年之后，短视频商业营销进入瓜分蛋糕的存量市场发展阶段。如何在竞争激烈的市场中分块大蛋糕，成为短视频平台面临的又一现实难题。

2. 内容方(KOL)：用户积累地位不稳定，KOL 商业化营销存在困境

短视频内容方变现的红利将众多内容 KOL 引入短视频市场。据《2019 年短视频内容营销趋势白皮书》统计，各平台粉丝量在 10 万以上的 KOL 超过 20 万个。一方面，内容市场的繁荣让 KOL 创意更加艰难，很难保证在细分领域创作出差异化的有趣作品。另一方面，竞争市场的饱和让 KOL 议价能力变低，KOL 的可替代性太多。而且，仅凭播放量和互动量等数据难以向广告主保证品牌投放效果。广告主虽然热衷 KOL 营销，但是面对散乱化、无序化的 KOL 内容供应市场，也会无从下手，最终选择放弃。更严重的是，内容变现的价值催生了一系列黑色数据产业链，水军横行、数据造假、价值黑盒，几千块就能造出一个粉丝量十万级的 KOL，这让真正 KOL 的内容价值大大缩水，也损害了短视频内容市场的健康发展。与此同时，内容方 KOL 还面临着维持粉丝黏性的困境。以抖音为例，2018 年 10 月，500 万粉丝以上的头部账号中，出现掉粉现象的占比 27.38%，其中，掉粉现象集中在 500 万到 1000 万粉丝的账号中，占比 76.74%；1000 万以上粉丝的账号，掉粉现象仅占 23.26，如图 4.7 所示。② 创意难、固粉难、增粉难、数据难、议价难成为内

① 《2018 年中国版权十件大事公布　“剑网 2018”专项行动　保护金庸作品版权入选》，https://www.ce.cn/culture/gd/201903/15/t20190315_31690728.shtml,2019-03-15。

② 火星营销研究院：《2019 年短视频内容营销趋势白皮书》，https://www.woshipm.com/it/1776762.html,2018-12-13。

容方商业营销的现实困境。

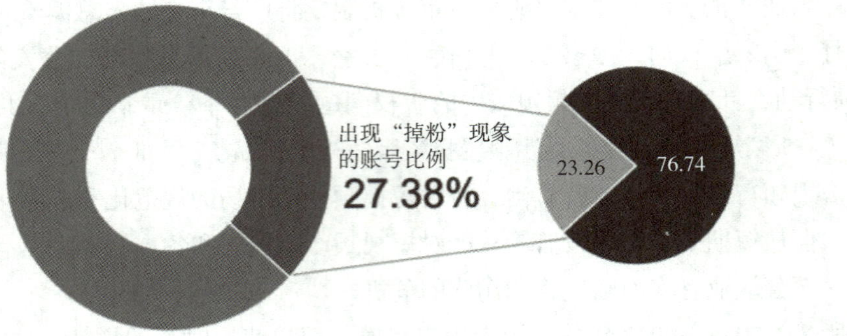

图 4.7　头部账号“掉粉”占比概况①

3. MCN 和营销服务商：业务模式受到产业链上下游的竞争挤压，求生欲显著

MCN 和营销服务商是市场规范化和专业化发展的产物，存在一定的合理性，但是也不能否认 MCN 和营销服务商增长了投放流程，增加了沟通成本。产业链的完整是好事，但是供应链越短则营销成本越低，长久来看，为内容方服务的 MCN 和为广告主服务的营销服务商，必将被去中介化，由广告方直接对接内容方，这将是发展趋势。目前各大平台推出的自助化商业服务平台或许就是一个更加便捷和高效的短视频营销交易平台。另外，从各主体角度看，KOL 和 MCN 合作，虽然一定程度上可以确保内容的持久生命力，但是付出的经济代价也较为可观。如何更好地进行利益分配，还需要慢慢探索。

4. 短视频广告投放困难，投放效率低，投放效果不稳定

尽管广告主非常重视短视频营销，将大量广告预算向短视频营销倾斜，但整体来看，目前广告主对短视频营销的投放体验欠佳，具体表现为：①在当下短视频广告营销合作模式中，广告主需要与内容方、MCN、平台方甚至营销服务方等多个角色合作，投放流程冗长，广告投放的沟通成本较高；②相比于传统视频广告，短视频商业化营销基于流量离散化等特点，导致客单价格较低，短视频商业化营销市场难以实现规模化发展，对传统广告公司等专业团队的吸引力较弱，MCN 和内容创作者自身成长速度也受到影响；③短视频商业化营销创作团队的专业水平参差不齐，专业广告公司由于业务规模小、客单价格低，还未完全下沉，而“素人”团队自身创作和营销能力仍有待提升，因此在低成本的同时也面临着效果不稳定的痛点。

① 火星营销研究院：《2019 年短视频内容营销趋势白皮书》，https://www.woshipm.com/it/1776762.html，2018-12-13。

第三节　短视频商业营销持续运营的趋势与对策

一、短视频商业营销持续运营的趋势

1. 整体市场趋势：短视频商业营销增速放缓

从整体的宏观市场层面来看，移动时代下的短视频商业化营销市场，仍将处于红利成长期，并将保持高速增长。根据艾瑞咨询报告，2019 年短视频营销市场继续增长到 328 亿元。预计到 2020 年，短视频营销市场规模将达到 560.9 亿元，但增速会放缓。艾瑞咨询报告同时还显示，2019 年短视频市场营销规模预计从 2018 年 520.7%的增幅下滑到 134.4%的增幅。[①] 总之，短视频未来整体宏观市场发展趋势是：一方面，短视频营销仍会保持增速发展；另一方面，基于用户红利消退和头部平台方已经走过集中商业化阶段，未来短期不会再出现爆发性增幅。

2. 市场变化格局：头部平台市场格局已定，垂直细分领域成为国内市场方向

短视频头部平台市场格局已定，抖音、快手领跑市场，短视频账号(企业号、快手号等)将成为品牌官方指挥中心，其他平台进入市场将会变得困难。短视频营销市场趋于成熟，已步入规范化和专业化发展阶段。与此同时，短视频营销市场产业链不断完善，在短视频营销的基本供给端(平台方和内容方)与基本需求端(广告主)之外，在短视频平台和内容方之间衍生出专业的内容市场服务商 MCN；在短视频平台和广告主之间衍生出专业的广告营销服务商；在未来用户增长红利逐步消退(活跃用户和用户使用时长增长放缓)之时，竞争加剧之下，广告主与头部商业平台的合作将成为未来短视频商业营销的主流趋势。在这一趋势的作用之下，平台方、内容方、MCN、广告主、营销服务商等各方市场主体，深化垂直细分领域，成为共同的市场发展方向。未来头部 KOL 内容方的商业变现能力将变弱，中腰部 KOL 商业变现能力增强，未来市场发展空间较大。美妆类、旅行类、特效创意类、动画(二次元)类广告变现空间良好；专家型、地方型 KOL 崛起。

3. 国内市场渐趋成熟，海外市场成为短视频发展的下一方向

2016 年年底的时候，快手迈开了海外扩张的步伐。抖音紧随其后，在 2017 年 5 月也走出国门。有趣的是，到 2018 年第一季度，Tik Tok 就成为 App Store 上下载量最多的非游戏类 App，达到了 4580 万的下载次数，排名常常超过主流软件如 YouTube 和 Instagram。Tik Tok 在 Google Play 的下载量也达到了 1000 万次，评分保持在 4.5，并在东南亚各个国家的 App 排行榜高居前十。随着抖音的成功，火山小视频也紧跟其后，以“Vigo Video”的名字进军印度尼西亚与泰国市场。到 2018 年，火山小视频已经成为印度尼

---

① 艾瑞咨询：《2018 年中国短视频营销市场研究报告》，http://www.iresearch.com.cn/Detai/report?id=3302&isfree=0,2018-12-03。

西亚排名前五的短视频 App。①

二、短视频商业营销持续运营的具体应对

1. 监管规范从严，助推各方短视频商业化营销主体的自律管理

2019 年 1 月 9 日，中国网络视听节目服务协会发布《网络短视频平台管理规范》及《网络短视频内容审核标准细则》，短视频行业监管更为全面而细致。文件规定网络短视频内容必须先审后播，需建立未成年人家长监护系统以及对知识产权进行严格保护，不得擅自剪辑广播视听产品等，对短视频市场的监管更加严格和细致。对于短视频版权纷争、内容乱象和平台资质等问题均推出了相关政策和监管行动。

尽管从短期来看，政策监管从严对短视频产业发展和各方企业经营有一定程度的抑制作用，部分从业者将面临洗牌和淘汰的危机；但从长期来看，其通过促进平台方、内容方的良性竞争，能提升用户对短视频的体验度和认可度，降低广告主短视频营销投放的风险性，进而对短视频营销市场的规范化和成熟化产生直接的推动作用。

政策驱动行业规范，进而也促进内容方改进用户短视频和内容的体验，有利于短视频在消费者心目中成为更加优质的营销媒介。加大对短视频的约束力，才能让更多的优质短视频展现在用户面前，让那些“负能量”“低俗”“有害”的视频消失在大众视野，坚守道德底线，只有这样，真正的价值流量才会体现更大的商业价值。在完善的政策监管下，可以很好地规避“劣币驱逐良币”现象，为优质平台方和内容方的商业化探索保驾护航。同时，也在一定程度上降低了广告主对短视频广告预算投放的整体社会风险，进而推动短视频营销的规范化。因此，媒体方积极搭建商业平台，如快手、美拍、抖音等短视频平台相继推出自有商业平台，规整平台内各种短视频营销活动，促使营销规则和流程更加清晰。

在短视频外部市场政策环境走向规范化管理的宏观市场环境之下，平台方、内容方、营销服务商、广告主等各方市场主体，纷纷加强行业自律和内部的规范化管理与控制。平台方应该学会自律，不能放任平台内容和乱象的野蛮滋生，而应精进技术，解决内容乱象和数据造假问题。内容审核一定要过几道关，机器先审，人工再审，坚决遏制“打擦边球”的低俗内容。同时，严格检测数据异常和数据造假问题，一经发现，绝不姑息；第三方营销服务商推出短视频数据平台，微播易、IMS 等第三方服务商不断搭建数据平台，为广告主短视频营销决策提供更多的数据支持；广告主作为短视频商业化营销的需求方与资金流的源头，版权、内容和平台的风险问题逐渐得到改善，其尝试短视频营销的风险性也大大降低，从而引领其更加追求整个产业的规范化和稳定发展。

2. 经营方式：从粗放化走向精细化

(1)头部市场主体：垂直化发展，精细化运营

短视频媒体平台遭到严格整治的背后，折射出的危机是用户红利消退和行业竞争加剧造成的平台方的急功近利，这也是内容生态的困局。在接受政策监管的同时，各类短视频

① 7点5度：《抖音东南亚最大对手已非快手，可能一直都不是》，https://36kr.com/p/1723179220993，2019-01-26。

媒体平台开始尝试自救，未来重新思考和厘清平台“垂直战略”是重要关口。“All in 垂直”①背后的本质，依然是移动时代下互联网媒体和营销的流量思维向用户经营思维的转变。在“All in 垂直”的背景下，平台方应从用户需求出发，找准更加细分的定位，深耕一个专业领域，定位和构建自己的垂直化品牌形象。头部领域的内容方和 MCN 也应该针对一个领域不断下沉，走专业化道路，力争成为某一个或几个细分领域的专家。营销服务商也可以专注细分业务，例如创意策划、数据挖掘、视频制作、媒介组合等。未来的短视频内容营销呈现出垂直化、场景化、娱乐化和参与化的特点。短视频 KOL 广告投放的成长空间，将主要面向游戏、宠物、创意、旅行等垂直领域。

(2)长尾市场内容方：加强与专业服务商的合作

针对内容方商业化营销效果不稳定的问题与困境，在短视频的创意、策划与制作等方面，加强与专业性广告公司合作，提高短视频广告创意与制作质量。与第三方专业的数据服务平台(营销服务商)合作，打通短视频营销投放通路，优化广告主体验。通过第三方的 MCN，不断加强对短视频内容生产者的培训和扶持，提升其内容创作和营销服务的专业能力。

“平台垂直化”“业务咨询化”“服务专业化”是将短视频营销的发展方向从粗放化引向精细化的关键，这将是其未来的重要发展机遇。

3. 借力 AI 大数据技术，打造精准化的短视频智能商业营销服务平台

广告主作为短视频商业化营销的需求方与资金流的源头方，享有最大的话语权。与此同时，长尾市场中，大量中小广告主在短视频投放效率和质量上难以把握。除了上述“平台垂直化”“业务咨询化”“服务专业化”措施之外，还需要头部平台打造基础性的专业智能营销服务平台，才能帮助广告主提升短视频营销全过程的投放效率和质量，为短视频商业营销持续发展破解重大现实难题。

借助图像识别和大数据等智能技术，可实现短视频营销的精准化，提升其广告精准营销价值。图像识别技术可帮助广告主推动内容数据的精细化，图像识别技术在视频内容的标签化及鉴黄鉴暴等方面的应用，可以极大程度地解决人工审核时代的效率问题，并且实现内容和用户更加精确地匹配；大数据算法技术服可推动用户数据精细化，通过算法实现的推荐技术基于用户历史数据和行为，推测用户意图，形成个性化用户标签，并将合适的商品和内容推荐到终端用户；用大数据技术使广告智能投放精准化，优化用户体验，解决广告单价较低的问题。运用大数据，通过 KOL 的内容分类、数据表现、粉丝画像、粉丝质量以及商业属性来挑选 KOL，再按照粉丝兴趣、粉丝舆情、热点追踪来投放广告，最后对广告效果进行监测，将品牌提及度、TA 重合率以及粉丝情感等指标纳入考核。

在人工智能助力之下，可在海量数据中把握短视频商业营销的节奏，利用大数据整合营销产业上下游，为各环节提能增效，寻求合适的数据指标，从内容创作、媒介组合、营销传播到效果监测都建立可测量的数据模型，提高整个营销的精准性。探索短视频营销市场数据化的可能性，推动大数据自助服务，为各短视频市场主体提供决策建议，成为短视

① 指的是将所有的资源和努力集中于一个特定的垂直市场上。

频营销发展的趋势。

作为短视频行业的头部平台，早在2016年，快手和抖音就分别成立了Y-LAB实验室和AI Lab，探索计算机视觉、人工智能、算法推荐、视频流等基础技术，致力于优化产品、提高用户体验、发展广告营销以及用户增值服务。

快手CTO陈定佳表示："希望借助人工智能与大数据打造一个更简单的营销体系。快手广告的目标是让广告更高效、更精准，而快手商业开放平台以"长期效果"为导向，主要目标是将品牌账号、电商等商业能力开放给商家和用户，帮助大家更好地实现自己的商业价值，最终达到商家、创作者、普通用户与快手的四方共赢，实现商业与用户体验、平台生态的可持续发展。①

快手全面运用AI技术推动商业智能营销服务平台的发展，将AI技术应用到广告生产、广告分发、广告竞价、广告运营以及用户商业性体验等多个方面。具体如下：

一是在广告生产上，快手积极推动商业内容的自动化生产，一方面是模板智能剪辑和封面自动生成；另一方面是通过人际协同辅助内容创作，利用AI和数据处理能力帮助内容创作者分析用户偏好，提供视频风格、标题等的实质建议，帮助内容生产者降低生产成本。同时在数据上实时反馈给内容生产者，使之能根据数据去进行内容调整和优化。快手商业化团队通过"灵动计划"首次招募了20多家服务商，搭建广告主与创作者之间的创作平台，用人机协同的方式提高商业内容的效率和质量。

二是在广告分发上，AI技术能够实现短视频内容理解，通过图片、语音、背景音乐、色调、语言文字含义等多模态分析，让机器自动识别广告内容。同时用户在使用快手App时，系统会根据年龄、性别、地理位置、喜好等多个维度对人群进行分析，用户的每一个操作行为，包括浏览、点击、评论等，均会通过"日志系统"实时更新到万亿级大数据里，然后通过深度学习的算法，训练出各个模型，再根据用户以往行为判断精准定向分发出去，最终实现广告投放效果最大化。总的来说，就是AI进行了海量的视频理解和海量的用户理解，把内容和用户进行精准匹配。

三是在广告竞价方面，快手在2018年9月份推出了OCPC智能竞价系统。OCPC系统深度集结了AI深度学习的能力，与传统CPC按点击收费不同，OCPC会在按点击收费的同时兼顾广告效果和营销目标。广告主只需设定预算和目标成本范围，后台AI算法即可在广告主营销目标的范围之内找到目标用户，猜测用户下载/使用等行为的概率，对不同意向的用户帮助广告主进行自动竞价、流量筛选，最终在预期成本范围内做投放。通过这套系统，广告主的达标率能达到99.9%。

四是在广告运营方面，快手已经成立多个AI实验室，希望利用强化学习、迁移学习、深度强化学习等核心AI技术优化广告投放过程冗长和沟通成本高的问题，实现广告投放过程的智能化运营。智能化运营可以让广告主只需设置预算，系统便会从定向、流量筛选、创意、投放几个方向去达成目标。目前广告投放流程中，有代理商、服务商、优化师等各种角色，通过AI技术提升运营能力，让广告投放变得简单，从而减少中间的人力和

---

① 《要商业化也要用户体验，快手营销平台的四块基石》，http://m.sohu.com/a/273544434_392936/?pvid=000115_3w_a&strategyid=00014,2018-11-06。

时间成本，提升投放效率，使整个投放过程更加智能化。

五是在用户商业化体验方面，为了实现用户体验和商业需求的可持续发展，在商业化变现的同时尽可能少地打扰用户。快手结合平台的社交属性，独创了一套用户体验量化体系，精细地衡量每条商业内容给用户带来的交互体验和商业价值。量化体系会在一条广告展示前利用 AI 技术及预估能力，先预估每个人看广告的播放时长、点赞、关注、转化等核心指标，再综合衡量这条广告对用户体验和客户价值的影响，从海量的候选里挑选投放最优解，使之在用户体验影响最小、客户与平台收益最高的情况下投放。当商业内容能够给用户带来高价值时，包含单条播放时长，点赞、评论等活跃度，快手的推荐机制和竞价机制都会向这样的内容进行倾斜。因此，越是能给广告主带来高价值的内容，效果也就越好，随之 ROI 越高。同时，广告主可以根据点击率、负反馈情况等数据感知广告质量，优化素材和转化链路。①

综上所述，2018 年是我国短视频商业营销“元年”，头部短视频平台加速其商业变现进程，商业营销市场规模呈现出大幅增长态势，广告、电商、游戏和直播打赏成为短视频平台内容价值商业变现的“四驾马车”。以快手、抖音为代表的头部平台围绕内容生态和社交生态推出的自助化商业开放平台，将短视频商业营销推上短视频行业发展的“新风口”，带动短视频商业营销市场的高速爆发式发展，并引领主流互联网平台实现“短视频+”跨界化发展；泛娱乐、泛生活类 KOL 是广告投放的主要领域，中腰部 KOL 比头部 KOL 更受青睐。然而，短视频商业营销在快速发展的同时，也存在着种种现实制约因素：内容低俗化与版权问题、平台规范化与合法化、流量数据真实性问题与短视频广告投放效果评估难等市场风险。在国家强监管和用户增量红利消退的总体市场态势之下，短视频商业营销的未来发展方向是：一方面，加强短视频商业化营销各方主体的自律管理；另一方面，引领短视频经营方式从粗放化走向精细化，并借力 AI 大数据技术，打造精准化的短视频智能商业营销服务平台，以实现商业与用户体验、平台生态的可持续发展。

2020 年以来，电商成为短视频商业营销的重要领域。短视频内容与电商进一步融合，电商产业生态逐步完善。抖音、快手等短视频平台一方面持续促进从内容引流到电商营销，另一方面加速布局在线支付业务，短视频电商产业生态逐渐形成。2022 年，两大短视频平台均上线“商城”入口，与搜索、店铺、橱窗等“货架场景”形成互通，“货找人”和“人找货”相结合，覆盖用户全场景的购物行为和需求。6 月，抖音短视频播放量同比增长 44%；用户通过内容消费产生商品消费，短视频带来的商品交易总额同比增长 161%。②第三季度，快手电商商品交易总额达 2225 亿元，同比增长 26.6%；依托流量和效率优势，持续吸引更多商家入驻，新开店商家数量同比增长近 80%。③

---

① 《AI 技术将会成为快手短视频营销的核心能力》，https://www.topsky.com/article/10852.html，2018-12-07。

② 抖音电商：《用内容创造消费流行丨2022 抖音电商商品发展报告》，http://www.199it.com/archives/1509281.html，2022-10-24。

③ 《快手财务报告》，https://ir.kuaishou.com/system/files-encrypted/nasdaq_kms/assets/2022/11/22/2-32-50/C_889584_KUAISHOU-W_1122_1000_ESS.pdf，2022-11-22。

第五章

主流媒体新闻 App 转型升级的运营

手机新闻客户端，又称新闻资讯类 App，是手机终端中新闻资讯承载量最丰富的聚合类新闻产品形态。截至 2019 年 8 月，我国手机新闻客户端用户规模达 6.2 亿，渗透率达 53.9%，意味着过半数的中国移动网民均装有新闻资讯 App。① 手机新闻客户端逐渐成为中国居民获取新闻资讯的主要途径。艾媒咨询数据显示，2019 年中国手机新闻客户端用户规模达 6.93 亿，腾讯新闻、今日头条月活用户数量均超 2 亿，以绝对领先优势位居行业前列。② 然而，我国传统媒体手机新闻客户端整体的传播力、竞争力甚至影响力尚不明显。2019 年，在国家层面的媒体深度融合外推力和主流媒体自身发展内驱力的共同作用下，我国中央级、省级、地市级和县级四级主流媒体在“学习强国”App 市场化运营的示范效应引领下，纷纷开启了一轮集体性的手机新闻客户端创新升级，以互联网思维增加或更迭了智能推荐、内容聚合、问政、生活服务、积分激励等满足用户需求和体验要求的市场化产品功能，从而开启了各级主流媒体新闻 App 的市场化运营之路，主流媒体新闻 App 的总体网络传播力明显提升。

第一节　主流媒体新闻 App 转型升级的现实背景

一、外推力：媒体深度融合政策与实践示范

1. 媒体融合政策的纵深推进

目前为止，我国媒体融合的政策推进主要经历了两个阶段：第一阶段始于 2014 年，称为我国媒体融合元年。2014 年 8 月 18 日，中央全面深化改革领导小组第四次会议审议通过了《关于推动传统媒体和新兴媒体融合发展的指导意见》，提出要切实推动传统出版和新兴出版在内容、渠道、平台、经营、管理等方面深度融合，实现出版内容、技术应用、平台终端、人才队伍的共享融通，形成一体化的组织结构、传播体系和管理机制的总的工作目标，并力争用 3~5 年的时间，研发和应用一批新技术、新产品、新业态，确立一批示范单位、示范项目、示范基地(园区)，打造一批形态多样、手段先进、市场竞争力强的新型出版机构，建设若干家具有强大实力和传播力公信力、影响力的新型出版传媒集团。

---

① 《极光大数据:新闻资讯行业研究报告》,https://www.sohu.com/a/361525900_483389,2019-12-19。

② 艾媒咨询:《2019Q1 中国手机新闻客户端市场监测报告》, https://www.iimedia.cn/c400/64308.html,2019-05-10。

2019 年，媒体融合进入纵深发展元年。2019 年 1 月 25 日，中共中央总书记习近平在主持中央政治局集体学习时做了重要部署，这是推动媒体融合向纵深发展的最权威信号。习近平总书记提出：全媒体不断发展，出现了全程媒体、全息媒体、全员媒体、全效媒体，信息无处不在、无所不及、无人不用，导致舆论生态、媒体格局、传播方式发生深刻变化，新闻舆论工作面临新的挑战。我们要因势而谋、应势而动、顺势而为，加快推动媒体融合发展，使主流媒体具有强大传播力、引导力、影响力、公信力，形成网上网下同心圆，使全体人民在理想信念、价值理念、道德观念上紧紧团结在一起，让正能量更强劲、主旋律更高昂。

近年来，媒体融合实践也紧随政策导向的脚步不断实现创新，2014 年以来，各传统媒体纷纷努力在“两微一端”上开疆拓土，逐渐开始进行传统媒体的转型，在内容、渠道、平台、经营、管理方面都进行了一定程度的改革。例如，上海报业集团在内容方面着力，推出上海观察、澎湃、界面等新媒体项目；湖南广电构建“芒果 TV 生态圈”，通过内容 IP 模式进行内容资源开发，创造了一系列衍生产品，以电视节目带动图书、手游、旅游业等协同发展；苏州日报报业集团打造“家在苏州”App 深耕社区生活，包含随手拍、社区百科、维修服务、志愿者等内容。① 而 2019 年进入媒体融合纵深发展元年以来，传统媒体不仅实现了转型、出现了新产品，而且开始致力于新媒体产品的迭代与更新，使其具有更强大的传播力、影响力，更加贴近用户，以期进一步取得媒体深度融合的实践成效。

2. “学习强国”App：媒体深度融合的实践示范

在互联网资讯类 App 市场中，长期以来由商业媒体占据前列，而传统媒体虽一直在努力转型，整体上却始终难以突破用户传播层面的现实瓶颈。少量央媒和省直辖市级媒体，虽取得了百万级用户月活量的成效，但相对商业媒体而言也仅能排至第三梯队。② 由此看来，我国至今仍然缺乏具有强大传播竞争力的新型主流媒体平台。

为此，在推动媒体深度融合实践进程中，国家层面不仅在政策的战略思路上提供指导，而且在 2019 年，还为传统主流媒体提供了媒体深度融合可资借鉴的实践范本——“学习强国”App，这是一款由中宣部着力打造的学习平台型产品。

“学习强国”App 自 2019 年 1 月 1 日正式上线后，就占据了苹果和安卓两大应用商店下载量的前茅，并在 2019 年第一季度(2019 年 1 月 1 日—2019 年 3 月 31 日)App Store 榜单中“霸榜”48 天；同时，“学习强国”App 仅在华为应用市场下载量便高达 8731 万次，腾讯应用宝下载量也高达 554 万次。③ 短短三个月时间，“学习强国”App 就在我国移动客户端市场中迅速成长为“爆款”级产品，其成功因素，当然离不开国家的大力宣传和推广的外在支持，然而，深层次地看，更离不开“学习强国”App 开发与运营团队新的媒体深度

---

① 蔡木子：《我国媒体融合的主要表现形式及发展趋势》，《学习与实践》2017 年第 4 期，第 126-134 页。

② 资料来源于艾媒北极星互联网产品分析系统。

③ 刘毅：《“学习强国”App 提升用户体验的路径思考——与“今日头条”对比为例》，《新闻前哨》2019 年第 6 期，第 7-8 页。

融合思维与运营模式的创新应用。

"学习强国"App一上线，便设有"学习""视频学习"两大板块以及30多个频道，聚合了大量可免费阅读的期刊、古籍、公开课、歌曲、戏曲、电影、图书等资料。该平台首次实现了"有组织、有管理、有指导、有服务"的学习，极大地满足了互联网条件下党员干部群众多样化、自主化、便捷化的学习需求，一经推出，便受到了全社会的极大关注，①成为我国移动互联网时代的一个内容权威、特色鲜明、技术先进、广受欢迎的思想文化聚合平台。在移动优先的策略下，"学习强国"App领风气之先，蕴含海量知识信息与丰富慕课资源，成为推动全社会形成学习氛围、建设学习型政党和学习大国的重要推手，成为弘扬正能量、唱响主旋律的主流平台。作为最新一款移动互联网产品，"学习强国"App汇集了移动互联网产品的最新成果和诸多特性，不仅具有组织属性，同样具有媒体属性，而且具有社群和社交属性，在一定程度上呈现出全程媒体、全息媒体、全员媒体、全效媒体的显著特点。

"学习强国"App已成为一款移动客户端爆款产品，一方面，为广大党员和群众提供了非常好的学习入口；另一方面，其成功也为我国各级传统媒体促进媒体融合纵深发展提供了现实的实践学习范本。自"学习强国"App成功以来，央媒、省级媒体甚至县级媒体都以"学习强国"为范本，挖掘"学习强国"App可借鉴之处，将自身现有App产品进行迭代更新。可以说，在媒体融合的纵深推进路上，中宣部出品的"学习强国"App起到了重大的实践示范和推动作用。

二、内驱力：传统媒体现有手机新闻客户端遭遇现实生存挑战

在国家层面的媒体深度融合政策和"学习强国"App现实的实践示范效应的双向外在推动下，当前我国大部分传统媒体都已经意识到媒体深度融合的重要性和方向性，但当下推动传统媒体手机新闻客户端创新与转型升级的动力，绝不仅仅外在地源于国家层面的媒体深度融合推动，更内在地源于传统媒体手机新闻客户端遭遇到了现实生存挑战。

1. 需求侧：手机新闻客户端用户行为特征的现实变化

随着新闻传播算法推荐、短视频的兴起和发展，以及人们生活节奏的不断加快，当前用户对新闻资讯的阅读习惯已悄然发生转变。极光大数据发布的《新闻资讯行业研究报告》显示，截至2019年8月，新闻资讯类App用户规模达6.2亿，渗透率达53.9%，意味着过半数的中国移动网民均装有手机新闻客户端。进一步的问题是，对于手机终端用户而言，在众多新闻资讯类App中，影响用户选择哪款App进行阅读，及阅读时间的主要因素有哪些呢？上述研究报告进一步显示：短视频、音频、短视频、视频、直播等多媒体展现形式成为用户选择平台的关注要点，多元的内容展现形式、丰富的内容和即时的资讯是用户最为关注的三个要素；54.6%的用户关注平台是否有音频、短视频、视频、直播等内容展现形式；52.4%的用户关注新闻资讯内容的丰富性；47.7%的用户关注新闻资讯内容

---

① 胡文：《"学习强国"为什么这么强？——兼谈其媒体策略对媒体融合的启发》，《新闻知识》2019年第6期，第17-20页。

的即时性，如图 5. 1 所示；而促使用户是否打开所选择的手机新闻客户端的前三位因素分别是：55. 2%的用户是因为关注新闻资讯平台上自己感兴趣的自媒体，53. 6%的用户是想看新闻资讯，而 42. 5%的用户是想观看资讯平台上的短视频、音频和电子书等其他内容，如图 5. 2 所示；在用户选择新闻资讯阅读的时间场景中排名前三位的分别是晚间休闲时间（占 60. 3%）、随时随地一有空就刷（占 47. 6%）、午餐及午休时间（占 46. 2%），如图 5. 3 所示。可见，碎片化的休闲时间成为用户阅读新闻资讯的主要时间场景。用户新闻资讯阅读习惯趋于碎片化，他们的习惯也变成更多的是“刷”新闻，而非从前那样坐在电视机前“等”新闻或在电脑前“搜”新闻。

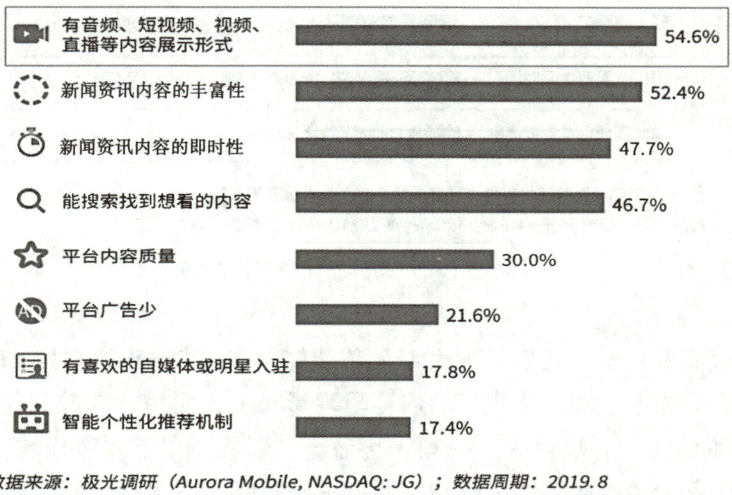

图 5. 1　用户选择新闻资讯平台的关注要素

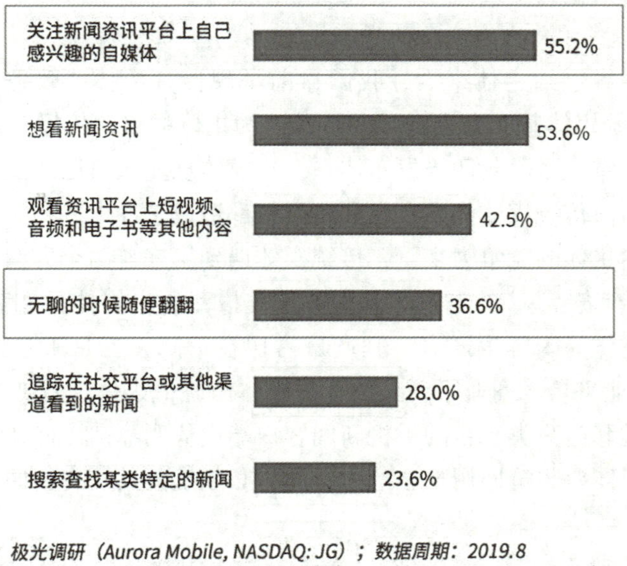

图 5. 2　促使用户打开手机新闻客户端的主要因素

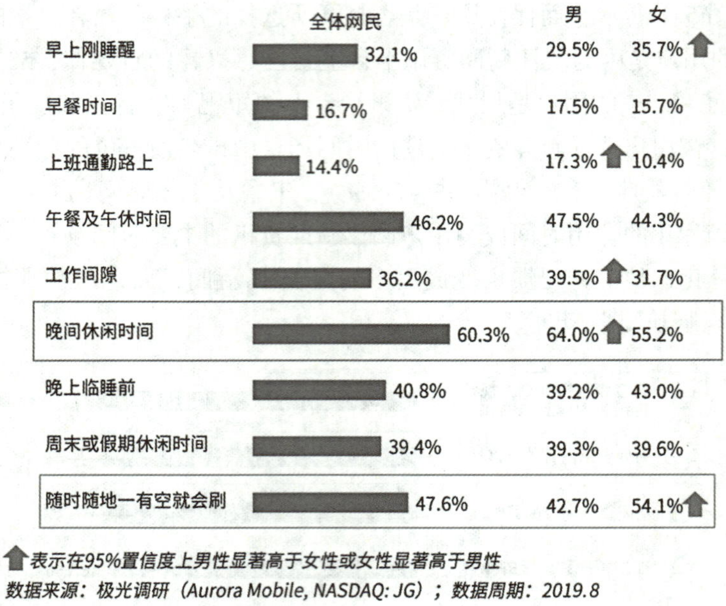

图 5.3　用户阅读新闻资讯的时间

然而，通过实践观察，我们发现大部分传统媒体(尤其是传统报媒)开发的手机新闻客户端尚停留在以文字、图片为主导的内容呈现形态上，而用户在碎片化的阅读时间里，只能“刷”更直观的音频、短视频、视频、直播等，因此，在新闻客户端市场用户注意力资源竞争中，大部分传统媒体倾力打造的既有手机新闻客户端遭遇到现实生存挑战——较少获得用户的主动下载且用户的持续使用意愿不高，造成大部分传统媒体创办的手机新闻客户端的用户日活量甚至月活量小的现实尴尬现象。

2. 供给侧：多元化内容竞争的现实压力

从新媒体内容供给主体来看，我国目前呈现传统媒体、政务发布、自媒体“三分天下”的格局。传统媒体基本完成以“两微一端”为主体的移动传播布局，政务发布基本形成覆盖中央部委、省、区、县四级发布体系，自媒体从业人员已超过 300 万。政务新媒体和自媒体的勃兴，对传统媒体的发布权和解读权都造成了冲击。①

从内容供给主体的竞争力来看，传统媒体遇到了来自两个方面的强有力的竞争者。一是来自“人人都有麦克风”的自媒体，少数出类拔萃的自媒体具有高超的内容生产及营销能力。传统媒体作为内容生产者，其产量占比在下降。二是来自以“智能聚合”“智能推荐”为利器的商业平台，商业平台虽然不是媒体但胜似媒体，具有很强的媒体属性。从流量来看，聚合类和门户类平台的手机新闻客户端优势明显。② 面对内容供给侧这两股势力的夹击，传统媒体要想抢回用户注意力资源，必须推动其既有新闻客户端的不断升级，不

① 丁伟：《新媒体内容生态演进的 8 个方向》，《新闻战线》2018 年第 19 期，第 32-33 页。

② 支庭荣：《我国媒体融合发展的内在逻辑与焦点问题》，《人民论坛 · 学术前沿》2019 年第 3 期，第 6-14 页。

断打破这二者的独有优势，树立新优势。

3. 商业模式：突围坎坷

当前手机新闻客户端的商业模式主要有三类：一是承袭传统媒体时代的“二次售卖”模式，即将客户端内容免费提供给网民用户，再将用户流量卖给广告主，以各类网络广告为主要变现模式；二是以内容付费为主的“一次售卖”模式，俗称互联网时代的“付费墙”制；三是同时面向内容供给群体和内容消费群体开放的聚合型“平台模式”。上述三种商业模式，对于我国大部分传统媒体打造的手机新闻客户端，在市场化变现方面都面临着很大的现实挑战和困境：

其一，传统“二次售卖”模式下的网络广告变现困难。这种商业模式主要以内容获取一定规模的活跃用户流量(日活量、月活量)取胜。目前，只有传统媒体转型的东方头条、《人民日报》、央视新闻、“澎湃新闻”手机新闻客户端，获得了百万级的用户月活量，每年可获取上亿元的网络广告收入。对于内容高度同质化、用户定位不清晰的大部分地方传统媒体的新闻客户端而言，获取可以获得网络广告主青睐的海量活跃用户流量，目前是相当困难的。

其二，以新闻或资讯内容付费为主的“一次售卖”模式，俗称互联网时代的“付费墙”制，即传统报媒为应对互联网新闻网站冲击下的收入下滑经营危机，探索用户为其网上数字内容(产品)直接付费的商业模式。这一模式的初步尝试，起源于PC互联网时代，即所有内容都收费的“硬付费墙”早期模式，其市场试水是失败的，以美国《华尔街日报》最为典型。此后，根据用户可以接受的弹性付费的“软付费墙”模式进行调整，开始获得市场的初步认同。进入移动互联网时代后，“软付费墙”模式在《华尔街日报》《纽约时报》《卫报》和一些国外中小型地方媒体开始进行市场推广，《纽约时报》《华尔街日报》的付费收入甚至开始超过传统“二次售卖”模式的网络广告收入。然而，在我国，传统报业囿于经验不足及体制性约束，在“付费墙”实践上更显坎坷，最早试水“付费墙”制的温州日报报业集团、《人民日报》，相继全面停止了收费订阅。截至目前，采用“软付费墙”模式的只有南方报业集团、《新京报》等少数报纸媒体和《财新周刊》《第一财经周刊》等杂志媒体，在其数字版App上，用户需付费订阅，才能浏览部分独家报道、深度报道。进一步分析发现，传统媒体中的大量高质量内容很难成为付费产品，如产制的巨量时事新闻和海量的存量内容因为没有获取作者的信息网络传播权授权而不能被网络使用。此外，在新兴媒体市场版权秩序还处于剧烈调整期的状态下，这类融媒体产品很容易被侵权盗版。在我国，新闻付费商业模式的现实落地尚面临很大挑战和困难。

其三，对于聚合型“平台模式”，目前，主要在我国商业媒体平台企业中得到广泛运用。在移动互联网时代，腾讯新闻和今日头条两款聚合“平台模式”的手机新闻客户端，分别以独领风骚的社交分发和算法分发，获取了2亿的用户月活量，并分别通过社交广告等形式进行广告变现，不仅可以直接获取百亿级以上广告收入，而且可通过亿级用户月活量，为旗下视频、音频、游戏等相关产品直接引流，换取大量多元收入。如腾讯旗下多元产品的游戏付费收入、音乐、视频付费收入、知识付费收入，等等；今日头条及其多款短视频产品，也在尝试开拓电商收入，以及知识付费收入、游戏付费收入。另外，还有一些中型聚合型“平台模式”，主要是处于第二梯队的搜狐新闻、网易新闻、趣头条、新浪新闻、《天天快报》、一点资讯、凤凰新闻等，通过优化内容、提升推荐算法和制定奖励制度等方式获取了千万级的月活量。它们以精准营销的广告机制和信息流的原生广告形式进行变现，获取中型规模的广告收入。值得注意的是，凤凰新闻手机客户端是第二梯队中唯一一家有着传统媒体内容背景的新闻资讯平台。各大平台型新闻客户端，凭借其成熟而高效的商业模式赚得盆满钵满。然而，对于大部分由传统媒体转型而来的手机新闻客户端，在上述三种商业模式的实际落地中，都面临着不小的挑战。这些客户端的用户规模难以与商业聚合类传播平台抗衡，用户黏性也不及商业垂直类自媒体及其传播平台，对广告主的吸引力不够，广告变现模式难以有效实施。同时，在我国，新闻付费由于用户付费意识弱以及优质原创新闻资讯的持续供给困难而步履维艰。这在一定程度上影响到新闻队伍的稳定性、内容生产的动力以及产品更新的积极性。因此，传统媒体各类手机新闻客户端迫切需要探寻自身的现实可行的商业模式，以解决互联网主导时代下的基本生存问题，这也成为传统媒体对既有手机新闻客户端商业模式进行创新升级的内在驱动力。

4. 沉没成本的内在驱动

我国的媒体融合研究始于21世纪初，并在2015年左右达到研究的高峰。[①] 同时，我国的媒体融合实践也已进行多年。2008年以来，传统媒体意识到互联网的冲击日益加剧，于是开始尝试转型。先是进行流程再造，把一个集团内各个不同纸媒的记者集合在一起，成立全媒体中心。后来，又贯彻“互联网+”思维，争相进军App市场，这已成为媒体融合的标配动作。我国传统媒体的媒体融合过程经历了从早期的手机报到新闻网页，再到当前的客户端建设，以及“中央厨房”的设置、传统媒体内部组织的改革、新媒体人才的培育等多个阶段。在媒体融合的过程中，不管是在前端、基础设施建设还是组织建设方面，都投入了大量的人力、物力、财力，积淀了大量沉没成本。但由于成本效益的原因，业界对诸如“中央厨房”的媒体融合实践存在不少争议。为“中央厨房”喝彩的地方媒体并不多，“费钱、好看而无用”反而成为普遍的评价。[②] 如果新闻客户端建设无法达到预期效益，那么传统媒体自身以及媒体融合实践可能将面临更多批评。

另外，经过长期的媒体融合和媒介转型实践，传统媒体从报纸、网站到客户端也累积了一些新媒体转型的经验。内容生产和传播已基本纳入整体的互联网传播生态体系，形成了传统媒体网站、“两微一端”、融媒体生产中心与全媒体内容分发体系。同时，传统媒体在自办的新媒体内容产品上仍然保留了其内容生产方面的优势，如内容价值观内核与严格把关的结构化内容生产流程，从而确保了其内容的网络公信力和基本质量。因此，在我国新媒体内容生态格局中，传统媒体新媒体产品的核心内容质量整体上相对于自媒体、商业传播平台这两类竞争者，积累了较高的内容“声誉”这一无形资产。因此，当前传统媒

① 罗茜、沈阳：《我国媒体融合研究的知识图谱——基于CSSCI数据库的文献计量学研究》，《东南传播》2018年第2期，第1-5页。

② 支庭荣：《我国媒体融合发展的内在逻辑与焦点问题》，《人民论坛·学术前沿》2019年第3期，第6-14页。

体客户端实际上来到了一个尴尬的境地，若不继续创新，则会逐渐被市场淘汰，面临更大的损失。这种不进则退的压力，也促使传统媒体进一步反思自身手机新闻客户端在媒体深度融合方面存在的主要问题。例如，针对手机新闻 App 用户习惯变化的适应、反应和应对能力滞后，导致在产品功能和体验设计、内容生产、用户服务等方面与用户诉求变化存在"现实脱节"现象；手机新闻客户端吸引用户、聚拢用户的能力，难以满足主要商业模式现实变现所需的海量活跃用户规模基本要求。

因此，针对上述问题，传统媒体需要采取由外而内，补短板、扬专长，进一步推动手机新闻客户端的整体创新和升级迭代，以进一步突破现实发展的瓶颈。

第二节　主流媒体新闻 App 转型升级的特点与成效

一、现状：传统媒体手机新闻客户端呈现出集体性创新升级态势

一般手机用户所需的手机新闻客户端数量只有 3~4 个，这刚好与中国媒体的层级分布相对应。即中央媒体、省级媒体、市级媒体和县级媒体。① 因此，我们也可将当前传统媒体客户端分为三级进行考察：第一层级是央媒主办的新闻客户端，第二层级是省级媒体的新闻客户端，第三层级是地市级以及区县级的融媒体新闻客户端。而早在过去的 2019 年，各个层级的传统媒体就都纷纷在原有的客户端产品功能基础上进行了升级和改版。

1. 国家级手机新闻客户端产品功能的升级改版

央媒，即国家级媒体，是由政府直接管辖并直接服务于国家及政府的官方媒体。央媒此次升级改版是根据近年来用户对新闻客户端使用行为特征的变化而进行的，同时致力于更好地发挥央媒的主流品质内容特色。

2019 年，主要央媒带头对自身的新闻客户端产品功能进行了升级改版。例如，人民日报新闻客户端于 2019 年 9 月 15 日发布人民日报客户端 7.0.0 版本，推出"主流算法"，开启智能个性化推荐功能，推动人民日报客户端实现从传统媒体到智慧媒体的战略转型；同时，投入海量视频资源，将新闻呈现视频化，兼具直播、视频、音频、图文、动态、话题等多种内容展示形态；另外，推出新闻聚合类功能"人民号"，汇聚了 20000+政务、媒体、自媒体等多元创作者，形成主流热点内容的聚合与分发；推出移动政务服务厅等贴心便捷的问政服务，以及扶贫、公益等众多创新特色功能。2019 年年底，人民日报客户端再次发布 7.1.0 版本，此版本在 7.0.0 版本基础上上线了积分功能，用户可以通过积累的积分兑换礼品。而央视新闻同年也对客户端进行了更新，于 2019 年 10 月发布了 8.0.0 版本，此版本加入了微视频功能。新华社在 2019 年完成了两次功能更新，一次是在 2019 年 2 月 19 日发布 6.0.0 版本，对以往的版本进行了一些个性化的改良，如增设互动投票功能、个人频道定制功能、升级本地资讯和身边的便民服务功能，以及积分兑换奖品功能；另一次是发布 7.0.0 版本，在原版本的基础上增加了"新知频道"，为用户提供各种原创

① 黄国春：《"学习强国"传播模式与主流媒体的融合传播》，《青年记者》2019 年第 22 期，第 63-65 页。

优质内容，以及电子书、报告和有声书，同时还完善了智能语音功能，使“小新”智能语音更加智能化。

2. 省级媒体新闻客户端产品功能的升级改版

省级媒体大多在 2019 年对自身的新闻客户端产品进行了改进。例如，上海报业集团旗下的澎湃新闻客户端，于 2019 年 7 月 16 日推出 7.0.0 版本。新版本将此前版本中分散的问吧频道、问政频道、湃客平台等进行了整合，以更加清晰的互联网思维，打造了具有社交聚合属性的“澎友圈”和精选 UGC 内容聚合属性的“澎湃号”，实现了外部优质信息生产者的引入以及其社交属性的强化。而南方报业传媒集团旗下的“南方+”新闻客户端，在 2019 年先后完成了 4 次功能更新。在原产品的基础上，加入了记者主页功能，实现了用户与记者的直接对话；新增了“城市精选”专区，根据地理位置为用户推送本地精选；完善了“拍客报料”功能，为报料者提供收益与激励措施；同时还上线了 VR 直播功能，增加了用户的现场感。

在省级广电媒体方面，长江云客户端作为湖北省广播电视台打造的移动互联网新闻政务服务平台，经过多次改版，现已发展成为全国县级融媒体中心建设的“领跑者”。2019 年 5 月 6 日，长江云客户端全新改版升级，此次改版秉承“满足用户更好更快获取新闻资讯的需求”的理念，在滚动新闻、视听直播、信息搜索、界面设计等方面进行了功能性提升，使新的客户端更契合互联网传播特性。同时，长江云客户端增加了 PGC 和 UGC 共荣共生的新渠道，隆重推出了“长江号”，有望构建新闻、政务、服务三者互动融合的新生态。① 此外，作为省级广电集团的新媒体代表之一的 BTV 北京时间，也先后更新了 5.0.0 版本和 6.0.0 版本。新版本更加强调、优化了 BTV 自身原创栏目特色，同时升级了政务专区功能，完善了北京本地服务提供功能。

3. 地市区县级融媒体客户端产品功能的升级改版

在第三层级的地级市及区县级的新闻客户端中，也有不少产品进行了更新和改进，例如，浙江省安吉县县级媒体爱安吉于 2019 年 4 月 16 日更新了 4.2.8 版本，新增了文明超市功能，完善了社区服务。浙江省长兴县掌心长兴客户端在 2019 年先后进行了两次更新，增加了便民应用，为用户提供更便捷的服务；随后又增加了视频分享功能，实现了多方式信息传达。作为江苏省县级媒体深度融合试点单位，下属于徐州市邳州广播电视台的客户端产品“邳州银杏甲天下”在 2019 年也实现了产品升级。新版本先后增加大邳圈分享互动模块、银杏号订阅模块、在线问政模块，牢牢抓住了县级媒体转型发展窗口期，大幅提升了传播力、公信力、影响力。

总体来看，根据央视市场研究(CTR)对 10 家央媒和 38 家省级以上电视台(包含 5 家计划单列市)在五大渠道的新媒体产品进行的连续监测显示，仅 2019 年第二季度正常更新的新媒体产品便达到 7859 个。而据七麦网客户端版本更新历史数据显示，各省级报业集团以及市县级传统媒体也大多进行了 App 的更新。在 2019 年下半年，各主要传统媒体新闻客户端均在持续更新。总体而言，2019 年传统媒体旗下 App 创新升级形势向好，大量传统媒体对其旗下 App 进行了创新实践。

---

① 《长江云 App 全新升级：重磅推出“长江号” 构建政媒互动新生态》，http://news.hbgstv.com/p/29406.html，2019-05-17。

二、特点：互联网思维下新闻客户端产品功能的局部改版

2019 年，各级传统媒体手机新闻客户端集体性地进行了创新升级，突出表现为在“学习强国”App 的示范效应下，传统媒体的“互联网+”思维明显增强。产品功能的改版理念从长期以来“由内而外”地“以老推新”报纸形态客户端产品界面功能设置，转向重视用户对新闻客户端这一移动端特有新闻产品形态的一般性使用习惯，进而“由外而内”地“强新拉老”，以更快更好地满足用户对高品质新闻的诉求。① 各级传统媒体手机新闻客户端的创新具体表现在以下几个方面。

1. 洞察用户习惯，紧随时代潮流

当前，大多数传统媒体手机新闻客户端适应了移动互联网时代下用户的主流使用习惯，最显著的例子便是人民日报客户端。2019 年 9 月 16 日，人民日报客户端新版 7.0 版正式上线。新版客户端的改版理念是“人民日报，更懂人民，做有品质的新闻”，以互联网用户传播理念取代传者为中心的产品功能设计理念，将以往旧版的产品功能进行了颠覆性改造和创新。例如，将主要服务于人民日报内部采编内容生产流程的客户端旧版首页上面的一级功能“闻”“评”“问”“听”“帮”“视”“图”改为“推荐”“热点”“视频”“锐评”“云课堂”“问政”“公益”等；新版客户端首页下面的一级功能则改为“人民号”“推荐”“直播”“我的”等。这些改动在很大程度上满足了当下移动互联网时代人民日报主流用户群体快节奏工作和生活场景下更快更精准地获取更多有价值的新闻、评论和公共服务的主流使用习惯。其中，“主流智能推荐算法”“锐评”“视频”“直播”“人民号”(精选政务、传统媒体和自媒体的 UGC 内容聚合功能)“问政”等产品功能，成为新版人民日报手机客户端的主要特色和亮点。尤其是“主流算法”，努力在保证新闻质量和顺应用户阅读习惯两方面寻求平衡，对于传统媒体手机新闻客户端的产品功能改版具有引领创新的导向意义。此外，澎湃新闻、南方+等新闻客户端早已采纳了个性化推荐方式，帮助用户及时快速、花费更少时间获取更有价值的新闻内容或生活资讯，并在 2019 年的产品更新中保留了这种分发方式，同时对个性化推荐算法进行了一定程度的改进。而部分传统媒体新闻客户端在 2019 年进行的产品改版和更新中加入了算法推荐机制。

此外，在 2019 年的传统媒体新闻客户端更新的过程中，大多数客户端引入了短视频传播方式。他们或开辟短视频新闻专栏，或将短视频融合到图文新闻中，以便用户随时随地全面了解新闻事件。正如央视网董事长、总经理钱蔚所言，现在科技正在向传播全链条蔓延、遍布，“Media+Tech”将是未来媒体的普遍存在形式。在 2019 年更新的传统媒体新闻客户端中，我们也可以看到更多科技的身影，VR、大数据、GPS、物联网等新技术被更多地应用到新闻客户端中，为用户提供了更个性化、更全面的信息和服务。

2. 多功能多场景，用户生活服务便利

当前，在资讯类 App 中普遍存在一种趋势，其功能和作用都不再局限于提供新闻，而是更加贴近用户，开发众多功能，不仅让用户能看，将 App 作为了解信息的窗口，而且让

---

① 刘友芝、张晓敏：《新时代媒体深度融合战略路径的创新突破——从“以老推新”到“强新拉老”》，《编辑之友》2020 年第 1 期，第 19-24 页。

用户能用，便利用户的生活、学习和工作。如今，使用新闻客户端的人群往往被称为“用户”而非“受众”。与“受众”相比，“用户”对产品的消费不仅仅局限于信息传播领域，用户不仅通过新闻客户端接收信息，还进行购物、学习、缴费等。在传统媒体新闻客户端中简单依靠信息传播来吸纳、留存用户的空间已越来越小。

这一趋势成为2019年传统媒体新闻客户端的创新方向，且更明显地体现在省级媒体和市、区、县级媒体的新闻客户端建设中。例如，版本更新后的BTV北京时间不再只是手机版的北京卫视，而是融合了北京地区的吃喝玩乐、办事查询和政务公开服务；重庆市的上游新闻增设了帮帮平台，完善了“帮你问”“找答人”“城事通”便民服务功能；而县级融媒体的便民服务特色体现得更加明显，其将诸如商超、问政、水电煤气费用缴纳纳入客户端，涵盖百姓生活的方方面面。

3. 建立端内社群，提高用户活跃度

以往的传统媒体客户端往往面临一个问题：虽拥有一定量的用户，但用户活跃度不够，客户端内信息全由媒介平台提供，缺乏新鲜视角，所以，用户的关注度难以转化成参与度和好评度。为解决这一问题，封面手机新闻客户端借助新版本上线了“青蕉社区”，完成了全面升级；澎湃手机新闻客户端推出了五周年献礼之作“澎友圈”，这些举措都旨在打通各类用户数据，实现年轻态社交，重塑用户间的沟通纽带，完善客户端内的“原创+自媒体+社交”生态。媒体社交化的核心是用户角色的升级，社交化意味着用户成为媒体的渠道、生产力和可沉淀资源，社群的建立、传统媒体新闻客户端的主动社交化，将为客户端内部生态建设发挥巨大作用。

4. 开发激励机制，增强用户黏性

传统媒体新闻客户端设立积分激励机制，部分原因可能是受到“学习强国”App的启发。为了有效了解用户学习进度，检验学习效果，增加用户黏性，“学习强国”App采取了积分制，而这些积分不仅可以用来参与排名，而且还可在页面上兑换奖品，提高了用户学习的积极性。① 这一成功先例，引发了传统媒体新闻客户端的模仿与学习。在2019年的升级创新中，众多传统媒体新闻客户端引入了此种激励机制。如新华社新闻客户端的“新知”频道、可用积分兑换优质内容、南方+App的拍客报料可以直接获取稿费。这些激励机制或换来了用户的大量注意力，增强用户黏性，或为新闻客户端注入新鲜血液，让优质UGC内容不断涌现。

三、成效：总体网络传播力明显提升

随着传统媒体新闻客户端创新实践大潮的到来，2019年各大传统媒体通过不断创新、深化媒体融合实践，不论在用户使用度、App排名、网络热度指数、网络口碑还是其自身盈利能力方面都有所突破与增长。

在用户使用度方面一个重要的指标便是MAU（月活跃用户数）或DAU（日活跃用户

① 刘毅：《“学习强国”App提升用户体验的路径思考——与“今日头条”对比为例》，《新闻前哨》2019年第6期，第7-8页。

数）。一些主要的传统媒体客户端在这方面取得了较好成绩。由湖南广电集团打造的“芒果 TV”，是全国互联网内容生态的典型代表。据统计，截至 2019 年 5 月，“芒果 TV”手机 App 下载安装激活量日超过 7.35 亿，全平台日活跃用户数突破 6800 万，互联网电视终端激活用户数达 1.37 亿，运营商业务全国覆盖用户数达 1.47 亿。① 而月活跃用户数排名稍落后于芒果 TV 的央视影音，其数据也高达 2678 万，月活增量更是达到 164 万。上海电视台的第一财经 App 在第二季度的平均月活跃用户数达到 258 万，较上一季度增长了 45 万，在 2019 年上半年增势较猛，成为除芒果 TV、央视影音外，传统广电媒体旗下月活增量表现最好的 App。各大报业集团主导的新闻客户端在月活跃用户数方面也表现良好。艾媒资讯数据显示，人民日报客户端、澎湃新闻客户端在 2019 年第一季度月活跃用户数均突破了百万量级，与百度新闻、UC 头条等知名互联网公司手机新闻客户端并驾齐驱。

从 App 排名来看，根据七麦网公布的 iOS 系统新闻资讯类 App 综合排名情况，众多传统媒体手机新闻客户端在 2019 年的排名均有上升，部分甚至获得了大幅度上升。经笔者计算，人民日报客户端在 2018 年的新闻资讯类 App 综合排名均值为 19.79，而到了 2019 年，其均值达到 15.11；BTV 北京时间在 2018 年的排名均值为 261.63，而在 2019 年均值则上升至 212；上升势头更为迅猛的传统媒体手机新闻客户端，如新京报在 2018 年的综合排名均值为 125.3，在 2019 年则达到 68.22；央视新闻在 2018 年的综合排名均值为 50.39，而在 2019 年，这一均值提升为 36.36。另外，虽然澎湃新闻综合排名均值由 2018 年的 15.84 跌至 2019 年的 17.05，但跌幅不大，仍然排名靠前，展现出强大的竞争力。

从 2019 年手机新闻客户端的网络热度指数来看，2019 年艾瑞咨询报告显示，《人民日报》和央视新闻两家传统媒体的手机新闻客户端的网络热度名列前茅，如图 5.4 所示。

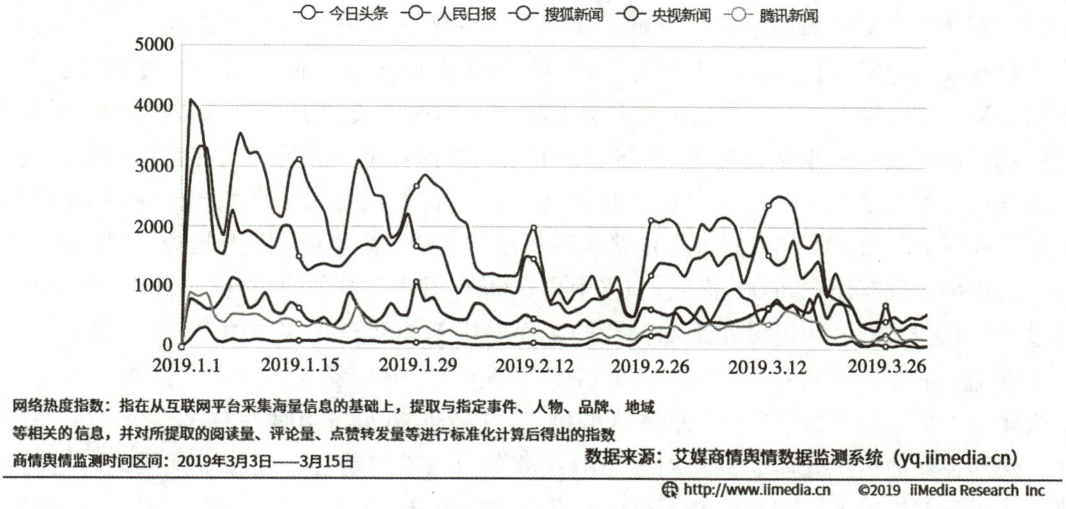

图 5.4　2019 年部分新闻客户端网络热度指数

① 《中国媒体融合发展年度报告（2018—2019）：五个关键词解码媒体融合发展》，http://guoqing.china.com.cn/2019-10/30/content_75354816.htm，2019-10-30。

从2019年手机新闻客户端的网络口碑来看，网友对于央视新闻的网络口碑认同度最高，为46.9，高于第二名的腾讯新闻(45.5)和第三名的今日头条(44.4)，如图5.5所示。

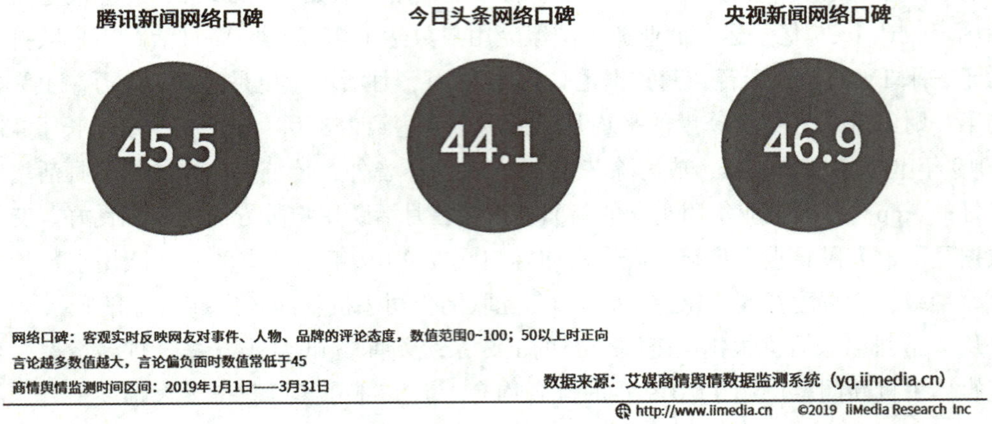

图5.5 2019年部分新闻客户端网络口碑

盈利能力曾是传统媒体转型与媒体融合面临的最大现实难题，随着传统媒体不断转型升级，传统媒体融合实践不断推进，传统媒体在新媒体上的重要新生力量——客户端不断升级与迭代，为传统媒体的商业模式转型和盈利能力增长打下了基础。2019年，在盈利方面表现突出的传统媒体典型为人民网，其成立的人民视频子公司，以短视频方式输出优质内容，丰富了其新闻客户端产品，并在其新闻客户端增值服务方面推出第三方内容审核平台。进入2019年后，人民网成为资本市场上的明星，截至2019年4月4日收盘，人民网股价从2018年年底的7.3元涨至26.81元，涨幅达到267%，当之无愧地成为2019年引领A股市场情绪的领涨股之一。据人民网公告介绍，这主要有两个原因，一个是公司广告业务收入稳步增长，成本得到有效控制，地方分公司收入同比增幅超过40%；另一个则与第三方内容审核业务的增长有关，该项收入同比增长约166%，是公司所有增长单元中增长幅度最高的业务板块。① 广告收入和第三方内容审核成为人民客户端内容变现的有效途径。除此之外，湖北广电旗下长江云在湖北省上线了120个“云上”系列客户端，汇聚政务“两微”账号3985个，入驻党政部门单位2220家，接通民生服务58类152项，长江云全平台现有用户8600多万，其盈利能力也有了非常显著的提升，2019年全年收入超过4亿元。另外，四川报业集团打造的封面手机新闻客户端在2018年就实现了盈利，在此基础上继续高速发展，收入结构更加多元和合理，其中新媒体收入占比为70%左右，新媒体收入里面技术赋能方面的收入大幅增长，广告收入只占40%左右。②

此外，其他传统媒体手机新闻客户端或渐渐引入电商功能，或蓄积优质内容进行出售，或搭建多边平台，均通过创新和对客户端的更新找到了盈利多元化的出路，实现了盈

① 《人民网预计2018年利润超2亿！第三方内容审核收入暴增166%》，https://www.163.com/dy/article/E6VC8E4A0518S82B.html,2019-02-04。

② 郭全中：《2019年传媒经营盘点》，《青年记者》2019年第36期，第24-27页。

利能力的增长，这些同时也使它们在资本市场上表现得更加良好，拓宽了融资渠道，为进一步做大做强提供了基础。

第三节　主流媒体新闻 App 持续运营的现实挑战

在我国，自 2019 年起，国家级、省级、地市以及县级主流媒体，开始面向移动体新闻 App 的整体市场，开启了集体性手机新闻客户端创新改版的市场化运营之路，总体网络传播成效较为明显，但仍然存在一些深层次的老问题，以及一些新的现实问题，从而影响了其整体和持续的创新效果，这有待在实践中进一步改善。

一、限于产品功能局部改版，缺乏整体性市场战略发展方向

传统媒体自开始进行媒体融合实践以来，便走上了一个不断创新的过程，其新闻客户端产品也不断紧随时代潮流进行更新与改进。纵观传统媒体手机新闻客户端此轮集体性的创新升级实践，不难发现，此轮创新主要体现为互联网用户思维指引下手机新闻客户端产品功能的局部调整，在原有 App 产品功能上增加几个吸引用户的新功能，如主流智能推荐功能、精选把关的 UGC 内容聚合功能、问政功能、生活服务功能、积分激励功能。应该讲，传统媒体在原有产品功能上新增加的功能，是为适应当下新闻资讯用户对所有手机新闻客户端产品使用的基本诉求，是所有手机新闻客户端产品吸引用户、聚拢用户的互联网基本标配功能，也是改版以前传统媒体旗下手机新闻客户端对用户传播的吸引力和聚拢力不足的产品功能"短板"。上述功能的增加，在很大程度上弥补了传统媒体手机新闻客户端旧版产品功能设计方面的不足，使总体网络传播力得以明显提升。

对于传统媒体而言，这是一次对既有媒体融合发展道路的集体性反思与创新，是媒体融合战略发展模式从"媒体+互联网"的传统"以老推新"向"互联网+媒体"的"强新拉老"模式转型的初步实践与探索。目前来看，传统媒体手机新闻客户端尚存亟待进一步改进的两大问题。其一，新功能与原有功能之间存在彼此不协调、不融洽甚至相互矛盾之处。某些新增的产品功能，如问政功能、社区互动功能、生活服务功能，在实际应用中还不够完善，在一定程度上影响了用户对新增功能的实际使用体验。造成这一问题的主要原因是传统媒体内部组织流程与资源不能有效对接新功能，尚需进一步调试，以打造对接新功能的内部执行新流程；与此同时，传统媒体在内外部信息资源、人力资源和服务执行能力等方面缺乏协同配套支持，导致新功能落实不到位，原本想吸引用户的某些新功能，可能使用户失望，达不到最终留存用户的效果。其二，从整体上看，传统媒体手机新闻客户端通过新增上述基本功能之后，某些手机新闻客户端出现了过度堆砌功能的现象，不断地往产品上添加功能和插件，让新闻客户端变得越来越沉重，而且没有层次感，没有主次之分，不顾及用户的体验，① 并且某些产品功能的栏目分类逻辑遵循传统媒体内部的"传者思维"，

---

①　李燕：《新闻客户端应向微博和微信学习什么?》，https://www.prnasia.com/blog/archives/6135，2013-07-11。

与普通用户的使用或阅读习惯不太契合。实际上某些用户可能只青睐其中一两个产品功能，却不一定能及时方便地找到它们。其问题的根源是产品市场发展方向的整体性战略缺失。此轮产品功能的改版是在不改变原有产品功能基础上新增功能，但一些传统媒体改版的产品样式，某种程度上像是一个将自媒体、商业传播平台和原创类专业媒体功能"杂糅"在一起的超大型手机新闻客户端"杂货店"，这严重影响了不同类型用户的使用体验。

各级传统媒体改版后的手机新闻客户端，最终走什么样的市场发展道路？在新媒体内容生态竞争格局中，如何体现出其自身差异化竞争的战略发展目标与方向？是选择"特色化"与"平台化"的有机结合？还是选择独有的"专业化"？这是首先要明确的战略发展方向。在此基础之上，再思考与之相应的商业模式。只有在这些战略性市场发展方向厘清之后，才能精准定位哪些是体现传统媒体特色的核心功能？哪些是必备的基本功能。只有在产品顶层的市场战略发展方向明晰的前提下，此轮传统媒体在互联网用户思维下的产品功能局部改版才具有切实的针对性。这也意味着要主动加强内外部关键发展要素的整体协同配套创新，以确保产品新功能的落实到位，从而使产品功能的局部改版取得预期的实质性成效。由此可见，产品功能局部改版的最终效果，是以产品市场战略发展层面的整体协同创新为前提的。

二、网络传播力的提升，尚未有效转化为影响力和舆论引导力的提升

虽说当前传统媒体融合实践正努力获得更大的传播力，且取得了一定成效，但媒体融合的任务并不止于此。传统媒体转型创办的手机新闻客户端与商业新媒体原创的手机新闻客户端一个很重要的不同点是其最终目标不同。商业新媒体主要追求的是利润，因此，传播力就是流量，流量变现就成为利润。而传统媒体在进军新媒体的过程中，不仅有利润考量，同时还肩负重要的舆论引导功能。这便要求传统媒体新闻客户端具备更强的传播力、引导力、影响力、公信力。但就目前形势来看，除个别传统媒体新闻客户端，众多传统媒体手机新闻客户端尚未取得强大而全面的影响力以及舆论引导力。一方面，传统媒体中央媒层级的手机新闻客户端的受众多为城市中对时政新闻感兴趣的用户，而省级以及地县级的手机新闻客户端大多针对本地用户，因此，难以形成非常全面的影响力、引导力。另一方面，传统媒体新闻客户端所推送的内容仍然较为严肃和单调，容易导致用户理解困难或内容乏味，不利于有效扩大其影响力。

三、市场运营应避免助长用户的畸形消费习惯

在媒体深度融合的实践探索过程中，众多传统媒介新闻客户端正不断向用户既有或正在养成的消费习惯靠拢。无论是当前的短视频，还是基于算法的推荐分发模式，均有其固有的弊端，这些弊端不利于培育用户理性思考能力、系统学习知识能力以及创新能力。此外，单纯的物质奖励性积分制所吸引的用户，有相当一部分并不是真正喜爱阅读新闻资讯的受众，长此以往，有可能对真正喜爱阅读新闻资讯的用户产生"劣币驱逐良币"的不良社会效应。因此，这一物质刺激策略并不是留住用户的唯一策略，需要与手机新闻客户端吸引用户的其他元素（内容的质量、内容的多媒体呈现形态与用户使用习惯相符，内容的

及时更新性、丰富性，内容获取的便捷性等多元化因素）相配合，才能形成长期有效的用户留存方案。为此，传统媒体务必保持应有的冷静沉着与前瞻性，更要肩负起深远的社会责任，积极主动地对大众的消费习惯进行培养与引导，避免社会坠入单一数字媒介消费的深渊。① 这也揭示了当前传统媒体新闻客户端的不足。或许向短视频、个性化推送这些传播方式进行改进以顺应市场是难以避免的，也是必要的，但这并不意味着盲目迎合，也并不意味着放弃向好的方面引导受众习惯，这仍是当前传统媒体新闻客户端不足之处。庆幸的是，以人民日报客户端为代表的央媒级手机新闻客户端和以澎湃新闻为代表的省级手机新闻客户端，都推出了推荐功能，有助于矫正某些用户短视畸形的消费习惯，其他传统媒体新闻客户端也应在这一方面作出努力，加以改进。

第四节　主流媒体新闻 App 转型运营的应对策略

一、战略发展方向：打造自主可控的特色化融媒体服务平台

进入移动互联网“下半场”和“智能化”时代，传统媒体手机新闻客户端的创新将迈向一个新的台阶。基于互联网与传统媒体双方实践发展历程的客观观察，拥有“自主可控的互联网用户服务平台”成为媒体赢得互联网传媒市场竞争力的战略“法宝”，是打通与用户持续有效连接的“最后一公里”。② 对于以内容为本的传统媒体而言，打造自主可控的互联网用户服务平台就意味着打造特色化新闻资讯的融媒体服务平台。

为此，我国国家级、省级及地市级三级传统媒体，首先应明确自身市场发展的战略方向，以统领整体协同创新。在新媒体内容生态体系全面且竞争激烈的移动互联网“下半场”，传统媒体难以与大型商业传播平台（拥有亿级、千万级月活用户流量的平台）直接进行同质化竞争。为此，传统媒体新闻客户端的发展方向应强调特色化，避免因同质化、缺乏特色而难以为某一类用户群体所青睐，以致用户的拉新、留存、促活遭遇现实困难。特色化意味着与竞争对手形成特色差异化的“区隔”竞争态势。

与此同时，“特色差异化”需要与“平台化”有机结合，平台化具有规模效应，强调“特色差异化”应具有一定的规模效应，否则很难在新媒体内容生态体系中存活下来。

特色差异化与平台化规模效应并不矛盾，在激烈的市场竞争环境之下，特色差异化往往是走向平台化规模效应的现实可行之道。特色差异化既是初始的战略发展方向，也是长远的战略品牌定位。互联网巨头在初始阶段，大多是从当时的社会与市场环境的边缘细分市场差异化切入的，因其发展特色而受到某一类用户的青睐，逐步由小到大茁壮成长为某一细分领域的“领头羊”。有些企业甚至通过产品系列化，进一步“开疆拓土”，成为新的

---

① 黄晓新、刘建华、卢剑锋：《中国传媒融合创新现状、问题与趋势》，《中国传媒科技》2017 年第 4 期，第 19-29 页。

② 刘友芝、张晓敏：《新时代媒体深度融合战略路径的创新突破——从“以老推新”到“强新拉老”》，《编辑之友》2020 年第 1 期，第 19-24 页。

互联网“独角兽”。

在特色差异化的初始阶段，由于用户规模较小，盈利模式单一，可通过“小而精”的多元化方式，积极尝试开拓集广告、知识付费、电商模式于一体的多元化盈利模式。随着特色差异化的持续强化，特色化的资讯与服务平台的品牌效应将不断彰显，种子用户的口碑传播将推动特色资讯平台的爆发式成长。进入成长期，将吸引大量具有忠诚度的优质黏性用户，差异化不仅带来品牌效应，也会产生规模效应。随后，特色资讯平台在囊括某一类用户的绝大部分群体之后，伴随用户口碑传播产生的创新扩散效应，用户类型也逐步多元化，整体的用户市场规模将呈现出几何级数的增长。于是，规模性 IP 特色化的新闻资讯“大商场”得以形成，从而获得更大的流量、更活跃的社区、更强的变现能力。进入成熟期后，具有望转型为大型特色新闻资讯平台。

鉴于此，多数传统媒体的手机新闻客户端下一步在创新升级的战略发展方向上，应将当下高度同质化的无差异化、无特色的平台，改造为具有明显特色的相对差异化的融媒体服务平台。首先，通过用户需求采集、用户分级和用户聚焦，专注于为某一类特定用户群体提供更精准、更优质的新闻与服务，以获得这一类用户的肯定和口碑传播，保持核心用户群体的适度规模及其用户黏性。与此同时，强调“有明显特色”和“相对差异化”并不意味着“完全特色化”“绝对差异化”，因为满足所有用户群体的基本共性新闻资讯需求(一般是指一定时期国内外重大新闻事件或突发新闻事件的报道)，是所有传统媒体建构“媒体公共性”所应承担的基本社会责任。一般通过首页的“要闻”或“热点”“精选”等栏目功能或置顶推荐来实现。这样做是为了防范因“完全特色化”“绝对差异化”而可能出现的用户个体层面的“信息茧房”和特定用户群体层面的片面化“群体极化”现象以及“媒体公共性”的消解所带来的社会不良影响。待核心用户群体的新闻服务需求得到有效满足之后，再逐步向周边衍生的目标用户群体的新闻资讯服务需求拓展，逐步扩大具有较强用户黏性的市场规模，以获得具有较高用户忠诚度的平台化规模效应。

目前来看，央媒级手机新闻客户端的市场定位已较为清晰，总体定位于服务于全国性权威政务新闻与资讯服务媒体；但央媒级手机新闻客户端之间也应进一步了解其用户画像结构，细化其差异化市场战略发展方向，并进一步明确差异化定位之后的相应商业模式：是走向平台化还是“专业化”？是迈向平台化的大中型内容“卖场”模式，还是走中型“专卖店”模式？两种不同模式不能同时“杂糅”在一起，可以将同质化严重的央媒级传统媒体新闻客户端改造为旗下多个内容“专卖店”，供不同类型用户进入专门化的品牌资讯“大商场”挑选自身喜爱的内容。实力强大的传统媒体可以细分为多个对外上线的系列产品。App 名称、用户定位、内容特色、功能界面设计和商业变现模式都应有所区别，以系列化的不同产品版本，供不同偏好的用户在应用商店进行差异化选择。在这方面，人民日报客户端进行了有益的探索。其在原有“大而全”的综合性客户端版本(2019 年 9 月 16 日推出的 7.0 版本)基础上，相继开发了人民智云、人民视频、人民好医生、人民健康、人民日报文创、人民日报+(短视频)、人民快报等轻量型客户端。以系列化的“专卖店”精准满足不同用户的细分需求，维系用户的留存度、忠诚度和活跃度，并有利于精准开拓原生广告、垂直性的内容电商、会员付费、知识付费等多元化收入渠道；同时，通过精准满足用户的分众化需求，最终获得整体的可持续的用户规模效应。

各类省级媒体处于央媒和地市媒体的“夹缝”之中，但可以走全国性的专业化特色和区域化本地服务平台的发展道路。前者如上海报业集团旗下的澎湃新闻与界面新闻，分别定位于面向全国定位的市场化原创时政与思想新媒体服务平台和泛财经新媒体服务平台，在全国手机新闻客户端市场的相应细分领域中占据了一定的市场领先地位；后者如湖北广电集团旗下的长江云 App 和北京电视台的北京时间新闻 App，则分别定位于湖北省和北京市的区域化移动政务新媒体服务平台。

地市(县)媒体的发展方向就是本地特色，经济发达地区的地市媒体可聚焦于本地智慧城市政务与生活服务平台的发展定位，当其他地区的地市媒体可突出本地化特色的发展方向，以此明确市场用户群体的总体战略定位，从而进一步细化特色产品功能和内容生产特色，打造差异化的地市媒体手机新闻客户端。部分内容特色鲜明、专业的传统媒体，如财经媒体、健康媒体、教育媒体，可以走中小型“专卖店”发展模式，即专业特色的资讯与生活服务平台。

总体而言，在当前移动互联网手机新闻客户端市场激烈竞争的环境中，对于多数传统媒体新闻客户端来说，专门打造一款具有独有特色的精品“专卖店”(如主打深度财经新闻的“财新”)较为困难，但打造具有明显特色的泛精品“专卖店”，则是经过一定的创新努力有可能实现的。目前来看，“澎湃新闻”已从主打移动互联网新一代原创时政新闻特色起步，逐步拓展为以移动互联网原创新闻及短视频内容为主打的特色化时政与思想市场化手机新闻客户端平台，“界面新闻”已逐步成长为主打移动互联网新一代原创泛财经商业资讯与品质生活服务于一体的特色化手机新闻客户端平台。而多数地方性质的传统媒体(如“省级”“地市县级”)则主打具有明显地域特色的泛精品“专卖店”。

二、系统化协同创新：打造自主可控的特色化融媒体服务平台

传统媒体将现有的手机新闻客户端打造为自主可控的特色化新闻资讯融媒体服务平台，是一项“牵一发而动全身”的战略性系统化创新工程。这需要本着移动优先发展战略，以特色化内容建设为内核和根本，并通过体制机制、资本、商业模式、技术、人才等方面的系统化协同创新，实现传统媒体特色化融媒体服务平台建设的整体突围。

1. 特色化内容建设环节的协同创新是根本

要将传统媒体创办的手机新闻客户端打造为自主可控的特色化新闻资讯服务平台，特色化内容建设环节的协同创新是其落地化操作的根本。

其一，在手机新闻客户端首页显著位置设置具有影响力的特色主流新闻栏目，以体现传统媒体手机新闻客户端产品的对外品格和舆论影响力、引导力，是特色内容栏目和平台建设协同创新的“龙头”环节。作为负责任的主流媒体，应在议程设定上秉持公共引导力、影响力的价值追求。因此，传统媒体在手机新闻客户端中不能淡化其媒体属性，而应帮助用户在海量信息中做出正确判断，培养用户对事实的基本判断能力，引导其树立正确的价值观。传统媒体新闻客户端在转型升级过程中，无论形式如何变化、如何升级，最终的核心仍在于内容的传播。内容能否被传播出去，传播出去的内容能否产生好的社会影响，能

否正确地引导舆论，才是最为重要的，这也是传统媒体客户端创新升级的出发点和落脚点。因此，传统媒体客户端应规避由于形式改变可能带来的内容质量低下的问题。在传统媒体新闻客户端建设中，越是在多元化的舆论环境，多元化的传播方式下，越需要一批有趣味、有格调、有意义的文化优秀作品作为主流，这样才能掌控传播主导权，对网络舆论进行有效引导，真正做到引导民意、启发民智。① 目前，传统媒体改版后的手机新闻客户端大多在首页上方设置了能体现公共引导力、影响力的价值追求的特色主流新闻栏目，如人民日报客户端的“热点”“锐评”栏目，澎湃新闻客户端的“要闻”“时事”等栏目，界面新闻客户端的“商业”“财经”“科技”等栏目，长江云客户端的“头条”栏目，北京时间客户端的“精选”等栏目。通过专门栏目的设置，可以体现传统媒体手机新闻客户端的对外品格，也是提升传统媒体新闻客户端舆论影响力和引导力的重要保障。未来，应进一步将这些体现主流价值栏目打造为具有社会影响力的品牌栏目。

其二，在传统媒体主打特色主流新闻栏目的同时，尝试设立可供用户选择的特色化民生媒体服务栏目，以用户服务意识体现传统媒体对广大网民的传播亲和力，维系对用户的日常“黏性”，这是特色内容栏目和平台建设协同创新的另一“龙头”环节。通过实践观察不难发现，对于普通大众用户而言，长期吸引力和日常“黏性”并非源自单一的新闻资讯内容，而是“新闻+服务”的二元组合。因此，传统媒体的新闻 App 不仅要主打特色新闻栏目和原创新闻内容的影响力和引导力，还需要以用户亲和力为基点，打造能吸引用户主动参与、提供传统媒体特有服务功能的特色化民生媒体服务栏目。在国家加快全面在线政务服务一体化的当下，传统媒体尤其是地方传统媒体应充分发挥长期以来的政务资源优势，深耕服务于公众尤其是本地用户的“新闻+政务服务”特色化民生媒体服务栏目。在这方面，澎湃新闻客户端进行了持续的创新探索。如 2015 年，澎湃新闻推出问吧频道，与用户深度互动；2017 年，上线问政频道(“政府公众，有话好说”)和视频频道(“看新闻视频，就看澎湃”)，引领区县融媒体和短视频潮流；2018 年，推出湃客平台，面向全球专业创作者，锁定更多优秀内容源；2019 年 7 月 16 日，推出 7.0.0 版本，将此前分散的问吧频道、问政频道、湃客平台，改造为具有社交聚合属性的“澎友圈”和具有精选 UGC 内容聚合属性的“澎湃号”，通过简化设置，聚合具有时政知识与思想的社交化政务服务功能，以及具体的问答社区、“跟踪”功能、社区积分机制，逐步探索了一条“新闻+政务社交服务”的特色化民生媒体服务栏目发展之路，未来其服务功能和效果还需要进一步优化。近年来，人民日报客户端也在加强对用户的政务服务功能，开设移动政务服务厅及独家网络问政平台。长江云客户端自创立伊始，就致力于打造“新闻+政务+服务”的湖北省移动政务服务媒体平台，2019 年新版本进一步强化了这一特色，在首页下方专门推出了聚合类公共“服务”栏目，如“鄂汇办”(市场监管、公积金、法律服务、政务综合)和交通出行、气象环保、充值缴费、文化生活。其中，以交通出行、充值缴费、公积金、气象服务较为实用；新版本推出了“长江号”，将传统媒体、政务部门和原创自媒体的优质内容

---

① 曾祥敏、翁旭东：《突破边界 重组要素——媒体融合进程中的内容创新》，《中国电视》2017 年第 12 期，第 75-79、1 页。

公众号邀请入驻，热门分类项目主要有“同城”“部门入驻”“政法”“媒体”，成为集“新闻+政务+服务”于一体的精选 UGC 自媒体平台，既丰富了客户端的内容信源，又强化了用户与区域内公共政务服务自媒体号的直接对接。与此同时，还推出了政务服务的“热线”功能，设置“我要报料”“强力督办”，在一定程度上起到了吸引用户日常关注的作用，也有助于提高传统主流媒体在移动互联网时代的网民亲和力，强化用户的日常“黏度”。站在用户的视角，目前，在交通出行、寻医问药、中小学学区学位、城市规划、智慧城市等关系本地网民切身利益的公共行政和事业领域，用户与各级行政事业职能管理部门之间存在着信息不对称，迫切需要客户端发挥长期以来积累的政务资源优势，以“新闻+政务+服务”相结合的理念，用项目化运作方式，着力打造亲民的特色化民生媒体服务栏目。

其三，各特色栏目的内容生产与分发模式，因其栏目性质而有所差异。传统媒体手机新闻客户端首页上方显著位置的有影响力的特色主流新闻栏目和下方有亲和力的特色内容栏目，最终需要具体的内容生产与分发模式的创新，才能落到实处。这是特色内容栏目和平台建设协同创新的“腰部”环节。对于具有影响力的特色主流新闻栏目，其内容生产方式以 PGC 为主。传统媒体集团可以集中特色采编团队，成立专门化内容生产团队，倾力打造这些栏目。对于重大和突发的新闻事件和话题，传统媒体的优势不是时效性，而是对新闻事件和话题产生的原因作理性剖析、深度调查以及对未来趋势作预测。传统媒体应引入正向的激励机制，加强特色采编团队的自我孵化和壮大，强化原创类特色主流新闻内容的持续生产能力，努力将特色主流新闻栏目打造为真正具有社会影响力和舆论引导力的品牌栏目。例如，澎湃新闻客户端的“要闻”“时事”栏目已在广大用户群体中建立了不俗的社会和市场影响力，取得了较好的传播口碑，成功转型为移动互联网时代社会公认的新型主流媒体。对于本地特色化民生媒体服务栏目，可采用 PUGC 的内容生产方式。如长江云客户端推出的“长江号”栏目，就专门成立了“长江号”项目运营团队，邀请本地各级政务职能服务部门和原创自媒体以及传统媒体自身的优质内容公众号积极入驻。该栏目的热门分类项目主要包括同城、部门入驻、政法、媒体，成为集“新闻+政务+服务”于一体的精选 UGC 自媒体平台，既丰富了客户端的内容信源，又强化了用户与区域内公共政务服务自媒体号的直接对接。为了提升“长江号”栏目的活跃度，项目运营团队定期推出“人气榜单”，其中“武汉汉交警”、“长江云 TV”和“帮女郎”成为第 50 期人气“前三甲”。对于各地网民普遍关注的本地交通出行、寻医问药、中小学学区学位、城市规划、智慧城市等公共民生领域，可以分别采取细分项目化的平台化团队操作方式。一方面，为本地用户提供权威的公共政策和法律法规的信息解读；另一方面，构建在线互动社区讨论吧，在相关公共政务服务部门与市民之间搭建一座及时互动沟通的桥梁。此外，与本地相关的经济、城市文化建设、名优特产等信息，也可逐步纳入公共民生媒体服务栏目，力争使传统媒体手机新闻客户端成为本地手机网民不可或缺的聚合类政务服务“掌中宝”。

其四，需要创新内容呈现与传播服务模式。特色化优质内容生产模式的创新仅仅是特色化融媒体互联网用户服务平台建设的一部分，剩余的部分包括完善内容呈现与服务的闭环。手机新闻客户端由于新闻资讯这个最重要的属性，主要提供有关新闻资讯的浅层信息呈现和深度内容推荐。浅层信息呈现，主要是基于快节奏工作生活方式下用户使用手机新闻客户端时产生的客观需求，包括短视频、直播、视频等直观化、感观化的内容呈现方式。但内容呈现方式的浅层化，并不意味着推荐的核心内容是浅层的，而是要“深入浅出”。同时，手机新闻客户端是一个新闻属性强于社交属性的产品，社交属性既不能太强也不可没有。一定的社交属性有助于增强用户黏性，在突发事件发生时，用户也能成为新闻源。① 这对于当下传统媒体尤其是传统纸媒记者都提出了更高的现实要求。在传播服务方面，应改变以往内容分发是内容生产和传播的“终点”的经营理念，以首次内容分发为“起点”，利用大数据、云计算进一步挖掘用户的个性化与多元化诉求，持续迭代内容生产，实现对用户持续性的深度内容服务，培育特色媒体平台用户黏性。② 这是传统媒体内容建设与深度运营的重要发展方向。只要坚持培育特色并自成体系，就会形成用户的特色品牌记忆和无形的口碑传播，就有机会逐步转型成为传统媒体自主可控的特色化新闻资讯与服务平台，产生用户规模效应和用户黏性，产生更强的变现能力，走上一条可持续的发展道路。

2. 总体管理体制机制战略创新是“龙头”

传统媒体实行事企合一的半行政半市场化运作，体制机制不够灵活，资本、技术、内容生产、经营管理、人才配给等全都被限制在体制内，资源分配不均等体制机制问题成为媒体深度融合的主要瓶颈，为此传统媒体特色化平台型手机新闻客户端的建设，需要创新战略性的总体管理体制机制，实行传统媒体与新兴媒体一体化深度融合发展的总体战略，在体制上实行两分开的专业化分工管理，即党委统一领导下的管理体制。具体体制如下：

其一，“内容建设”与“经营”环节，通过内部组织机构设置的专业分工，分别以事业管理体制与企业化体制加以具体落实。其中，“内容建设”部分，可专门设立独立的新媒体内容生产团队或新媒体内容采编发组织部门，划归事业舆论导向管理，以筑起对新媒体内容不良社会生态的“防火墙”机制；而特色化平台型 App 的产品功能设置、技术平台、市场化商业运营、商业变现环节等新媒体经营管理环节，可以从特色化内容建设环节中分离出来，通过传统媒体旗下的新媒体公司或集团公司以市场化的方式运作，如澎湃新闻对外运营的市场化主体，就是上海东方报业有限公司。

其二，“内容建设”与“经营”环节需要置于传统媒体旗下新媒体集团党委的统一领导下。任何一方的“短板”都将对传统媒体的新媒体转型产生重大的影响。以经营反哺内容建设，生产优质、丰富而即时的内容，成为以内容为立足之本的传统媒体新闻客户端的根本，也是支撑经营环节的核心。在专业分工基础之上加强沟通和协作，这种体制机制既可以增强效率，又可以保障内容建设的独立运作，保持内容建设的相对独立性。人民日报客户端、澎湃新闻、界面新闻、长江云等几款有较强影响力的传统媒体手机新闻客户端，都采用了这样的运作新机制。如同宋建武教授所指出的，这实际上是一种“一体化发展”框

① 李燕：《新闻客户端应向微博和微信学习什么？》，https://www.prnasia.com/blog/archives/6135，2013-07-11。

② 刘友芝、张晓敏：《新时代媒体深度融合战略路径的创新突破——从“以老推新”到“强新拉老”》，《编辑之友》2020 年第 1 期，第 19-24 页。

架下实现“个性化转型”的“增量改革”，传统媒体集团需要对新媒体项目公司实行混合所有制结构。①

3. 科技创新，赋能特色化融媒体平台“智媒体”升级

传统媒体创办的手机新闻客户端，要想打造成为一个受用户青睐的自主可控的特色化融媒体平台，必须拥有一个自主可控的技术平台，无论是通过引进技术人才自建技术平台，还是与技术服务商合作搭建技术平台，这都是新型主流媒体必须补齐的短板。② 从实践观察来看，国家级和省级直辖市传统媒体在打造特色化融媒体平台的初期，一般致力于打造具有技术基础设施性质的自主可控的云技术安全平台。这样的平台不仅可以保障自身手机客户端各项产品功能的日常顺利运行，尤其是受市场青睐的热点栏目或特色栏目没有卡顿、闪退的技术bug现象出现，而且从长远来看，可以确保手机客户端的后台数据安全可控。县级手机新闻客户端由于资金、技术和用户规模、业务量的限制，可以不设立独立的自主可控的云技术平台，但可以融入到省级直辖市特色化融媒体打造的自主可控云技术平台之中，从而形成全省范围内的县级融媒体云技术聚合平台。在这方面湖北长江云客户端走到了全国前列：2014年创立时，就以当时先进的云计算、大数据技术打造了全省范围内的“新闻+政务+服务”的自主可控云技术安全平台，然后，将这一云技术安全平台的服务范围逐步推广到全省地县级传统媒体的融媒体中心。全省党政部门单位的融媒体中心，至2018年，在长江云技术安全平台上，不仅在湖北省上线了120个“云上”系列客户端，还汇聚政务“两微”账号3985个，入驻党政部门单位2220家，接通民生服务58类152项，全平台现有用户8600多万，③ 成为全国县级融媒体中心建设的“领跑者”。长江云新闻客户端打造的云技术安全平台的社会聚合效应和经济聚合效应，已取得显著成效。

云技术安全平台逐步完善之后，各级传统媒体打造的技术平台的功能主要是服务于特色化融媒体平台的内容建设和市场运营核心业务的拓展。对此，可以分别组建支持特色化融媒体平台的内容建设和市场运营的专门化技术支持团队。在内容建设方面，一方面根据用户对内容展示形态的偏好及其变化，技术团队可以为专门的核心内容生产团队提供内容展示形态转换的技术支持，从H5到短视频、直播以及VA/AR技术的支持；另一方面为各个内容生产团队建立专门的内容数据库并提供技术支持。大市场运营方面，提供用户画像数据库技术支持，一方面为核心内容生产提供前期数据参考，另一方面为内容的智能分发提供重要依据。在这方面，澎湃新闻客户端走到了全国传统媒体融媒体智能化业务转型的前列，推出了融媒体全面解决方案“澎π系统”(3大功能，6大模块)，打造“澎湃算

① 宋建武、陈璐颖：《建设区域性生态级媒体平台——打造新型主流媒体的路径探索》，《新闻与写作》2016年第1期，第4-12页。

② 宋建武、陈璐颖：《建设区域性生态级媒体平台——打造新型主流媒体的路径探索》，《新闻与写作》2016年第1期，第4-12页。

③ 刘欣：《解密长江云：这是一次凤凰涅槃式的自我革命》，https://www.sohu.com/a/337656583_613537,2019-08-30。

法”。该系统实现了线索收集、内容审核管理发布、用户管理、智能分发、广告发布支持、舆情分析、后期数据监测等新媒体全流程需求。区别于市面上常见的智能分发推荐逻辑，澎湃算法在研发和进化过程中，将资深编辑、记者的思维和逻辑转化为了计算机算法，整合到澎 π 系统的运用中。澎湃算法不仅能满足用户个性化的阅读偏好，更重要的是澎湃推荐的信息来自不同维度，因此能呈现该社会事件的全貌。① 2019 年《人民日报》在其新出版的手机客户端，也推出了具有自主可控的“主流算法”技术平台，通过质量把控、智能分发和传播反馈三个重要步骤，用主流价值导向驾驭“算法”，全面提高舆论引导能力。与此同时，随着 5G、AI 等高新技术的不断成熟，我国传统主流媒体将加速实现“融媒体”向“智媒体”的转变，2019 年 2 月，央视新闻推出了“VR 频道”。进入 2020 年，部分传统媒体新闻客户端已开启了更进一步的更新迭代，逐步走向智能化。2020 年 1 月，封面传媒召开了“智云”3.0 品牌发布会，宣布“智媒云”完成新一轮迭代，以数据和业务双中台为引擎，是基于智媒体的全系统解决方案，由智能技术、智慧内容、智库运营三大矩阵构成，将进一步通过数据驱动、算法重构，为媒体在视频传播、社群营销等领域强力赋能。

4. 体制机制创新：外生型的资本“输血”机制创新

由于互联网免费经营模式在我国成为主流方式，传统媒体要想成功打造一款特色化智能化融媒体平台型手机新闻客户端，是需要强大资本支撑的，尤其在我国大部分传统媒体广告收入欠佳、自身财力有限的现实情形下，争取外部渠道的资本股权合作式融资机制的创新，相当于是打通当下传统媒体特色化智能化融媒体平台的外部“输血”管道。因为在特色化智能化平台型 App 创新升级过程中，特色内容平台的建设、自主可控的基础云技术平台和关键媒介融合技术的技术打造，用户市场运营的高昂成本，各创新环节人才队伍的引进、培养与激励、内容免费后端变现的现有主流商业模式滞后性，管理体制机制的创新，所有这些创新环节的最终落地，都离不开背后强大资本的中长期支持。传统媒体原有的财政支持体系和银行信贷体系，都难以解决传统媒体特色化手机新闻客户端平台建设的现实需求，探寻传统媒体移动互联网转型融合与外部资本市场对接的媒介融合资本运营体系，成为破解现实难题的关键所在。

创新资本有效融资的途径有两个：一是对于体制内的互联网特色平台型媒体项目，如媒体技改项目、媒体智库服务、公益服务、便民政务服务等项目，争取一部分财政补贴或贴息贷款以及国家文化产业基金项目支持；二是手机新闻客户端市场化业务有一定基础的传统媒体，在转型打造特色化融媒体服务平台建设中，可以尝试探索市场化的大额资本融资途径。鉴于我国国有传统媒体的特殊性，需要首先进行体制机制创新，设立外部资本与内容建设的“防火墙”机制，将传统媒体经营性资产和经营性环节从内容建设环节中剥离出来，创立由传媒集团党委领导下的可对外独立市场化运作的特色化互联网融媒体服务公司，在确保国有控股的前提下，对接资本市场，吸引与传统媒体的融媒体业务有一定互补

① 《澎湃新闻研发系统正式发布，新媒体运行全套解决方案应运而生》，https://www.thepaper.cn/newsDetail_forward_2303931,2018-07-30。

性和相关性(互联网技术、广告和电商业务)，具有较强经济实力的互联网战略性行业资本加盟合作，并且带动一些民间文化与科技类创业资本的跟投，这将是我国现行传媒管理政策环境下传统媒体可以尝试探索的一条必要且高效的市场化资本融资道路。2016 年 12 月 28 日，澎湃新闻正式引入国资的战略入股，六家国有独资或全资企业对澎湃新闻网运营主体——上海东方报业有限公司增资 6.1 亿元，① 是以引入外部的国有战略投资资本大力支持传统媒体特色化手机新闻客户端建设的典范，也是外部资本与内容建设的“防火墙”创新体制机制下市场化大额资本融资的典型范例。

当然，传统媒体与外部资本的良性合作，主要建立在双方战略发展目标的一致性和合作理性基础之上。鉴于我国传媒严格的宏观管理机制和复杂的微观运行机制，为了保障双方中长期的资本合作，传统媒体对于外部资本一方的选择，不仅要看资本实力，更要看其外部资本性质与国有传媒文化特质的匹配度。因此，国有传媒外部资本合作对象的选择顺序，往往是与传统媒体战略发展目标一致的具有中长期投资眼光和耐心的外部资本，一般依次是大型国有传媒公司或其上市公司、与文化传媒业相关的大型国有企业或上市公司、与传媒业相关的战略性中长期投资的民营资本(如大型互联网公司)。而外部资本在选择合作的传统媒体时也不是盲目的，往往选择已具有一定市场潜力的特色化产品孵化项目的顶层发展战略和相应的执行团队，以及内容建设与技术经营性公司两分工的体制机制基础。传媒与外部资本合作的过程与程序，相对于传媒业以外的其他行业，也要复杂些，涉及资本合作项目的谈判过程、具体合作过程中的内容建设与经营两分开的专业分工与协作、外部资本退出的主要渠道与方式等。传统媒体手机新闻客户端特色项目建设过程中的大型资本合作项目，在关键合作节点上，适度发挥当地政府“牵线搭桥”的作用，在一定程度上减少资本合作各方因信息不对称而产生的合作“顾虑”，促进资本合作各方的信用增信。如澎湃新闻引入国资战略入股澎湃新闻产品的对外市场运营主体——上海东方报业有限公司，离不开上海市委市政府的关心和支持。

5. 商业变现模式创新：关键的内生型现金流“造血”机制

“输血”式市场化外部资本融资机制创新，往往有着较高的现实“门槛”和较复杂的资本合作过程，以及合作过程中可能产生的文化冲突与具体利益“摩擦”。大部分传统媒体在短期内缺乏外部资本融资相应的现实条件和基础，以及对可能出现的合作风险的深度思虑。因此，目前只有少数传统媒体实际尝试探索，大部分传统媒体还是希望依靠内生型的商业变现模式创新，找到关键的内生型现金流“造血”机制。针对前述三种商业模式的现实突围困难现象，传统媒体对于手机新闻客户端，可努力探索新的现实可行商业模式。一是针对 B 端机构用户，寻求体制内的“造血”盈利模式，一批先行开展媒体融合探索的传统媒体为重要政府部门及文化媒体单位提供网站建设、融媒体中心建设等技术增值服务、网络舆情监测服务以及其他政府购买服务(如形象宣传、制作新闻产品、策划活动、电子政务服务等)，这是相当一部分传统媒体先行探索者当下的主要商业盈利模式。二是运用

① 《〈东方早报〉完成转型澎湃新闻引进国有战略投资者》，http://www.xinhuanet.com/politics/2016-12/28/c_129423925.html，2016-12-28。

AI技术，发挥传统媒体多年积累的公共政务资源优势和传统媒体权威性的信用背书，以“技术+新闻+政务+服务”的融媒体公共政务服务思路，打造省地县级智慧城市的综合服务盈利平台(本地化政务在线广告服务平台和电商服务平台)，以“技术+新闻+政务+服务”的融媒体公共民生服务思路，将业务延伸至C端用户，打造教育、养老、健康、慈善、收藏等个性化服务场景，从而聚合一批忠实用户。三是拓展互联网媒体服务平台的线上线下多元产业服务的纵向价值链条，创新原生内容广告、承办活动、舆情监测服务、本地化的特色内容电商和物流等多元化产业服务的商业变现模式，[①] 通过多元化产业服务途径，共同促进特色互联网媒体与服务平台的整体盈利，甚至可实现对媒体内容主业的反哺，支持互联网媒体平台的主业发展，但从长期可持续发展来看，传统媒体要在融合中打造自身“造血”功能，实现影响力变现，成为兼具影响能力与盈利能力的双赢平台；[②] 四是拓展特色化平台的内容付费(新闻付费)，是一些具有专业媒体品牌背景的特色化App可探索的主要商业模式，如财新App是我国这一模式的典型代表，但鉴于目前付费读者群规模，尚不能替代内容完全免费下的传统主流广告营收模式，财新App在强化原创优质内容建设的同时，需要细化更符合用户付费心理需求的“软性付费墙”机制，以拓展更精准服务的付费读者群体，实现以原创深度优质内容更好地服务于付费读者之间的良性循环。

6. 充足财力支持下的各类优秀人才招募与激励机制创新

技术、内容和人才是互联网与传统媒体连接的具体通道，是打造特色化智能化融媒体平台的落地化战略发展要素。由于缺乏技术人才，传统媒体的新媒体创新项目大多依靠技术外包，难以保障项目伴随技术发展潮流和用户需求而持续更迭。基于大数据的用户画像能力、内容生产能力和个性化推荐能力受到限制，数据新闻、机器新闻、传感器新闻等智能化内容生产技术的发展也较为缓慢，影响了内容生产、分发的成效，缺失传统媒体原创版权的保护等方面的技术人才，也影响了传统媒体的内容建设的投入产出成效。打造自主可控的特色化新闻资讯服务平台，对于内容建设提出了更高的要求，需要大量优质原创内容生产人才和复合型内容产品运营人才，以团队专业分工与协作的现代性内容生产方式，满足用户对内容“深入浅出”的传播性诉求。与此同时，当下传统媒体商业模式变现困难，造成内容生产人员待遇不涨甚至下滑，党报的总体情况稳定，但吸引力显著下降；都市报、电视人才流失严重。此外，传统媒体中精通新媒体市场运营、人力资源管理、财务管理等方面的人才也普遍缺乏，再加上具有复合型新媒体集团领导力的人才稀缺，导致传统媒体的新媒体项目缺乏互联网市场化运作能力，原创内容的用户流量大多转移到大型互联网商业新媒体平台上，难以产生平台级、现象级的新媒体产品。当务之急是要以总体体制机制、资本融资“输血”、商业模式“造血”等综合战略经营机制的协同创新，努力共同打造留住和吸引优质人才的激励机制，如内容人才、技术人才、复合型互联网产品运营人才。2019年3月17日，人民网股权激励计划正式出炉，259人获股权激励，占员工总数

---

① 刘友芝、张晓敏：《新时代媒体深度融合战略路径的创新突破——从“以老推新”到“强新拉老”》，《编辑之友》2020年第1期，第19-24页。

② 毛玉西：《打造新型主流媒体：实践、认知与路径》，《青年记者》2018年第22期，第47-48页。

的 9.11%，包括总网中层管理人员，地方公司、海外公司、子公司核心管理人员和核心骨干员工，以及对公司经营业绩和持续发展有直接影响的关键内容、技术、经营、管理支持等骨干员工，并适当向采编和技术人员倾斜，以实际行动践行了留住优秀人才的激励示范机制。①

① 《人民网 259 人获股权激励，主流媒体如何留人?》，https://www.zgsyb.com/news.html? aid = 546111,2020-03-24。

第六章
直播电商市场的运营

第一节　直播电商市场的兴起与发展历程

2016 年以来，随着 4G 技术及移动端的普及，蘑菇街正式上线直播，中国直播电商由此起航。几年的高速发展历程中，经历了萌芽期、起步期、成长期、爆发期四个阶段。

在萌芽期，自 2016 年年初起，电商平台开启“直播+内容+电商”模式，旨在降低拉新成本，增强用户黏性。蘑菇街、淘宝、京东等平台先后上线直播购物功能。

在起步期，多元化是一个重要的特征，主播身份多元化，直播的主力军从荧幕上的明星、网络红人，逐渐拓展到生活中的“素人”；直播品类多元化，穿搭、美食、美妆类商品应有尽有；行业角色多元化，专业的 MCN 机构应运而生，其通过整合资源，发挥内容创意集群效应，提升了主播的市场价值。

在成长期，社交内容平台纷纷入局，直播成为流量变现的新窗口。作为短视频社交平台，抖音和快手吸聚的粉丝流量成为直播电商变现的肥沃土壤。2018 年，抖音和快手各自在试水之后，分别上线了直播店铺入口，正式进军直播电商市场。

2019 年，我国直播电商行业开始腾飞，进入“万物皆可播”的发展元年。2020 年初，新冠疫情下的“宅经济”，给了直播电商一个“乘胜追击”的发展机会。我国疫情防控取得重大成果后，在随之而来的“618”“双十一”等购物狂欢节中，直播电商均表现不俗。在资金、政策、市场等多重红利加持下，直播渐趋成为我国电商行业的“标配”。然而，在 2020 年直播电商行业高速发展的背后，痛点也逐渐浮出水面，商品质量、数据真实性等问题层出不穷。未来何去何从？如何进一步持续健康发展？为此，我们拟进行较为全面系统深入的分析与研究。

第二节　直播电商市场爆发的运营状况与特征

一、直播电商市场爆发的现实背景与现状

1. 疫情之下直播电商的二次爆发

2020 年年初，新冠疫情突如其来，商家线下经营成为现实难题。而直播电商以低成本、高转化率等特有的优势备受商家青睐，在其 2019 年爆发式发展基础上，获得了持续向好的发展契机，成为 2020 年我国发展较为迅猛的互联网应用之一。2020 年 3 月 21 日，淘宝直播开启首个“直播购物节”，1 万个线下门店集体开播。超过 50%的天猫商家进行直

播卖货，启动门店直播的商家多了5倍，做直播的导购多了10倍，并以每周翻倍的速度持续壮大。当月淘宝站内直播场次175万，环比增长17倍。① 2020年上半年国内电商直播次数超1000万，日均直播近150万场，观看次数高达500亿，上半年活跃的主播数量多达40万，观看人次累计超过500亿。②

2020年上半年疫情之下直播电商的二次爆发，得益于三个方面因素的"合力共振"：在政府层面，直播电商发挥了激发消费潜力的强大作用，成为各级政府拉动经济增长、促进国内国际"双循环"的新增长点；在企业层面，各大互联网公司的涌入促使直播电商发展壮大，短时期内人力、财力、渠道等资源迅速汇集，奠定了上半年直播电商迸发活力的基础；在用户层面，电商直播激发了新冠疫情期间用户的线上购物需求，并与抗疫救灾、助农脱贫等目标相结合，增强了用户购物过程中的获得感。③

2. "双十一"等购物狂欢节，为直播电商进一步"添柴加火"

淘宝凭借多年电商领域的经验积累，已成为直播电商行业的"领头羊"，从直播渗透率④这一关键指标来看，2019年1月到2020年11月10日，关键词"淘宝直播"的搜索指数整体同比上升近30%，咨询指数环比上升300%。⑤ 淘宝直播在2020年"双十一"期间，再次迎来规模性的爆发。如图6.1所示。

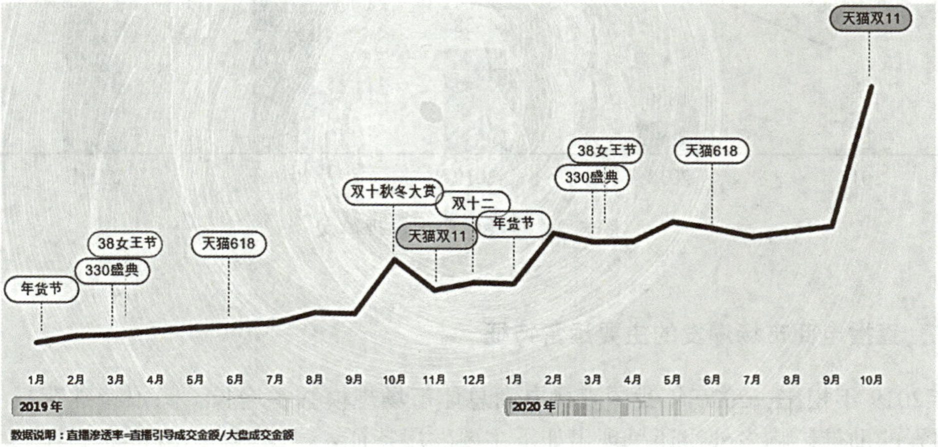

图6.1　2019年1月—2020年10月淘宝直播渗透率月度趋势⑥

① 《疫情加速商业数字化，直播和到家成趋势》，https://caifuhao.eastmoney.com/news/20200410165412526702780，2020-04-10。

② 中国互联网络信息中心：《第46次〈中国互联网络发展状况统计报告〉》，https://www.cnnic.cn/n4/2022/0401/c88-1124.html，2020-09-29。

③ 中国互联网络信息中心：《第46次〈中国互联网络发展状况统计报告〉》，https://www.cnnic.cn/n4/2022/0401/c88-1124.html，2020-09-29。

④ 直播渗透率=直播引导成交金额÷大盘成交金额。

⑤ 《2020"天猫双11"淘宝直播商家数据报告：新渠道、新品牌，新趋势》，https://blog.csdn.net/m0_52274166/article/details/110090142，2020-11-24。

⑥ 《2020"天猫双11"淘宝直播商家数据报告：新渠道、新品牌，新趋势》，https://blog.csdn.net/m0_52274166/article/details/110090142，2020-11-24。

从整体来看，进入2020年下半年，我国直播电商行业收获的关注度不断攀升，同时其市场规模也在持续扩大。截至2020年12月，电商直播用户规模达3.88亿，占直播用户规模的62.9%，占网购用户规模的49.6%。① 根据商务部2020年12月发布的监测数据，2020年1—11月我国电商直播场次突破2000万②，这主要得益于“双十一”等购物狂欢节进一步的“添柴加火”。2020年天猫“双十一”活动期间，淘宝直播继续保持了高速增长，将近3亿用户涌入直播间，相较于2019年200亿元淘宝直播GMV，同比翻了一番以上③。

3. 直播电商，万亿市场蓄势待发

艾媒咨询数据显示，2017—2019年，直播电商市场规模一直保持较高水平增长，每年同比增速均超过200%。至2020年年底，中国直播电商市场规模达9610亿元；2021年，该行业营收将突破万亿元关口④。如图6.2所示。

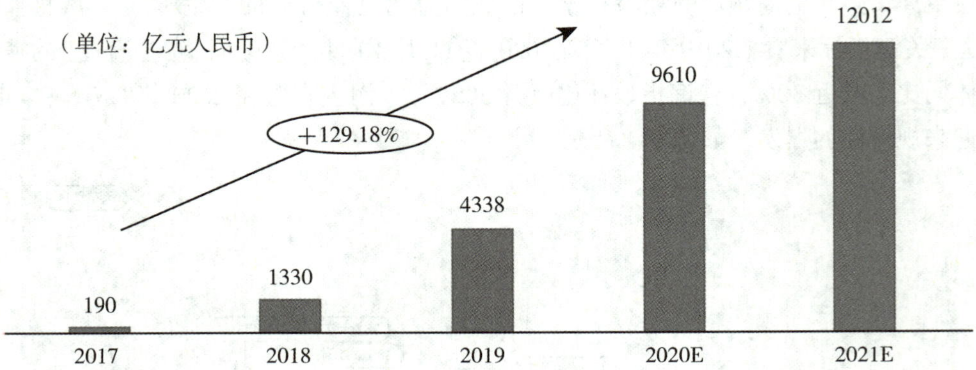

图6.2 直播电商市场规模⑤

二、直播电商市场爆发的主要运营特征

与2019年相比，2020年我国直播电商总体市场规模翻番增长，除了特殊背景下各种叠加因素的助推影响之外，还呈现出如下主要发展特征：

1. 布局直播电商业务的平台更加多样化，流量头部化与私域化趋势并存

2020年我国布局直播电商业务的平台和路径更为多样化，主要分为三大类。第一类是传统电商平台开辟直播区域，典型代表如淘宝、京东、拼多多、苏宁等。此类平台具有

① 中国互联网络信息中心：《第47次〈中国互联网络发展状况统计报告〉》，https://www.cnnic.cn/n4/2022/0401/c88-1125.html,2021-02-03。

② 《商务部：今年1至11月电商直播超2000万场》，https://www.thepaper.cn/newsDetail_forward_10555938,2020-12-27。

③ 《2020“天猫双11”淘宝直播商家数据报告：新渠道、新品牌，新趋势》，https://blog.csdn.net/m0_52274166/article/details/110090142,2020-11-24。

④ 《2020年中国直播电商行业研究报告》，https://m.thepaper.cn/baijiahao_10335650,2020-12-10。

⑤ 《2020年中国直播电商行业研究报告》，https://m.thepaper.cn/baijiahao_10335650,2020-12-10。

丰富的货品和商家资源、成型的电商服务和消费者权益保护体系，以及平台治理规则优势，其主要路径是以平台主打电商功能为基础，自行搭建直播功能和业务板块，为平台上的商家提供直播工具类的销售运营销售服务。第二类是内容创作型新型社交平台新增电商业务，典型代表如快手、抖音、斗鱼、小红书、B 站等。此类平台的优势是内容达人资源丰富，自带充沛的粉丝流量资源，其主要路径是以平台上丰富的达人资源优势和粉丝流量资源为基础，直接转型拓展垂直类的直播电商业务。第三类是传统大众类社交平台新增电商业务，典型代表如新浪微博、微信公众号、微信小程序等社交类平台。此类平台具有很强的大众类社交资源优势，大众社交用户覆盖面广，能够根据各大商家的商品营销需求，利用社交算法，快速调动与之相符的私域社交流量，其主要路径是以大众社交流量，为各类商家拓展基于细分领域的私域社交流量的垂直类直播电商业务，即将平台自身聚合的大众类社交流量，转化为平台下不同类型商家的私域流量商业价值。总体来看，这三类平台拓展直播电商业务的路径，主要是充分发挥自身平台的优势和资源，嫁接新的直播功能或电商业务。如图 6.3 所示。

图 6.3　2020 年中国布局直播电商业务的平台类型①

当前，直播电商业务平台呈现流量头部化与私域化趋势并存的特点。一方面，平台头部化现象突出。中国消费者协会发布的调查数据显示，使用淘宝直播的消费者占比 68.5%，经常使用淘宝直播的消费者占比 46.3%，处于绝对领先优势；其次为抖音直播和快手直播，用户占比分别是 57.8%和 41.0%，经常使用的忠实用户占比分别是 21.2%和 15.3%。② 另一方面，流量私域化是 2020 年直播电商平台发展的新方向。微盟数据表明，

① 《〈迈向万亿市场的直播电商〉报告：价值驱动，迈进“万亿时代”》，http://www.aliresearch.com/ch/information/informationdetails? articleCode = 124024843019620352&type = % E6% 96% B0% E9% 97% BB，2020-10-12。

② 《中消协：〈直播电商购物消费者满意度在线调查报告〉》，https://m.thepaper.cn/baijiahao_6799987，2020-04-02。

2020 年上半年微盟直播小程序平台开播商户数增长迅猛，截至 2020 年 6 月，小程序开播商户数较 1 月增长 183%，商家月均直播 4.2 次，开播场次增长超 20 倍，同时小程序直播交易笔数增长 260 倍，展现了出色的带货能力。①

微信小程序作为一个新的入局者，其迅猛发展的背后体现出的是商家对私域流量价值的重视。在直播过程中，直播互动和商品销售相互作用，商家通过引导用户关注店铺、成为会员或加入商家社群等途径，商家将流量都沉淀在自有小程序以及公众号、社群之中，之后再进行精准触达和营销，从而完成其“蓄量—沉淀—转化—裂变”的营销闭环，实现私域流量的建构和变现。如图 6.4 所示：

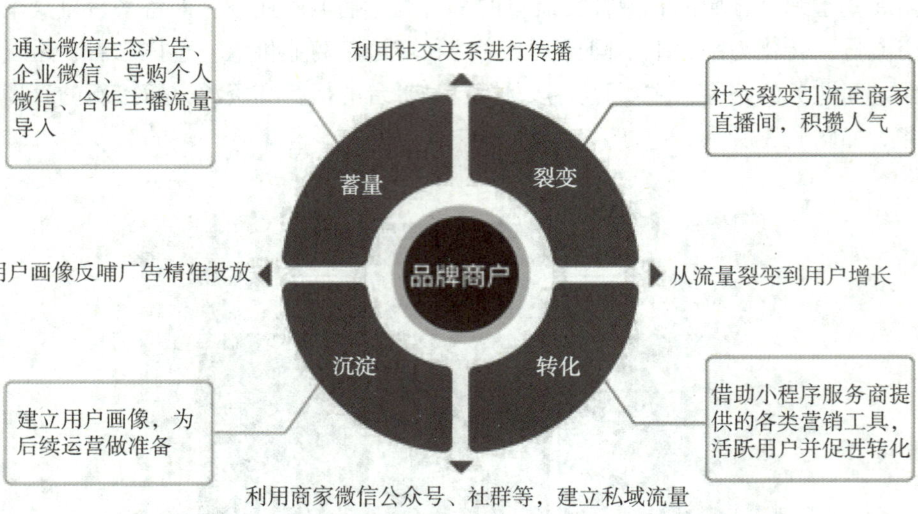

图 6.4 私域直播赋能商家营销闭环②

2. 主播类型更为多元化，商家自播逐渐常态化

直播电商的蓬勃发展，离不开“人、货、场”的核心——“人”的带动。2020 年各类直播平台的主播类型更为多元化，可分为四大类型：第一类是达人主播，如李佳琦等粉丝量多、带货能力强的头部网红主播，同时还有各大平台和机构加速培育的中腰部网红主播；第二类是名人主播，包括自带话题和流量的明星与名人；第三类是虚拟主播，如洛天依、乐正绫、初音未来等受“Z 世代”喜爱的虚拟偶像，这类主播在吸引“二次元”用户、突破用户圈层限制等方面发挥着重要作用；第四类是商家自播，商家自建直播团队对选品进行介绍，商场和门店的导购——“柜哥”“柜姐”成为“素人”导购的主力成员。

① 虎嗅、微盟研究院：《2020 年直播电商报告》，https://www.sohu.com/a/433302203_665157，2020-11-19。

② 虎嗅、微盟研究院：《2020 年直播电商报告》，https://www.sohu.com/a/433302203_665157，2020-11-19。

在主播类型多元化的特征之外，商家自播逐渐常态化。随着直播头部主播马太效应的显现，商家的直播成本上升，部分商家尤其是品牌商家，开始探索商家店铺的自播方式：商家启用店员或自有主播进行自播，培养更多的中小主播和品牌导购，从而缓解主播市场的两极化趋势。自播模式下，消费者和商家实现"各取所需"，一方面，消费者可以从商家节省下的红人主播成本中获得价格优惠；另一方面，商家则能在自播过程中激活导购员的价值，此时的主播不再是短期合作的第三方，而转变为归商家所有的一种可循环和持续使用的生产要素。淘宝数据显示：2020 年"6・18"购物节，在淘宝开直播的商家数量同比增长 160%，商家自播占天猫直播总场次的比例超 90%；不仅如此，淘宝 15 个过亿的直播间中，有 9 个为商家自播直播间，主要为国产 3C 大品牌，如小米、华为、海尔等。① 如图 6.5 所示。

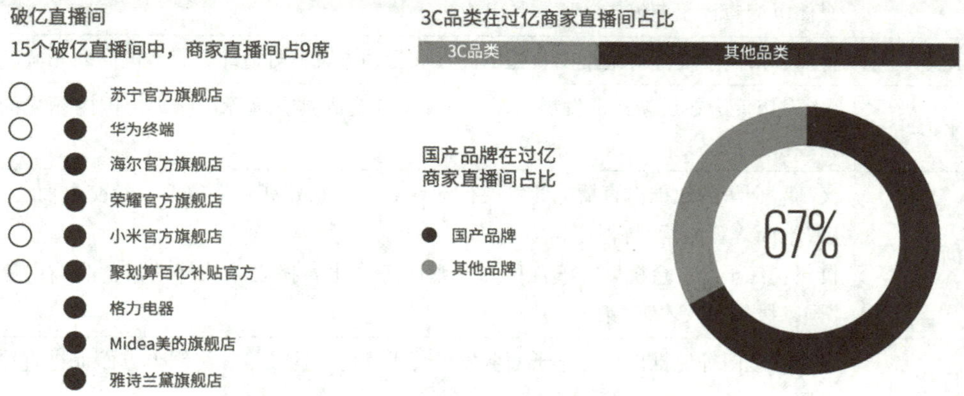

图 6.5　天猫"6・18"过亿商家的直播间情况②

3. 政府扶持+监管，双管齐下

2020 年，直播电商市场规模的迅速扩大，成为拉动经济增长的新动力，这与中央和各地方的政府扶持政策是分不开的。2 月，商务部办公厅率先提出鼓励电商企业通过直播等带动农产品销售。③ 随着直播电商在推动消费、促进就业、创造经济新增长点等方面的作用日益凸显，疫情前后多地政府将发展直播电商经济作为当推动地经济发展的题中之

① 《〈迈向万亿市场的直播电商〉报告：价值驱动，迈进"万亿时代"》，http：//www. aliresearch. com/ch/information/informationdetails？ articleCode = 124024843019620352&type =% E6% 96% B0% E9% 97% BB，2020-10-12。

② 《商务部办公厅关于进一步做好疫情防控期间农产品产销对接工作的通知》，https://www.gov.cn/xinwen/2020-02/14/content_5479000.htm，2020-02-14。

③ 《〈迈向万亿市场的直播电商〉报告：价值驱动，迈进"万亿时代"》，http：//www. aliresearch. com/ch/information/informationdetails？ articleCode = 124024843019620352&type =% E6% 96% B0% E9% 97% BB，2020-10-12。

义，积极部署战略规划并制定扶持政策，高度重视电商主播人才的培养与引进，在政府释放积极的信号中，直播电商经济发展的热潮一浪高过一浪。截至 2020 年 8 月，累计全国共有 22 地(含省、区和市)出台了直播电商扶持政策。如表 6.1 所示(选取 10 个省市)。

表 6.1 全国部分地区(含省、区和市)直播电商扶持政策①

地区	直播电商扶持政策
黑龙江	成立省青年电子商务协会，以及 MCN 青年人才培养基地，打造“直播带货”“网红经济”新高地
北京	《北京市促进新消费引领品质新生活行动方案》，推动实体商业推广直播卖货等新模式
河北	石家庄出台《新媒体电商直播示范城市行动方案(2020—2022)》，打造全国领先的新媒体电商直播示范城市
山东	青岛、济南、菏泽等地推出直播电商发展行动方案，打造北方直播电商领先城市
上海	《上海市促进在线新经济发展行动方案》，打造成具有国际影响力、国内领先的在线新经济发展高地
浙江	义乌、金华等地推出直播电商发展行动计划，鼓励开展直播电商、社交电商、“小程序”电商等智能营销新业态 杭州：江干区、余杭区、滨江区、拱墅区等推出直播人才扶持政策，明确主播可享“国家级领军人才”政策
福建	泉州、厦门等地推出扶持电子商务发展若干措施，从政策、组织等方面促进直播经济发展
广东	广州：越秀区、从化区、花都区等纷纷出台直播电商相关扶持政策，建设“直播电商之都” 深圳：制定《深圳市关于进一步激发消费活力促进消费增长的若干措施》，发展网红直播消费，推动直播电商赋能优势产业、专业市场和特色商圈
四川	《品质川货直播电商网络流量新高地行动计划》出台，打造全国知名区域直播电商网络流量中心
重庆	《重庆市加快发展直播带货行动计划》，打造直播应用之都、创新之都

随着各地扶持政策的出台，我国直播电商“遍地开花”。然而，近几年来，直播电商行业的“野蛮生长”和无序竞争，也使得行业的种种乱象浮出水面，国家有关部门相继制定与出台相关监管规章制度以整治行业乱象。2020 年 7 月 1 日，中国广告协会《网络直播营销行为规范》施行。2020 年 11 月 20 日，中国消费者协会发布“双十一”消费维权舆情分

① 阿里巴巴研究所：《迈向万亿市场的直播电商》，http://www.aliresearch.com/ch/information/informationdetails? articleCode=124024843019620352&type=%E6%96%B0%E9%97%,2020-10-12。

析报告，并直接点名汪涵、李佳琦、李雪琴在“双十一”的直播带货中存在造假或者售后难的情况。① 政府扶持与监管“两手抓”，在刺激直播电商蓬勃发展的同时，重点加强对消费者正当权益的保障，减少直播带货乱象，成为直播电商健康、持续发展的社会保障后盾。

第三节　直播电商市场持续运营的现实挑战

“万物皆可播”，这个看似带有几分夸张的形容背后，实际上却体现出直播电商的显著特征和风靡程度。然而，在其飞速发展的过程中，问题与困境也随之而来，将对直播电商市场持续运营直接或间接地构成现实挑战。总的来看，这些问题主要集中在直播带货的营销端、商家端以及直播购货的用户端三个方面。

一、直播营销端持续运营的现实挑战

在直播电商市场中的直播营销端环节，持续运营的现实挑战，主要表现为主播素质参差不齐，直播营销同质化，虚假宣传与带货不实等现实问题与困境。

直播电商的主要环节是“人—货—场”，人主要是指主播，货由商家提供，场是直播间，如商家在直播平台上开设的直播店铺。三个环节中，主播居于核心地位，其在平台直播店铺中的直播，实际上是为商家卖货充当中间的营销宣传和导购，并从商家的直播带货量中获取直播佣金收入，因此，主播素质成为直播场景营销端的核心要素。然而，从2020年主播在直播电商中的现实表现来看，存在主播素质参差不齐、直播营销内容与方式同质化、虚假营销宣传与带货不实的诸多现实困境。

1. 主播素质参差不齐，优质主播孵化困难

目前，直播电商的部分主播存在对产品缺乏了解、介绍不清晰、与经营者关系不清、私下交易等问题，② 这将使得消费者面临更大的交易风险，消费体验更是难以得到保障。第一，部分主播在带货前并未对产品进行深入了解或亲身试用，而仅仅是按照事先准备的文案进行描述，对其宣传的产品和消费者不负责。第二，部分主播缺乏专业知识，宣传语多集中在“自留”“赶快拍”“好看”“划算”等，无法对产品进行专业的介绍。第三，部分主播与经营者关系不清，主播未对自己与经营者之间的关系进行界定，消费者对于主播是经营者还是帮助经营者宣传者的认识不清晰。第四，部分主播存在引导消费者绕开平台私下交易的问题，导致消费者在支付、收货等方面存在风险，可能损害消费者权益和商家信誉度。

主播圈层的“马太效应”凸显也是当前直播营销端面临的难题之一，优质主播拥有庞

---

① 中国消费者协会：《“双 11”消费维权舆情分析报告》，http://yuqing.people.com.cn/big5/n1/2020/1123/c209043-31940194.html，2020-07-01。

② 中国消费者协会：《直播电商购物消费者满意度在线调查报告》，http://www.cca.org.cn/jmxf/detail/29533.html，2020-03-31。

大的粉丝数量和出色的带货能力，从而拥有丰富的业务资源。但优质主播的孵化又十分困难，故而形成“强者愈强，弱者愈弱”的局面。根据2020年6月直播电商主播GMV月榜数据，排在前三名的主播分别创下27亿元、19亿元和14亿元的纪录，而位列第四的“小小疯”月度GMV仅为4亿元。①

在整个电商主播行业的金字塔结构中，能够创造较高价值的头部主播数量稀少，处于金字塔的尖端。随着带货能力的降低，主播的人数逐渐增多，尾部主播在金字塔的底端沉淀下来，形成一个庞大的群体。在此情形下，优质电商主播的孵化是目前直播电商平台亟待解决的行业问题，但这并非一朝一夕能够完成的事情。电商主播通过各种直播技巧与用户进行多次深度互动，取得用户的信任，进而完成商品的销售工作，这是一件专业度要求较高的工作，需要经过长期的实践和练习。

对于直播电商行业来说，主播圈层中的“马太效应”在短时间内给整个行业带来了红利，但从长远的行业生态来看，这种“强者愈强，弱者愈弱”的态势，很有可能使行业生态走向失衡。在电商直播中，电商主播占据绝对的主导地位，无论是电商直播的质量、直播最后的转化率、平台的用户黏性，都与主播有着密切的关系。当前主播圈层中呈现出了“二八效应”：商业资源汇聚在头部主播手中，中下部尤其是底部主播鲜有人问津。然而，当资源的倾斜程度越过了某个平衡点时，主播圈层内部的竞争将愈发激烈，商家与主播的双向选择空间也会大大缩小，因而无论是身处金字塔顶端还是底端的主播，甚至是整个直播电商行业的发展都将受到限制。

2. 直播购物品类与营销方式日趋同质化

直播电商作为当下最热风口，众多平台与商家先后涌入直播赛道。然而，整体来看，各大商家的直播模式趋于同质化。首先，从直播销售品类来看，穿搭、母婴、美妆等类目备受商家关注，② 而商家和主播在某一个或几个品类蜂拥而至，必将导致直播内容的大同小异。其次，主播推荐方式同质化，直播带货兴起初期，主播在直播间为产品吆喝叫好，在一定程度上刺激了消费者的消费欲望。但经过几年的发展，部分主播对于产品的介绍依然停留在“好看”“好用”等没有针对性的形容上。最后，商家玩法同质化，商家在直播过程中，使用最多的玩法是进行特价秒杀、发放优惠券的促销优惠，以及与粉丝进行抽奖、投票等简单互动，这虽然能够刺激消费者的购买欲望，但却很难形成商家或商品的不可替代性，难以增强用户黏性。

直播无疑是传统电商平台进行内容化改革的一种方式，而在“内容为王”的今天，“改革之改革”是直播电商持续发展的题中之义，优质的直播品类、创新的直播内容及其方式，无疑是其内容化改革强有力的武器。如果没有足够好的直播品类内容与形式，

---

① 199IT：《果集数据：2020年6月份直播电商主播GMV月榜TOP50榜单》，http://www.199it.com/archives/1081318.html，2020-07-10。

② 中国消费者协会：《直播电商购物消费者满意度在线调查报告》，http://www.cca.org.cn/jmxf/detail/29533.html，2020-03-31。

不能给用户提供有价值的信息，就很难在平台上留住消费者，直播也就没有良好的电商转化率。

3. 部分主播夸大宣传、虚假营销

宣传和营销是商家售卖的必要手段，但在直播带货的过程中夸大宣传、虚假营销的问题屡见不鲜。部分主播对于商品原料、质量、性能等特征夸大或虚假宣传，采用许多极限词，如“必买”“最便宜”“最后一次”等，从而欺骗和误导消费者进行购买。根据北京市消协 2020 年 6 月 16 日发布的直播带货消费调查报告，在 30 个直播带货体验样本中，有 9 个样本涉嫌存在证照信息公示问题，占比 30%；有 3 个样本涉嫌存在虚假宣传问题，占比 10%；有 1 个样本执行“7 天无理由退货”不到位，占比 3. 33%。①

直播带货中夸大宣传、虚假营销的问题普遍存在，并且在自带流量和深受消费者信任的头部主播和明星中产生的负面影响尤为突出。“快手一哥”辛巴在直播间售卖“糖水燕窝”，引发消费者质疑；“双十一”后中消协点名批评汪涵和李雪琴直播带货“翻车”、李佳琦直播间“买完不让换”等乱象。直播带货一直被认为是零售行业的风口，但随着越来越多的直播乱象被曝光，主播和商家的信誉度在一次次的带货风波中不断降低。若主播不进行有意识的整改，平台和政府不加以持续有效管控，直播电商红利期的拐点将会提前到来。

4. 部分主播带货时制造虚假流量

直播电商行业发展迅速，然而从 2020 年下半年开始，占据绝对地位的直播带货行业，被虚假数据的阴霾覆盖。作为依附于电商的新兴行业，直播是建立在数据基础之上的。通过虚假的流量数据，营造出高人气假象，便成为直播带货行业“潜规则”。据《时代周报》报道，因为脱口秀爆红的李雪琴被指直播带货造假。2020 年 11 月 11 日晚，李雪琴与杨天真进行了一场直播活动，当天结束时的 311 万观众中，只有不到 11 万观众是真实存在的，包括评论互动，绝大部分也是虚假数据。②

那么，直播“业绩”是怎么被吹大的呢？直播带货的收费主要以“坑位费”(即指定主播带货商品需要支付的费用)和佣金两部分构成，具体金额和比例则由带货主播的人气影响力决定。主播的人气影响力就是其向商家要求“坑位费”的资本，因此围绕主播人气影响力这一指标的造假，已经形成一条产业链。首先，在观看人数上，可操作的空间很大，机器、真人粉丝刷数据的服务，已成为一项“灰色产业”。其次，带货主播在销量统计上手段颇多，如事先提高商品标价，带货时按低价卖出，计算销售额时按高价计算，再辅以刷单等手段，“千万业绩”不是梦。

直播流量造假，既蒙骗商家，也坑害消费者。在数据真实的情况下，主播的人气和带

① 《北京市消协发布直播带货消费调查报告》，http://www.bj315.org/shjj/gzdt/202006/t20200616_23778.shtml，2020-06-16。

② 时代周报：《直播带货翻车：从业者爆刷量潜规则》，https://baijiahao.baidu.com/s? id=1684821753660273664&wfr=spider&for=pc，2020-12-01。

货能力能够得到客观反映，商家与消费者对该主播也能有明确预期。然而，在直播如火如荼的背后，却是观看人数吹牛、销售数据“注水”等行业乱象，被蒙骗的商家费力不讨好，以赔钱收场；被误导的消费者花钱找麻烦，最终对主播与商家失去信任。销售流量虚假数据事件的曝光，已为整个直播电商行业敲响了警钟。

二、商家端持续运营的现实挑战

在直播电商市场中的商家端环节，持续运营的现实挑战，主要表现为多数商家实际获益不大，从而难以持续维系。这是因为直播电商模式，主要是由商家通过直播电商平台，以主播带货方式获取用户流量，并促进产品销售变现。在直播电商模式中，商家本应是这一行业的“主角”，既是直播带货诉求的“发起方”，又是直播带货的最终受益者。然而，综观 2020 年我国直播电商行业的现实状态，我们发现，在直播电商模式中，除了部分日常的品牌“快消品”外，多数商家在现有的直播电商模式中实际获益不大，现有直播电商模式难以为继，主要表现为以下两个方面的问题：

1. 在主播主导带货模式中，商家持续让利带量、成本攀升、盈利困难

在我国现实的直播电商模式中，直播带货环节处于其行业承上启下的中间“核心”环节，而根据直播主导权的不同，现实中的直播带货模式，实际上又分为两种：一种是以 MCN 直播电商机构及其网红主播主导直播环节的主播主导带货模式，主要以头部主播为主导，主播在直播环节中拥有较高的议价权；另一种以商家主导直播带货环节。在主播主导带货模式下，主播带货的主要收入模式分为纯坑位费、纯佣金、“佣金+坑位费”三种模式，其中“佣金”指主播根据直播间销售额抽取分成，销量越高，分成越多；坑位费是主播介绍、宣传商品的固定出场费。在“超低折扣+佣金+坑位费”的主播带货现实模式下，MCN 直播电商机构及其网红主播成为最大现实获利者。尤其面对头部主播，商家不断让利以带动销量，其利润空间持续被压缩，甚至出现亏本的情况；与此同时，某些 MCN 直播机构或主播，在直播间进行流量数据造假，俨然成为直播带货行业的某种“常态”现象。在可观的直播观看量、成交额背后有多少真实数据已经难以计算，商家时常陷入“高销售量、高退货率”的窘境，“花钱赚吆喝”成为商家直播带货的无奈现实缩影。

总的来说，商家在主播带货模式中，存在着明显的投入产出不合理现象，对主播服务费的投入与其收益的不相称等现实困境。直播电商发展至今仍然处于流量红利期，当前以主播为主的利益分配模式尚有一定的生存空间。然而，随着直播电商行业的快速发展而来的是市场面临存量竞争阶段的加速来临，届时流量红利的大幅消退、运营成本的日益加大，盈利日趋困难等将会逐渐成为摆在商家面前的现实问题。因此，在当下以主播主导的直播电商现实利益分配格局中，商家的利益空间无疑在很大程度上被主播环节压缩了，严重的甚至会导致商家直播电商业务的亏损甚至持续经营的难以为继。

2. 在商家自播主导带货模式中，多数商家的转化率不高

为了降低直播电商业务中的主播主导模式运营成本，同时防范或规避 MCN 直播机构或网红主播可能的带货虚假“流量”的不利影响，一些商家，开始探寻以自己为主的直播

带货模式。2020 年阿里研究所的调研中，根据有直播经验的商家反馈，“产品/服务有很好的口碑”“内容创意性和话题性”“产品低价促销”等是直播间吸引消费者的因素。① 如图 6.6所示。

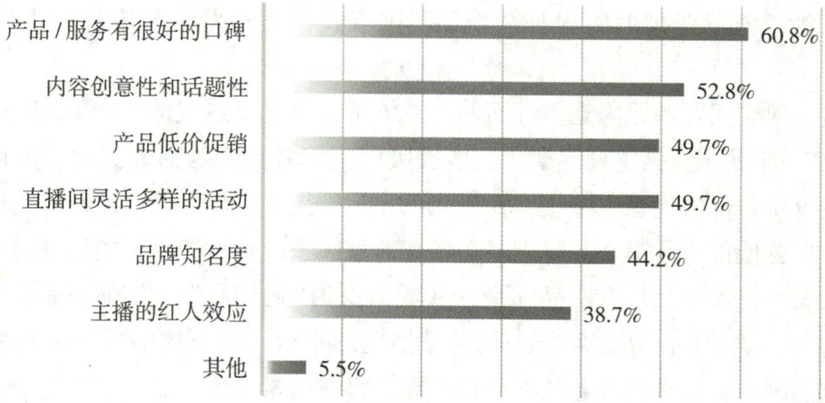

图 6.6　直播间吸引消费者的因素②

满足上述因素的商家，通常拥有较高的知名度、较强的经济实力、优质的直播带货策划团队，他们熟悉电商直播的“游戏规则”，能够获得较高的转化率，属于头部类商家直播带货模式。然而，多数商家的直播模式，属于长尾类电商直播模式，主要是指在直播电商平台上，由商家邀请小主播甚至店主充当主播的小型直播带货模式，这类商家直播形态，占据着平台直播电商业务的大部分。由于这类商家投入经费少，缺乏优质的策划团队，大多未经前期精心的直播带货策划，这类长尾商家的带货转化率并不高，这主要有以下三方面问题。首先，由于商品知名度有限，消费者从内容层面进入购买层面难度加大。直播间内对于商品短时间的介绍通常难以使消费者做出购买的决定，他们往往会通过其他渠道了解商品质量和功效是否符合其需求。其次，长尾电商直播内容或产品本身的低质，很难让消费者形成购买的欲望，从而造成大量用户流失。最后，小主播自身所带流量有限，商家自身直播营销经验有限，从而造成“带货难”的局面。

三、用户端持续运营的现实挑战

在直播电商市场中的用户端环节，持续运营的现实挑战，主要表现为商品质量难保障、售后服务差、维权难。

① 《〈迈向万亿市场的直播电商〉报告：价值驱动，迈进“万亿时代”》，http：//www. aliresearch. com/ch/information/informationdetails？ articleCode = 124024843019620352&type =% E6% 96% B0% E9% 97% BB，2020-10-12。

② 《〈迈向万亿市场的直播电商〉报告：价值驱动，迈进“万亿时代”》，http：//www. aliresearch. com/ch/information/informationdetails？ articleCode = 124024843019620352&type =% E6% 96% B0% E9% 97% BB，2020-10-12。

2020 年 3 月，中国消费者协会发布的《直播电商购物消费者满意度在线调查报告》① 指出，消费者的直播电商购物体验满意度总体不高，首先最为突出的关键词是“夸大其词”。“假货太多”“鱼龙混杂”“货不对板”，是消费者对商品质量方面的集中反馈，对于虚假宣传和商品来源的担心情况最为突出。其次是物流配送慢、售后服务态度恶劣。最后是售后维权难，消费者投诉流程复杂繁琐、维权找不到经营者、维权找不到证据链等问题。

造成这一现实问题的原因是多方面的，总体是低价竞争造成的“劣币驱逐良币”态势。第一，在 2020 年我国直播电商热潮中，能够吸引消费者决定购物的主要原因还是在于商品本身的性价比和价格优惠程度。② 第二，以用户需求为导向的商家，为了在短期内获取带货流量，主打低价竞争策略。第三；在各大商家频繁的价格战中，主播通过社交直播间营造抢购氛围，将仿冒品、低次品摇身一变成为所谓“畅销品”，加剧了直播用户非理性的“冲动性消费”。第四，诸多跨行入局的直播电商平台，缺乏售前质量和售后服务关键环节的保障机制。直播电商业务的本质是电商，售前质量和售后服务，才是实质性的关键环节，传统电商平台，如淘宝、京东等，由于本身相关机制较为健全，因而在售后环节能够给消费者提供一定的保障。但随着直播电商的火爆，抖音直播、蘑菇街和快手直播、斗鱼、虎牙和拼多多等越来越多“跨行”平台入局电商业务领域，而这些“半路出家”的平台，缺乏电商业务售前质量和售后服务关键环节的保障机制。第五，消费者直播购物流程长，涉及直播平台、电商交易平台、主播、MCN 机构、物流、商家等诸多参与者，关系错综复杂，消费者的合法权益得不到保障，维权难度加大。

值得注意的是，直播电商不同于泛娱乐直播，它的根基是电商，是商品的售卖，直播只是商品售卖的一种新形式而已，而售前的商品质量及其售后的服务保障，才是直播电商业务的关键保障机制，无疑不能含糊对待。无论消费者是出于对主播或平台的信任，还是被促销吸引从而进行商品购买，收到残次品且维权无路，必定会打击其消费积极性和信心，这也将导致主播与平台公信力的大打折扣，最终可能会导致一个多方“共输”的结果。

第四节 直播电商市场持续运营的趋势与应对

在 2020 年后疫情时代消费的政策推动与市场互动作用下，我国直播电商行业加快发展步伐，成为 2020 年风口之一。而在我国疫情防控形持续势稳中向好的后疫情时代，政府监管与扶持多措并举、商家与平台先后入局、消费者参与和购买热情不减等众多因素，使直播电商迎来新的发展热潮，成为电商营销的“新标配”。

---

① 中国消费者协会：《直播电商购物消费者满意度在线调查报告》，http://www.cca.org.cn/jmxf/detail/29533.html，2020-03-31。

② 中国消费者协会：《直播电商购物消费者满意度在线调查报告》，http://www.cca.org.cn/jmxf/detail/29533.html，2020-03-31。

一、直播电商市场持续运营的主要趋势

1. 政策端：密集出台“强监管”规则，引导行业规范化发展

在电商直播强劲的风口之上，层出不穷的行业乱象不容忽视，国家和地方监管力度持续增强。2020年上半年，国家和地方相关部门相继制定有关视频直播购物的管理规定，浙江省网商协会率先发布了《直播电子商务服务规范(征求意见稿)》，这也是全国首个直播电商行业规范标准①；随后，中国广告协会出台了《网络直播营销行为规范》②。2020年下半年，行业监管力度不减，仅在11月，就有三个国家部门发布相关条例。11月5日，国家市场监管总局发布《关于加强网络直播营销活动监管的指导意见》，从主体责任、规范营销行为、依法查处违法行为三方面共提出14条意见。③ 11月13日，国家网信办发布《互联网直播营销信息内容服务管理规定(征求意见稿)》，指出平台、运营者、营销人员、服务机构应遵守及履行不同的责任和义务。④ 11月23日，国家广播电视总局网站发布《关于加强网络秀场直播和电商直播管理的通知》，加强对网络秀场直播和电商直播的引导规范，强化导向和价值引领，营造行业健康生态，防范遏制低俗庸俗媚俗等不良风气滋生蔓延。⑤

直播带货已经成为推动消费的一个非常重要的新业态，其在双循环新格局的构建中地位可期。可以看到，从国家到各省市都在加大整个直播电商行业的规范力度，各部门法规的颁布成为直播狂欢中的“清醒剂”。强化监管，正是为了行业能够行稳致远。未来随着直播电商的进一步升级发展，相关监管措施将更加完善有效，直播电商将加速告别野蛮生长，步入规范化、可持续化发展的正轨，成为经济双循环的新引擎。

2. 行业端：直播内容精细化、带货品类垂直化

未来，伴随直播带货市场的进一步发展和国家规范化的“强监管”，整个直播电商行业的发展将从规模化走向精细化、垂直化。

首先，在直播电商的内容层面做“加法”，深耕内容，内容精细化。我们不难发现，当前环境下纯带货模式的直播电商模式已经难以打动消费者、刺激消费需求，直播内容需朝向精细化、品质化发展，才能重新释放吸引用户的活力。“直播+泛娱乐”为直播电商的内容创新提供了一种思路，艾媒咨询数据显示，在2020年上半年泛娱乐平台的创新内容

---

① 《全国首个！浙江制定直播电商行业规范标准，7月将正式发布》https://www.thepaper.cn/newsDetail_forward_7879603,2020-06-17。

② 《国家互联网信息办公室关于〈互联网直播营销信息内容服务管理规定(征求意见稿)〉公开征求意见的通知》，https://www.cac.gov.cn/2020-11/13/c_1606832591123790.htm,2020-11-13。

③ 《市场监管总局关于加强网络直播营销活动监管的指导意见》，https://www.samr.gov.cn/zw/zfxxgk/zc/xzgfxwj/art/2020/art_a78e4be914524f1cb5c5d5eaf8357e52.html，2020-11-05。

④ 《国家互联网信息办公室关于〈互联网直播营销信息内容服务管理规定(征求意见稿)〉公开征求意见的通知》，https://www.gov.cn/xinwen/2020-11/14/content_5561455.htm,2020-11-13。

⑤ 《国家广播电视总局关于加强网络秀场直播和电商直播管理的通知》，https://www.nrta.gov.cn/art/2020/11/23/art_113_53957.html，2020-11-23。

调研中，在线直播用户更偏好趣味挑战、脱口秀及剧情讲解的形式，占比分别为 42.1%、41.7%与 39.5%①。如图 6.7 所示。

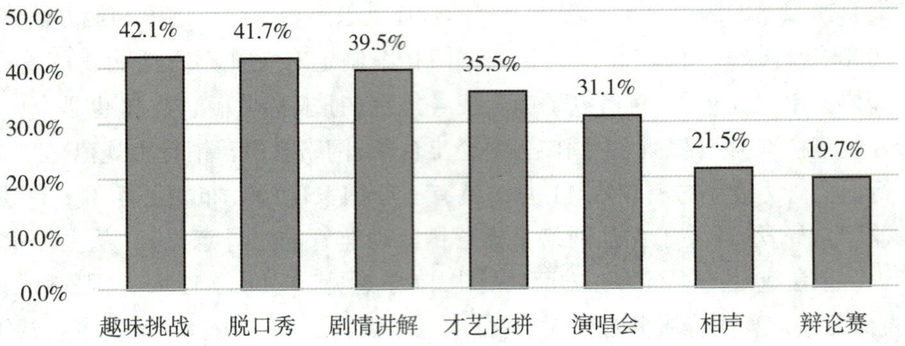

图 6.7 2020 年上半年用户对泛娱乐平台创新内容的偏好②

因此，在进行直播策划时，将用户喜闻乐见的形式与元素作为落脚点，丰富直播内容与形式，才能够更加精准地匹配消费者需要，优化消费体验，从而提升直播转化率。由此可见，“直播+”将成为一种常态，这也对商家、平台、MCN 机构、主播等各方参与者提出了更高的要求。

其次，在直播电商的业务范围层面做“减法”，电商平台中，如淘宝、京东、拼多多等，其垂直化特征存在已久；而在主播圈层中，头部主播已经抢先站在部分品类的垂直赛道上，如美妆、美食、服饰等。无论从何种层面考量，垂直化都将成为从现在到未来很长一段时间内的竞争点之一。例如，从商家角度出发，在垂直化策略下，商家一方面通过消费者定位，能够精准掌握其需求和特征，从而刺激其潜在需求。另一方面，根据消费者需求，可以进行定向选品和产品升级，从而提升消费者满意度，实现品牌可持续发展。不管是对于平台、商家还是主播来说，只有垂直化深耕自己的粉丝群体，聚集忠诚度高、消费力强的私域流量，才能提高直播转化率，收割最大化利益，突出竞争重围。

3. 技术端：5G 技术与直播电商的融合，驱动直播场景展示体验的创新升级

4G 技术的普及使媒介形式从语音、文字、图片、视频到直播快速更迭，以 5G 网络领衔的“新基建”将进一步推动电商业升级，成为角逐万亿市场红利的重要一环。随着 5G 技术与直播电商的深度融合，展示清晰化、场景多元化、体验沉浸化将成为直播电商新的发展方向。

首先，云计算、大数据、AI、AR、VR 等技术的突破，为商品全面、清晰地展示提供了技术支持。当前直播中经常面临的网络延迟、画面模糊、直播卡顿、视角单一等情况都

① 艾媒咨询：《2020 第三季度中国在线直播行业专题研究报告》，https://www.iimedia.cn/c400/75194.html，2020-11-12。

② 艾媒咨询：《2020 第三季度中国在线直播行业专题研究报告》，https://www.iimedia.cn/c400/75194.html，2020-11-12。

将迎刃而解。其次，技术升级拓宽了直播场景的范围。艾媒咨询数据显示，超过三成的用户认为直播存在的主要问题包括“内容单一”“与户外结合少”等,① 这表明直播场景多样化成为用户的重要诉求。5G 技术推动无人机 360°全景直播、超高清 8K 画面直播的普及，画面传输信息将更丰富，开拓更多直播场景成为可能。② 最后，技术升级带来的互动直播能够进一步提升用户体验，沉浸式的观看与互动增强了直播带货的真实感和趣味性。用户可通过裸眼 3D、全息投影等方式，自由选择观看视角，模拟进行产品使用，从而获得沉浸式购物体验。在这个方向上，直播间的“游戏”属性可能会增强，直播带货或许会成为一场用户购物的互动游戏体验，虚拟主播/机器人主播也会因此普及。

4. 人才端：加速直播带货人才的系统化培养，直播电商与就业双向利好

人才端是直播电商产业的中心环节，伴随直播电商产业规模的井喷式发展，直播带货人才需求猛增。据智联招聘、淘榜单共同发布的《2020 年春季直播产业人才报告》，疫情下直播行业招聘需求同比逆势上涨 1.3 倍。③ 后疫情时代，直播人才需求依旧不减，Boss 直聘发布的《2020 上半年直播带货人才报告》显示，“天猫 618”前夕，主播和直播运营两大岗位需求量比 2019 年同期高 11.6 倍。④ 2020 年 7 月 6 日，人社部等部门发布了互联网营销师等 9 个新职业信息，其中，在“互联网营销师”职业下增设“直播销售员”工种，这意味着带货主播成为正式工种。⑤

当前直播电商行业人才培养趋势不断向好。一是很多职业技术类学校已经开始探索校企融合、协同育人的培养方式，通过与 MCN 机构和品牌方合作，给学生提供实践机会。2020 年 6 月，广州大学依托新闻与传播学院挂牌成立广州直播电商研究院人才培养基地。⑥ 二是直播电商人才的培养已经成为国家和各地方的工作要点，各地纷纷开展线上与线下的培训活动，以加速人才的系统化培养。2020 年 12 月 18 日，人民网舆情数据中心人民慕课与人社部高培中心联合开展的“直播销售员岗位能力培训”在山东省烟台市正式开课。⑦ 三是各方“差异化”培养人才的意识较强，不仅仅是旨在打造达人主播，而是注重直播电商产业链上各个环节的人才培养，如文案策划人才、运营管理人才等，以期实

---

① 艾媒咨询:《2020 第三季度中国在线直播行业专题研究报告》，https://www.iimedia.cn/c400/75194.html，2020-11-12。

② 赵建、李嘉怡:《直播电商经济：概况、历程与未来》，https://ecoapp.qianzhan.com/detials/200811-68026ceb.html，2020-12-23。

③ 《2020 年春季直播产业人才报告》，http://www.sohu.com/a/382456880_384789，2020-03-23。

④ 《Boss 直聘：2020 上半年直播带货人才报告》，http://www.199it.com/archives/1073513.html，2020-06-29。

⑤ 《人社部等部门联合发布“互联网营销师”等 9 个新职业 新职业有哪些特点?》，https://baijiahao.baidu.com/s? id=1671471333401090064&wfr=spider&for=pc，2020-07-06。

⑥ 广州大学新闻与传播学院：《助力广州打造电商直播之都直播电商人才培养基地揭牌》，http://xw.gzhu.edu.cn/info/1375/3027.htm，2020-06-29。

⑦ 《人民网 2020 年直播销售员岗位能力培训正式开课，培养直播销售人才》，http://moocre.peopleyun.cn/People_Mooc_RE/public/index.php/index/repository/list.html? id=1223，2020-12-18。

现整个行业的均衡发展。

就当前的情况而言，直播电商行业的人才缺口较大，人才培养的体系尚不健全。但随着市场对人才的需求增大、国家规范和监管力度加强，人才培养体系走向完善、社会意识不断增强，直播电商行业人才的培养将加速朝向规范化、系统化方向发展，优质的从业人员也将为该行业带来新的发展机遇。

5. 商家端：转向常态化的精细化直播定制与私域直播

直播电商的下半场，对于品牌来说，商家正在从疫情时代的清库存、低价走量的阶段，转变为后疫情时代根据用户需求精细化的直播定制以及私域直播规模化运营。私域直播即个人或者企业在去中心化流量平台(主要是利用微信小程序或第三方专业运营工具)进行直播带货，即“商家或企业自播”模式。作为2020年直播行业新的入局者，小程序私域直播的优势不断显现，成为商家优化投入产出比和人员组织结构的有效途径，并正在重塑电商直播带货的格局。

私域直播有三大优势，一是无需支付给平台流量分成和返佣，节约直播成本；二是依托于社交关系链，用户能够在商家的“私域空间”及时地了解到产品动态，如店铺上新、优惠活动等，商家也能在该空间与用户进行双向交流互动，丰富其消费体验；三是利用大数据，可以根据用户的浏览、交易等情况，有针对性地优化产品和服务，以盘活、转化、留存消费者，积蓄商家自身的私域流量。

微信小程序等工具介入直播电商，真正的目的是实现去中心化流量的私域直播运营。随着直播环境的变化，部分商家逐渐意识到，热火朝天的公域直播或许并不适用于其自身产品定位和经营现状，积蓄私域流量的价值大于一时的爆款商品的营收。待直播带货浪潮退去，行业趋于饱和与稳定状态之时，掌握更多的私域流量，才拥有更大的可能性以实现转型升级，迎接下一个风口的到来。

二、直播电商市场持续运营的具体对策

根据直播电商未来的总体发展趋势，直播电商行业各方市场参与者，需要根据自身身份职责与发展需求定位，明确具体的发展对策。

1. 政府监管机构：扶持发展与持续创新监管并举

推动直播电商行业进一步向纵深发展，离不开政府监管机构以“扶持发展，创新监管”为原则的全面统筹。首先，直播电商作为经济双循环的新引擎，政府要坚定不移地支持其发展。一方面应进一步出台和完善扶持政策，对直播带货的各项生产要素予以实质性支持，如资金、场地、人才培养等，以优化直播电商的发展环境；另一方面，要因地制宜，结合地方特色，推动特色产业与直播产业相互促进，实现多方共赢。其次，对于直播电商行业出现的问题和潜在的风险，政府应当加强科学监管。明确各方参与者的权与责，完善信用评估和风险评估体系，促进整个行业健康发展。

2. 平台：行业规范化与持续健康发展并重

直播电商行业是依托于各大电商平台或直播平台才得以蓬勃发展的。各大直播电商平台是这一行业规范化发展的第一责任主体，也是保障行业持续健康发展的基石。根据国家

促进行业持续健康发展的长期方针政策，并基于当前直播带货产业链中相关市场参与者中出现的种种问题，目前及未来相当长一段时间内，直播电商平台首要职责是做好行业各方市场参与者的规范与保护工作。首先，注重对消费者权益的保护，进一步健全对直播带货业务各方供给主体(直播电商的MCN及其主播人员和商家)的监管责任：除了已推出的主播实名制认证外，还需进一步落实消费者在平台上的投诉举报与快速处理的绿色畅通机制，不管消费者反映的是平台上哪一方的供给主体，平台都能第一时间促成责任方的快速处理与解决，平台要履行投诉举报、协助举证、保存直播内容、保证数据和评论真实等义务。同时，还需要主动对直播中夸大营销宣传，恶意的观看量、带货量等流量数据的片面化宣传误导现象以及商家以次充好等现象进行严厉打击，让直播电商行业回归正常轨道上，以维护与提振消费者对这一行业的信心。其次，在此基础之上，加强对直播电商行业各方合法经营的供给主体健康发展发展的业务指导与合作。例如，利用平台上的直播带货业务反馈的现状、问题与趋势的数据，加强对商家的直播品类供应与直播内容的引导与指导；建立合理的信用评价制度，加强对主播、直播MCN持续健康发展的引导，以实现与直播电商行业中间的各方市场供给主体之间的合作共赢。

3. 商家：理性与精准实效化

在各大商家蜂拥而至，纷纷入局直播带货的狂潮之下，商家需要保持清醒的头脑，避免成为这场数字狂欢中的败北者。首先，商家需要对自己的战略发展及其营销战略定位有一个清晰的认识，同时对当下直播带货的现状、问题及其发展方向有较为全面系统的了解，再结合自身现实情况及发展要求，判断直播带货是否是一项营销方式的必要选择。其次，要选择适合自身需求与现实情况的直播形式，基于自身产品的品牌定位、直播预期、发展方向等因素，决定是与达人主播、名人主播等进行合作，还是采取自播形式。最后，不管采取何种直播形式，都应当注重自身直播“私域流量池”的建立，通过精细化的实效化运营策略，吸引用户，精准营销，将直播观众有效转化为消费者甚至产品品牌的粉丝。

4. MCN机构和主播：规范化与深度延展

互联网时代直播电商的下半场，对MCN机构和主播提出了更高的要求：一是提升货品的性价比，MCN机构要选择或自建优质供应链，提升主播与供应链上游环节的沟通效率，推出高性价比产品，从而获得消费者认可。二是提高自身业务能力，一方面，MCN机构要加快孵化优质主播，同时打造高效的直播运营团队，注重对策划、运营、场控、副播等专业人才的培养；另一方面，主播要做好自身定位，进行差异化发展，提高带货能力。三是随着各方监管不断加强，MCN机构和主播应做到诚信至上，杜绝数据泡沫，推动整个行业和自身的发展。

5. 消费者：理性选择与正当维权

在观看量、成交量等惊人的数据背后，是一个个鲜活的消费者，而消费者的购买习惯、购物体验对于该行业的发展有着举足轻重的作用。显而易见，直播电商将保持持续发展态势，在经历了直播带货的狂欢之后，目前已进入后直播电商时代，消费者需对此种购物方式仔细考量。一方面，要树立理性消费意识，避免陷入冲动的消费主义陷阱。在观看直播时要明确是不是自己真实合理的消费需求，警惕被商家或主播制造的“需要”。即使选择直播购物方式，也要选择专业靠谱的直播电商平台、良心主播与商家。另一方面，要树立正当维权意识，当自己的权益受到损害时，要学会拿起法律的武器，对直播带货相关责任方进行追责。如此，既能保障自己的合法权益，又能协助相关部门整顿直播电商行业的不正当之风。

三、我国直播电商市场的持续发展与日趋成熟

我国直播电商行业自 2019 年开始腾飞，进入“万物皆可播”的直播电商发展元年，而 2020 年年初，新冠疫情下的“宅经济”与政府扶持，为直播电商带来了“一键加速”的二次爆发契机。我国疫情防控取得重大成效后，在资金、政策、市场等多重红利加持下，直播逐渐成为我国电商行业的“标配”。作为短视频内容型社交平台，抖音和快手吸聚的内容达人资源和粉丝流量，为其拓展垂直类商家直播电商业务提供了肥沃的土壤。微信、微博等传统大众社交类平台，尤其是微信小程序平台，也为各类商家拓展基于细分领域私域社交流量的垂直类直播电商业务提供了便利。如今，直播电商万亿市场蓄势待发：布局直播电商业务的平台类型多样化，流量头部化与私域化趋势并存；主播类型更为多元化，商家自播逐渐常态化。然而，在直播电商行业持续蓬勃发展的同时，也面临诸多问题与困境：在直播营销端，主播素质参差不齐，直播营销同质化、虚假宣传与带货不实；在商家端，多数商家实际获益不大，难以持续维系；在用户端，商品质量难保障、售后服务差、维权难。自 2020 年“双十一”购物节以来，针对上述后疫情时代我国直播电商市场出现的相关问题，多部门密集出台直播带货“强监管”规则，引领平台、MCN 机构和主播、商家、消费者等行业各方市场参与者走向理性规范化与精细实效化发展之路。

2020 年以来，直播电商市场经过几年的持续发展，日趋成熟。中国互联网络信息中心（CNNIC）《第 51 次中国互联网络发展状况统计报告》的相关数据显示，直播电商市场的主要特点包括如下几个方面。一是从用户需求端来看，截至 2022 年 12 月，电商直播用户规模为 5.15 亿，较 2021 年 12 月增长 5105 万，占网民整体的 48.2%，① 几近我国网民用户规模的“半壁江山”。二是从供给端来看，直播间成为“种草”利器，中国网络视听节目服务协会《2023 中国网络视听发展研究报告》显示：2022 年有 42.7%的用户在最近半年内因观看网络视频或网络直播而购买过商品，与 2020 年相比提升 27.0 个百分点，直播已成为拉动企业营收的电商“标配”，成为日常生活快消品营销的重要渠道。一方面，直播业务成为传统电商平台营收的重要抓手。以阿里巴巴电商直播数据为例，2022 年天猫“双 11”期间，62 个淘宝直播间成交额过亿元，632 个淘宝直播间成交额在千万元以上，新主播成交额同比增长 345%。② 另一方面，短视频平台对直播电商业务的探索初见成效。以 2022 年“双 11”期间为例，抖音电商参与“双 11”直播活动的商家数量同比增长 86%，7667

① 中国互联网络信息中心：《第 51 次〈中国互联网络发展状况统计报告〉》，http://www.cnnic.cn/n4/2023/0303/c88-10757.html，2023-03-02。

② https://m.gmw.cn/baijia/2022-11/17/36167752.html，2022-11-17。

个直播间销售额超过百万元；快手参与活动的买家数量同比增长超过40%。① 三是直播电商业态更加多元化。一方面，公益化直播内容广受关注。数据显示，阿里公益与淘宝直播共同主办的“热土丰收节”有超过1万名乡村主播参与活动。2022年9月以来，淘宝直播开展20万场村播，吸引超过7亿次消费者观看，带动400万订单量。② 另一方面，双语直播带货成为新热点。依托自身业务优势，新东方推出双语直播带货模式，将英语教育与电商直播进行融合，形成了新颖的直播业态，连续数月成为抖音月度直播带货榜的榜首。四是人工智能、5G、VR③ 等新兴技术为网络直播电商业态的未来发展注入新的动力。其一，应用于网络直播业态的数字人④产品崭露头角。百度智能云在2022年7月发布数字人直播平台，实现超写实数字人24小时纯AI⑤ 直播，将数字人的制作成本从百万元下降到万元级别，制作时间缩短到小时级别。⑥ 其二，5G技术助力媒体改造直播流程。运营商推出“5G直播背包”等商用级5G直播解决方案，基于5G、云计算、人工智能等技术，通过前端信号采集、云端传输处理和远程导播制作三个环节，实现转播设备云端化和人员服务远程化，让记者和摄像师摆脱有线束缚，做到边逛展、边采访、边直播。其三，VR全景直播提升用户收视体验。在第五届中国国际进口博览会上，运营商通过多台VR全景摄像机，将现场的真实环境完整地呈现出来，观众不仅能无死角地观看视频画面，还能自主调整观看视角，以第一视角实现“云”收看。⑦

---

① https://new.qq.com/rain/a/20221114A0144500，2022-11-14。

② https://tech.cnr.cn/techph/20220926/t20220926_526020323.shtml，2022-09-26。

③ VR，Virtual Reality，即虚拟现实技术。

④ 数字人，指运用数字技术创造出来的、与人类形象接近的数字化人物形象。

⑤ AI，Artificial Intelligence，即人工智能技术。

⑥ https://t. m. youth. cn/transfer/index/url/news. youth. cn/jsxw/202207/t20220706_13826664. htm，2022-07-06。

⑦ 中国互联网络信息中心：《第51次〈中国互联网络发展状况统计报告〉》，http://www. cnnic. cn/n4/2023/0303/c88-10757. html，2023-03-02。

第七章
移动播客市场的运营

诞生于PC互联网时代的播客，曾一度产生轰轰烈烈的市场影响，但随后一直处于互联网视频、图文媒介市场的边缘。直至2014年，移动互联网4G应用的“元年”，在音频播客行业国际复兴的带动下，国内移动音频播客才重新焕发出其独特的“新兴媒介”生命力，并出现第一波复兴增长市场行情。2020年疫情之下，移动播客成为继音乐、视频、音频、短视频与直播之后的互联网新媒体应用的“新风向”，吸引新老互联网平台、内容生产者、MCN机构以及用户的共同“入局”，国内移动播客市场迎来新一波爆发式复兴增长。总体来看，当下我国移动播客市场仍然处于初步复兴的发展阶段，市场发展尚不成熟，潜在发展空间与现实挑战并存，因而有待于在规范管理和精细运营之间进一步寻求持续复兴发展的空间。

第一节　移动播客市场复兴的现实背景

一、国际音频播客的诞生、初兴与复兴

播客(Podcasts)，又名“音频博客”(Audioblog)或“网播”(Netcast)，播客一词取自苹果公司的便携播放器iPod和广播(Broadcasting)两个词的结合，它是一个通过网络、使用RSS技术发布内容，可供使用者自由订阅、下载和接收更新的聚合音频媒介文件。自2004年亚当·科利创建了第一个播客网站“每日源代码”之后，播客平台、节目数量以及播客用户人数逐日激增。然而，在此之后，由于在线视频平台的兴盛和冲击，音频播客的市场发展逐渐走向衰落。

进入移动互联网时代，音频播客重新获得“新生”。2014年，随着美国播客节目*Serial*的热播，音频播客再度引起社会的广泛关注，并带动音频播客行业的国际复兴。国际播客市场不断获得巨头资本的支持，自2019年到2021年，苹果公司、Spotify、亚马逊、美国有线电视网络公司HBOMax、Netflix、Facebook等国际科技及互联网巨头相继涉入移动音频播客行业。

2020年之后，作为对抗情感孤独的移动音频播客节目开始受到全球网民的青睐，全球音频播客市场呈现出明显的复兴发展态势。Listen Notes数据显示，2020年全年全球新增了近100万档播客节目，是2019年的近3倍；2021年，虽然增长势头有所放缓(疫情平稳，工作逐步恢复)，但据统计，直到10月15日，播客增长数量仍然达到了64.1万档。与此同时，eMarketer 2021—2025年的全球播客听众预测相关数据显示，在发布的全

球18个国家中，2021年每月播客听众的数量将增加15.5%，总数为3.837亿；2022年听众人数再次激增，达到4.242亿。全球音频播客市场在移动互联网时代得以复兴。

二、中国网络播客市场的初兴与衰落

1. PC互联网时代我国网络播客的兴起与衰落

音频播客自从在域处诞生以来，以中文为语言的中文播客也很快兴起。追溯我国国内中文播客的起源，2004年年底，国内第一个上线播客节目的网站——土豆网(www.tudou.com)诞生；2005年5月，中央人民广播电台主办的播客网站——银河台上线。进入2005—2006年Web2.0时代，播客一度在互联网市场产生轰轰烈烈的影响，与同期兴起的博客、维客一道，被誉为我国网络互动传播的“三剑客”。2006年国内第一份Web2.0报告——《中国Web2.0现状与趋势调查报告》显示，每周访问播客网站2~3次和每周访问1次的人群占比分别达到22.6%和20.5%，每周访问4~6次的人群占比有11.1%，另外还有13.9%的人群每天都访问播客网站。这期间，我国大大小小的播客网站如雨后春笋般出现，如国家队——中央人民广播电台于2006年3月1日改版时加入了播客元素，随后CCTV国际网站也开通了播客频道……这些主流媒体的介入也表明国人对播客关注的提升。然而，尽管如此，此时国内最著名的播客网站，如土豆网、中国播客网等网站中发布的内容，大多是以视频形式为主导的“视频播客”，① 而不是在国际通行的“音频播客”标准形式。有数据表明，2007年87%的中文播客为视频播客形式，音频播客仅占13%；② 同时，它并不是以国际通行的RSS技术为主导的聚合音频媒介，而是以视频节目为主，以音频节目为辅。

由此可见，诞生和初兴于我国PC互联网时代的网络播客媒介，是以音频节目为辅，主打视频节目，甚至音频播客被当作视频媒介的“配件”而存在，真正的音频播客节目在国内互联网应用市场并未获得独立媒介的生存地位。在2008年后，随着视频网站的兴起，音频播客逐渐衰落，最终未能得到PC互联网媒介市场的认可而“昙花一现”。

2. 移动互联网时代我国移动播客市场的复兴

(1)移动互联网技术的兴起，赋能古老声音媒体“重生”

作为声音媒体的一种表现形态，国内音频播客的再度“重生”，得益于互联网技术的勃兴，并在互联网市场焕发了生机。声音是人类历史上悠久的传播介质之一，天然具备便捷性、情感表达的温暖特质，这使其拥有接近性和亲近性的媒介优势。与此同时，从无线广播到在线音频，声音媒体始终具有很强的伴随性。借助移动终端尤其是手机媒介，网民仅凭耳朵就能随时随地接收信息，声音可以作为背景音存在，不需要投入太多注意力，因此成为手机用户偏爱的最佳伴随媒体形态。《2021中国网络视听发展研究报告》显示，大众收听音频的常见场景是在睡前、做家务、午休和运动健身时，近60%的用户会选择在睡前收听。在这些收听场景中，在线音频用户可以“一心两用”甚至“一心多用”。

---

① 冉聃：《播客传播：对传统范式的挑战》，苏州大学2008年硕士论文。

② 冉聃：《播客传播：对传统范式的挑战》，苏州大学2008年硕士论文。

与此同时，从无线广播到在线音频，其时空维度转瞬即逝的媒介劣势，也因移动互联网技术的兴起而获得弥补，经过相关技术处理后，能够混杂不同时间、空间中的丰富声音；并且手机听众能随时暂停、随时回放、随时互动分享，增强了声音独特的交互体验。古老的声音媒体在移动互联网时代得以“重生”。

(2)视频图文媒介的“疲劳”效应，凸显移动音频媒介的补偿优势

在我国，视频图文媒介长期占据国内互联网媒介市场的主流地位。然而，进入移动互联网时代后，随着短视频和直播的不断“侵蚀”，导致人们对视频图文产生了身心上的“疲劳”，而移动音频媒介则大大解放了人们长时间聚焦的视觉神经，使人们长期停留在电子屏幕上的目光得以暂时抽离，缓解了视觉与精神上的疲劳。与此同时，这也使得移动音频在大众用户“补偿性”媒介使用场景中的优势得以发挥。

在视觉疲劳的冲击下，“耳朵经济”又开始得到了重视。2011 年，蜻蜓 FM 上线，它是国内首家网络音频应用；2012 年，苹果 Podcasts 中国版正式上线，由此带动了懒人听书、喜马拉雅等音频类平台的兴起；2013 年，荔枝 FM、考拉 FM 上线。在视频行业风生水起的今天，在线音频行业凭借其独特性突出重围，其中喜马拉雅、荔枝 FM、蜻蜓 FM 这三个综合音频分享平台构建了受众对在线音频产品的主要认知，至今仍然处在头部位置，① 推动我国移动音频市场稳步发展。

根据艾媒咨询数据，中国在线音频用户规模稳步增长，2021 年已达到 6.40 亿人，到 2022 年，在线音频用户规模达到 6.90 亿人。各大在线音频头部平台流量都有普遍上涨，随着在线音频业务的持续拓展，用户渗透率也在不断提升，多元化圈层的网络音频行业正在形成。

(3)2020 年疫情之下，播客节目成为移动音频领域的“新风向”

一方面，在我国上述“耳朵经济”带动下以及 2020 年疫情期间对抗孤独的情感需求的助推下，播客作为一类音频式的新兴移动互联网应用，恰好迎合了当下一部分年轻的高学历用户的新的媒介信息需求，它与当下各大移动音频业态，如付费音频节目、有声书(广播剧)、音频直播以及网络电台相比较，具有差异化的内容优势，它在节目制作上有着独特的跨媒体性、个性化、话题性、参与性和互动性，节目制作也更显精良，人们可以随时收听、下载所需内容，收听节目的同时，也更容易引发听众的情感共鸣。在眼睛无法看到的情况下，耳朵会更为灵敏，在这样的“听觉盛宴”下，用户更容易产生互动性的体验，将自我带入其中，由此不断吸引越来越多的用户加入播客群体。

另一方面，我国在线音频平台经过近十年的发展，传统的音频业态，如有声书(广播剧)、音频直播以及网络电台和音频知识付费的市场应用也相对“饱和”，在各大音频平台已然找不到新的内容发展方向的情况下，“播客”终于被纳入新老互联网平台争夺的新业态领域。2020 年疫情之下，“小宇宙”播客垂直平台市场悄然流行，吸引众多网络音频平台的资本加持。中国播客市场在游离大众视线多年之后，逐渐开始展现出引领移动音频大

---

① 《国内网络音频用户达 2.82 亿：新闻媒体做音频内容的九个方向》，http://36kr.com/p/1263242437547904,2021-06-11。

家族的“新风向”。目前，在“小宇宙”垂直性专业播客平台之外，以喜马拉雅、荔枝FM、蜻蜓FM为主的七大综合性音频平台，均已涉足移动播客业态。

第二节 移动播客市场复兴的发展历程

在我国，进入移动互联网时代以来，尤其是2014年以来，国内移动播客市场受上述国内外移动播客市场时代背景的影响，开始逐步呈现出复兴与发展态势，其间的发展增速虽有起伏，但总体上呈现出逐步增长的复兴与发展态势，具体历程与概况如下。

一、2014年移动互联网4G“元年”，音频播客迎来“第一波”复兴增长

这一时期，我国移动播客市场的复兴发展与同期国内外相关时代背景密切相关。首先，从国内来看，以4G手机终端为主的移动互联网进入爆发增长“元年”，一度被我国互联网应用市场遗忘的音频类播客媒介，以移动播客的新兴媒介形态再度兴起；其次，从国际来看，受到美国播客节目*Serial*走红带来的市场信心提升的鼓舞。国内外相关时代背景因素共同作用，催生了2014年我国移动播客市场的“第一波”复兴增长态势：近80%的移动播客听众在2014年之后开始收听播客，其增速几近20%，成为我国移动播客市场应用的“第一波”复兴发展期。

我国移动播客这一波的市场复兴与发展，主要内嵌于上述各大综合性音频类平台的应用之中。

二、2015—2017年，视觉“盛宴”时代，移动播客转入“低谷”增长期

然而，2015—2017年，由于以图文移动应用和视频、直播为代表的移动互联网“碎片化应用”的高峰期出现，以视频付费和知识付费类应用为代表的优质内容进入市场爆发期，吸引了大量用户的注意力资源，阻挡了移动播客用户2014年刚刚起飞增长的良好态势，播客听众新增比例又下滑至10%甚至以下受其影响，一些移动播客类音频平台的市场应用“被迫”转型，如荔枝FM宣布“去FM化”，主推直播业务；喜马拉雅开始主推知识付费业务；一些播客主为求生存，开始试水商业化，而部分头部播客节目停播。

三、2018—2020年，视觉“疲劳”时代，移动播客重新呈现出明显增长态势

以手机为主要终端的移动短视频冲击，引发我国网民用户的视觉疲劳，促使人们重新转向音频市场，“耳朵经济”又开始得到了重视，自2018年起，音频播客新增听众连续三年呈现出明显增长趋势，播客呈现出持续复兴发展的态势。如图7.1所示。

四、2020年疫情以来，移动播客市场迎来爆发式复兴发展“元年”

2020年，在疫情催生的“宅经济”和“耳朵经济”的共同助推下，国内大量平台资本入场移动播客业态，自媒体人开通播客节目，将国内移动播客市场推向了全新的发展阶段，成为爆发式增长的“元年”，主要概况如下：

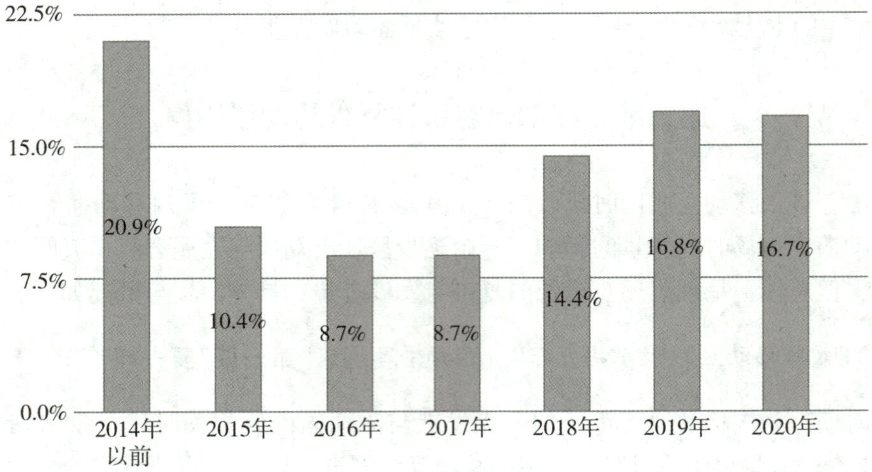

图 7.1 2021 年播客听众调研报告表

第一，“小宇宙”专业播客平台市场悄然流行，为国内动播客市场的爆发式复兴增长进行了预热。2020 年 3 月 26 日，该团队推出了一款专门为中文播客创作者和听众设计的应用程序——“小宇宙”App。从产品体验上看，“小宇宙”App 摒弃了国内主流音频 App 的产品设计思路，而是采取了国际上播客领域较为主流的 RSS 订阅模式，为中文播客听众提供了“发现”“收听”和“社区”体验。① 它更关注播客主的主体性和听众的个性化、深层次内容需求，用户在其中更容易发现自己喜欢的播客节目，并通过社交互动提升参与感与认同感。因此，诞生于 2020 年疫情之下的“小宇宙”App 一上线，便得到了一部分求新求异的年轻知识群体用户的青睐甚至“拥趸”。他们惊呼于移动播客这一新兴媒介的使用体验优势——不同于视频图文，也不同于互动性弱的传统音频媒介形态(音乐、有声书、广播剧)，在解放用户双眼视觉“疲劳”的同时，给处于疫情之下或有现实困惑问题的年轻高学历用户提供了“在场陪伴”的“温度”的“亲切感”。因此，“小宇宙”在俘获了大量忠实听众之外，更吸引了部分潜在的草根生产者参与到节目制作中，实现了从用户到生产者的转变。截至 2020 年 10 月 31 日，在“小宇宙”App 上有 97 档新中文播客节目订阅量破千，② 为新生的移动播客平台突破我国现有的强大的视频图文，甚至音乐、多元音频平台的市场“边缘化”和“挤压”，做出了积极的并且富有成效的市场创新与复兴尝试。

第二，“小宇宙”的市场悄然流行，吸引众多资本和媒体的加持，推动移动播客市场的第一波复兴“热潮”。既有 QQ 音乐、网易云音乐、喜马拉雅、荔枝 FM、蜻蜓 FM 等传统在线音频应用的重视，也有快手、字节跳动等新头部玩家的加盟。这些平台纷纷增加了

① 周利娟：《移动互联时代中文播客平台发展研究——以小宇宙 App 为例》，《视听》2021 年第 2 期，第 119-120。

② 吴思哲：《沙龙复兴与广播续章：中文播客的热度与冷性》，《新媒体研究》2020 第 23 期，第 81-84 页。

播客的新入口，播客市场竞争力量的增多，侧面暗示着播客从以往的视听边缘业态，开始进入被移动互联网新老巨头重新关注的热点业态的积极面向。① “小宇宙”作为异军突起的互联网新生代，还进一步催生出众多行业入局播客业态，如青年志、晚点、人物等媒体；后浪、华东师范大学、新星等出版社/出版公司；单立人、会说笑等喜剧厂牌，都纷纷推出各自的播客，它们各具特色，并不断探索新颖的方式来吸引更多受众，在线音频平台持续向全场景生态建设发展。可以看到，“小宇宙”App 上线之后产生的良好市场反响，如同“虹吸效应”一样，吸引国内各路资本纷纷进入移动播客市场。

第三，2020 年疫情以来，国内播客节目数量，呈现爆发式增长态势。首先表现为播客节目新增数量的爆发式增长。在 Moon FM 的市场行情数据中，国内生产的播客节目 2020 年比 2019 年新增了 7997 档，超过之前 5 年该平台所统计的国内新增播客数量总和，2015—2019 年国内总新增播客数量为 6863 档。根据 Moon FM 官网统计数据，2017—2021 年国内新增播客数量如图 7.2 所示。

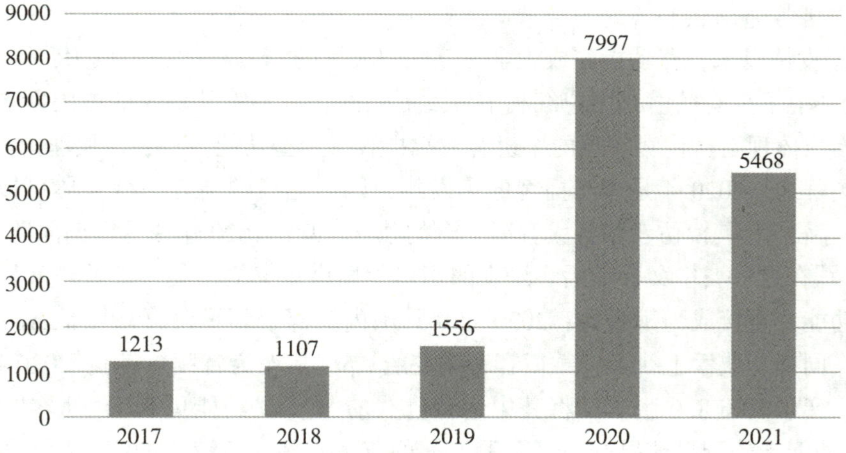

图 7.2　2017—2021 年国内新增播客数量(个)

与此同时，播客节目总量爆发式增长。全球播客搜索引擎公司 Listennotes 研究数据显示，2020 年 4 月我国(台湾地区除外)播客节目的总数量突破 1 万档，2021 年 9 月这一节目数字就达到了 3.6 万档。一年半时间内，播客节目规模总量增长了 2.6 倍。②

第四，2020 年疫情以来，国内播客用户规模呈现爆发式增长，播客用户黏性更强。一方面，总体用户规模呈现爆发式增长态势。“供给创造需求”，随着移动播客节目在多元性播客平台型产品 App 中的大规模涌现，国内移动播客用户规模快速增长。与国际市场相比，根据 eMarketer 数据，2021 年中国月均播客听众总规模达到 8560 万，成为全球第

① 播客先声：《2021 中文播客创作者报告》，http://max.book118.com/html/2022/0127/8070117006004056.shtm,2022-01-28。

② Listen Notes：《播客统计数据》，https://www.listennotes.com/zh-hans/podcast-stats/,2022-01-19。

二大市场，同时，2021 年中国播客听众增速为 25.1%，位列世界第一。另一方面，播客用户黏性更强，使用时间更长。2020 年疫情以来，我国播客听众不仅数量增长快，而且对播客的使用黏性更强，使用时间更长。我国绝大多数网络音频用户不仅曾听过播客，而且对播客的黏性较强。2020 年中国 4.9 亿在线音频用户中，81.3%的用户收听播客，与 2019 年相比，55.0%的播客用户在 2020 年增加了播客收听时间。①

第三节　移动播客市场爆发的运营特征

2020 年疫情之下，移动播客之所以在我国得以复兴与发展，在现实市场的运作层面来看，得益于移动播客的两端市场，即供给侧和需求侧两端各自特性的共同"推波助澜"。

一、中国移动播客市场供给端的运营特征

1. 移动播客市场供给端的平台功能特征

2020 年疫情以来，移动播客成为全球互联网应用的"新风口"，也成为我国互联网"下半场"市场环境下少有的潜在用户红利增量发展空间，市场嗅觉敏锐的国内新老互联网平台，相继推出体现自身优势特点的手机客户端播客平台型功能入口，以快速抢占新兴的移动播客市场阵地。2020 年是中文播客的爆发年，国内上线的播客平台大体可以分为两大类——"小宇宙"及其模仿者和各大音频平台的独立入口。2020 年 3 月即刻团队打造的"小宇宙"几乎踩在这一波中文移动播客爆发的当口，凭借足够简洁易用的特性和国内用户喜爱的评论功能，直接成为排头兵；2020 年 9 月国内头部音频平台喜马拉雅 App 上线了播客新功能；同期，快手上线了一款博客音频皮艇 App(后改为音频播客)；2020 年 11 月 25 日，网易云音乐发布 8.0 版本，将其中运营已久的"电台"功能更名为"播客"，并且"播客"这一新功能十分醒目地提升到云音乐 App 的首页底部一级菜单的第二栏；同年 12 月，QQ 音乐与"小宇宙"App 实现战略合作，深度捆绑运营，推出独立的"播客"模块；微信听书 App 也在同年 12 月初独立上线后，开始大规模招募播客主播入驻；2021 年，播客领域仍动作不断。2021 年年初，荔枝平台推出独立的"荔枝播客"App；2021 年 3 月，百度的播客 App"随声"也正式上线。与此同时，蜻蜓 FM 开始内测独立播客产品群岛，腾讯 TME 旗下的懒人畅听(酷我和懒人合并)、字节跳动旗下免费小说网文收听的长音频平台番茄畅听 App 上线，B 站收购猫耳 FM，中央广播电视总台推出包括"播客"功能在内的多功能音频平台——"云听"App 等，众多新老互联网平台和传统媒体网络电台纷纷推出播客平台功能型的 App 产品入口。

从移动播客平台功能型产品创办的市场主体和播客业态的布局方式来看，总体可划分为四大类：第一类是以新兴"小宇宙"App 为代表的垂直性纯移动播客平台，成为国内首

① 艾媒咨询：《中国网络音频行业研究报告》，http://www.idigital.com.cn/report/3576?type=0，2020-05-14。

款纯垂直化的“泛用型播客”App；第二类是各大综合性音频平台，① 如喜马拉雅、荔枝FM、蜻蜓FM、酷我畅听、企鹅FM、懒人听书、猫耳FM等都相继推出“播客”功能，甚至将“播客”功能从原综合性音频App中独立出来，另外上线为独立的“子播客”App，如荔枝平台推出独立的泛用型的“荔枝播客”App；第三类是非音频类平台推出的“播客”产品功能或独立推出“子播客”App，如以头部短视频为代表的字节跳动公司和快手公司，以及综合类阅读平台咪咕阅读App也新增“播客”甚至上线“子播客”App。第四类是传统主流媒体推出多功能音频平台，如2020年中央广播电视总台推出“云听”，新增“播客”功能。2021年9月，湖南广电上线了全国首个播客电台，将旗下湖南旅游广播FM106.9进行改版，24小时轮播入驻的播客节目。

2020年以来，众多新老互联网平台或媒体，通过独立方式推出垂直性“播客”App，或在原综合性平台产品基础之上新增、嫁接或融合“播客”新功能，为我国移动播客的内容创作生产者和听众搭建了便利化的各具特色的多元化播客服务平台入口，极大地丰富了我国播客内容创作者为用户“上传”和“托管”播客节目的平台分发和托管渠道，以及播客听众获取自己喜爱的播客节目的平台功能入口，成为我国移动播客内容生态建设的上游行业“龙头”。

各类播客应用平台型App产品，虽然名称各异、内容多样，但都力求为使用者带来最好的用户体验，都尽力使应用功能完善、界面美观，让操作更容易，如小宇宙App，其简洁的内容界面、清新的色彩搭配、简易的制作让用户充分感受到舒适性、便利性，其单集节目推荐机制，便于播客用户个性化、便捷性地收听；为用户提供独特的“时间轴评论”功能，便于播客用户建立同好社交圈层。喜马拉雅App中的播客栏目功能，将种类繁多的播客节目整理为各具特色的七大类型，节目丰富而界面类型显示清晰的播客功能，方便用户根据个人喜好选择合适的播客节目类型。网易云音乐App将新增的播客功能直接置入界面首页的一级“菜单”之中，满足了一部分云音乐用户在听歌的同时方便地收听播客的需求。

对于播客创作者而言，当前播客分发渠道主要是小宇宙(96.9%)和喜马拉雅平台(89.1%)，其次是Applepodcas，播客主要托管在喜马拉雅平台，占72.8%。

2. 移动播客市场供给端的内容生产特征

从供给端的内容生产特征来看，主要体现为以下几个方面：

第一，播客主播的主体性和个性。2020年疫情之下，移动播客节目吸引了众多收听者，大众在眼花缭乱的视觉冲击下转移到“耳朵经济”的阵营里。播客节目的生产，首先表现为突出播客主播的主体性和主播内容风格的个性化。

中国最早的播客节目萌芽于2003年，由“胖大海”制作的《有一说二》拉开了播客节目的“序幕”，开启了草根播客的UGC探索，而2004年《糖蒜广播》等播客节目的出现让播客主播探索出了新的播客模式——聊天式节目。《糖蒜广播》直到现在还在更新，原因之

① 特指提供包括音频播客节目、付费内容、音频直播、网络电台、有声书等全类型音频内容或服务的综合性音频平台，具备大而全的特征。

一要归结于其创始人无意间上传的和朋友日常的对话，这也成为当下大受欢迎的播客节目内容形式。播客主播可以自发选择单人录制、多人聊天或是访谈的形式，拥有充分的自主性，不用受到平台以及听众的约束，越来越多的名人也开通了自己的个人播客频道。同时，不论是单人形式还是多人形式的播客节目，播客主播在录制节目的过程中往往从个人体会或感悟出发，从一个主导者的角度传达自己的观点或意见，且没有了镜头的“束缚”，让他们更能直接地表达自己的真实感受，发挥个人的主观性和主体性，节目的录制、暂停或结束、上传等也全权掌握在主播手中。目前，播客创作者主要集中在影视、出版行业，其次是互联网业，共占比 53.7%；① 录制的节目类型也多种多样，如采访类，以采访为主的播客节目主持人采访嘉宾，听众可以从嘉宾的回答中获得独特的专业知识与经验；独白类，仅仅是播客主播进行纯内容的分享节目，主要是对着录制设备阐述自我的想法或者观点；非虚构的故事类，创作者可以就有关现实情况进行讲述，如新闻事件、历史事件等；此外，录制的节目类型还包括剧院形式的表演、组合式对话，等等。

第二，播客内容生产的表现形态，主要聚焦于口语化聊天的社会文化与生活类话题。2020 年是国内的“播客元年”，据统计，有超过 40%的播客节目在 2020 年上线，有 89%的播客节目在 2020 年和 2021 年诞生。② 当下播客内容生产的表现形态，主要以口语化的多人聊天、清谈、访谈形式为主导，多元化节目形态并存。据 PodFest China 2021 年的调查报告显示，在听众喜好的内容呈现形态上，多人聊天和清谈是最受欢迎的内容，其次为嘉宾的访谈，主播的单人讲述排在第三位，最后是叙事、故事和带表演性质的节目。如图 7.3 所示。

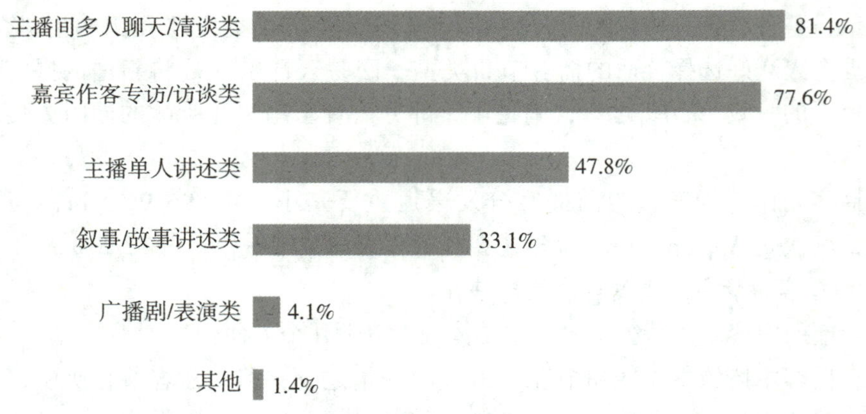

图 7.3 用户经常收听的播客节目类型③

① 播客先声：《2021 中文播客创作者报告》，http://max.book118.com/html/2022/0127/8070117006004056.shtm，2022-01-28。

② 播客先声：《2021 中文播客创作者报告》，http://max.book118.com/html/2022/0127/8070117006004056.shtm，2022-01-28。

③ PodFest China：《2020 年中文播客听众与消费调研报告》，http://www.163.com/dy/article/FIANL4D0051998sc.html，2020-07-24。

从播客节目的话题来看，大多聚焦于与播客听众现实生活相关的社会文化和生活类话题。在聊天清谈节目类型中，以双主持的播客节目为主，占比 42.8%。播客类型以社会文化类为主，在播客节目类型中占比超过一半，在播客节目占比 23%的其他选项中，有 36.7%的播客选择了生活类，其次是体育(13.3%)和个人成长类(13.3%)，[①] 这是因为当下播客用户多为厌倦了“短、平、快”内容的一线和新一线城市的年轻化、高学历知识群体，近 85%的用户能接受超过 30 分钟的节目时长，且大多数用户抱有开阔视野、学习知识技能、补充兴趣爱好的收听目的，文化性、话题性和互动参与性，成为吸引当下年轻的中高端学历用户群体选择与收听播客节目的主要原因，彰显出播客节目的数字音频版文化沙龙特征。

第三，播客内容生产过程，突出情感互动性。播客作为一类音频式的应用，与传统的广播、电台、听书等存在一定的差异，由于方便接驳互联网，用户可以随时下载所需的播客内容，并在通勤、运动、做家务等日常生活场景中伴随性收听。同时，播客与付费音频节目、有声书等其他音频媒介相比，在节目制作过程中，与听众的情感互动性较强：注重关注不同听众群体日常生活情景的相关话题；并围绕不同类型话题，以节目主持人与邀请嘉宾对话的形式，展开深入的探讨；听众往往有深入节目之中的自我代入感，容易在内容制作者与听众之间建立起有温度的感情联结，从而引发情感共鸣与互动。

半小时及以上的节目时长使得听众在长时间的节目收听中更容易沉浸于其中，仿佛置身于主播所描绘的世界里，同时又仿佛在和主播面对面地沟通交谈，从心灵上产生共识。而各大播客平台所具备的评论功能，又使得听众有想要与主播交流、探讨以及存在任何费解的地方都可以借助评论进行表达的欲求，其他的听众也可以在评论区针对他人的评价发表自己的观点，由此形成互动。听众与听众之间、主播与听众之间都形成了沟通交流的通道。在这种互动交流中，也形成了粉丝群体自发组建播客社群以便及时互动交流的情形，从而达成了某种社交的功能属性。目前，播客平台互动渠道以“小宇宙”为主。

第四，内容生产方式的多元化。播客节目的内容生产方式，一方面，2019 年以前，播客内容生产明显呈现出 UGC 模式。源于草根播客的 UGC(Uer-generated Content，用户生产内容)的探索。在智能媒体时代录制播客节目仅凭一台智能手机就可顺利完成，制作者只需录音、剪辑，简单化的操作即使是非专业人士也可以得心应手地生产出清晰流畅、令人赏心悦目的节目。因此，在我国，移动播客早期复兴发展阶段(2014—2018 年)，国内播客市场行情不甚明朗，大多数的播客内容创作者并非全职的播客从业人员，内容生产方式以草根播客的 UGC 探索为主。另一方面，2019 年以来，播客内容生产方式，逐步从草根播客的 UGC 方式升级为专业机构的 PGC 方式。由于视频图文媒介内容对用户产生的视觉和精神的双重“疲劳感”愈发严重，播客在用户特殊场景下的媒介补偿优势日趋明显。

① 播客先声：《2021 中文播客创作者报告》，http://max.book118.com/html/2022/0127/8070117006004056.shtm，2022-01-28。

加之2020年疫情的助推，对播客节目的数量和品质要求更高，早期的UGC生产方式难以满足市场发展的要求。我国播客内容生产逐步由草根播客的UGC转向专业机构化的PGC生产方式，这见证了内容制作的机构化、机构的专业化。越来越多的播客跳出个人、小团队等层面，逐步成为体系完备的播客团队，以打造自身播客内容IP。专注播客内容生产的国内播客制作公司大多是由早期苹果平台播客的优秀内容创作者创建而成，实现从UGC到PGC的蜕变，生产出更多优质的播客内容。如今播客市场吸引到更多专业媒体、学者和咨询机构的加入，如《人民日报》、《新京报》、红杉中国、《三联生活周刊》以及中金研究院等，由此，更沙龙化和专业化的播客内容生产市场正在形成。2021年，《新京报》制作了29档播客节目并分发在喜马拉雅平台上，其中某一档最受欢迎的节目其播放量超过了6500万次。①

3. 移动播客市场的商业化初探特征

中文播客数量迅速攀升，在移动播客市场供给端催生新的商业运营机构，即播客MCN机构。播客MCN在播客市场交易环节中处于平台与内容生产者之间的居间业务服务商，一方面，为内容生产者提供IP孵化或商务服务；另一方面，为多个播客内容平台提供内容或为商业营销平台提供客户资源。2020年以来，中文播客数量迅速攀升，我国播客MCN机构悄然兴起，助推国内播客内容行业的商业化。

商业化是维系播客内容行业尤其是播客内容创作者和播客制作机构内容持续生产的经济基础。播客用户不排斥播客节目中自然植入广告的营收模式，广告投放的性价比使播客的商业价值被更多的广告主认可，目前正在探索广告的盈利模式，原生定制播客节目和品牌播客值得关注。② 从《2021年中国网络音频产业研究报告》问卷调查的结果来看，原声定制类的播客节目不容易被听众注意到其中的广告宣传，将广告融入其中最容易被用户接受，因此也更加可能对用户产生预期的广告效果。此外，对整个企业品牌进行宣传，向消费者传达品牌的价值主张的播客品牌广告也是播客内容变现的重要方向。③

国内品牌商开始密集与播客合作，是从2020年的“双十一”开始的，包括三顿半、MINI汽车等多个品牌都选择在播客渠道投放营销广告。2021年3月2日，知名播客栏目《随机波动》推出了与内衣品牌MEIWAI合作的第一期系列节目。除了内容的自然植入之外，广告主更看重的投放成本也很重要，“新世相”副总裁全希西在《津津乐道》节目中透露，如果仅从投放价格来看，播客相比B站等渠道性价比更高。可见，播客正缓缓敲开商业化的大门，也在逐步赢得广告主的青睐。

① 《过去的2021，“播客”悄然复兴》，https://36kr.com/p/1569660115292039，2022-01-14。

② 艾媒咨询：《中国网络音频行业研究报告》，http://www.idigital.com.cn/report/3576?type=0，2020-05-14。

③ 艾媒咨询：《中国网络音频行业研究报告》，http://www.idigital.com.cn/report/3576?type=0，2020-05-14。

国内播客制作的商业化进程，开始往机构化、产业化发展，此前播客中为数不多的几个 MCN 机构就是通过该路径转变成新的播客厂牌。如“日光派对”就是在杂谈类播客“日谈公园”获得天使轮融资后成立的播客厂牌。目前，它拥有包括“日谈公园”、日谈孵化节目和签约节目在内的 26 档节目。“日光派对”联盟计划致力于联合中国最有创造力的播客，在品牌价值、流量价值、商业价值等多个层面共同谋求更好的可能性，同时为各个独立的播客未来的发展提供商务、流量、融资咨询等相关服务。① “日谈公园”作为 MCN 机构，在商务广告方面，其商务资源覆盖汽车、快消、互联网、家居等多种类别，客户的好评不断，收获颇多，甚至更多品牌通过“日谈公园”开始逐渐认可播客渠道的价值，并表示愿意更深层次地投入到播客渠道中。联盟成员的商业广告体系规划也将在其帮助指导下得以完善，通过广告资源的共享，商务洽谈的代理，以期帮助联盟成员最大化地实现商业价值等。除了上述内容，“日谈公园”对旅行服务、线下主持和线上直播等领域都进行了丰富的探索且收获满满，在联盟成员发展商业项目方面可以进行有效的支持。MCN 机构为更多的播客产出提供了巨大的支持，为发掘更多有潜力的、优质的播客不断进行创新与尝试。

播客经纪公司从播客管理、播客商业化、播客培训等方面针对旗下播客节目进行一体化运营，协助个人播客主及企业播客主策划各具特色的个人节目及品牌营销性播客节目，为各播客主对接广告资源，并以此获得收益。截至 2021 年，国内已经成立了 JustPod、津津乐道、声动活泼、深夜谈谈、冠声文化、小黄鱼等专业播客经纪公司及播客公社、日谈公园、深夜谈谈等播客广告服务机构，其中声动活泼在 2019 年获得了几百万元的投资，Justpod 公司在 2021 年仅 1～7 月的总收入就已经达到了上千万元，和 2020 年的上百万收入相比有显著提升。数据说明播客在中国的发展势头正盛。

但从播客行业整体的商业化进程和态势来看，目前我国播客行业尚处于初步探索阶段，盈利模式主要以广告探索为主，绝大多数的播客创作者面临商业化的现实难题，数据不佳导致恶性循环，持续更新成难题。

二、中国移动播客市场需求端的运营特征

中国移动播客市场供给端众多平台的介入和独特的内容生产特性，以及独特的内容生产特性吸引了年轻的中高端学历用户群体收听新颖的播客节目，它因此成为继网络音乐、有声书、广播剧之后的移动音频家族的“新宠”。

1. 中国移动播客听众呈现出高学历、年轻化特点

播客作为音频类平台，其用户结构与音频用户规模调查内容相似，从年龄、性别、学历、职业四个方面可以清晰地看到中文播客的用户特征。PodFest China 调研显示，中文播客听众的年龄主要集中在 22～35 岁的青年群体，呈现出年轻化的态势。《2021 播客听众

① 《需要支持的中文播客，我们在日光派对等你来》，https://3g.163.com/dy/article/FUC8J70105420QRO.html? spss=adap_pc，2024-11-20。

调研报告》也表明，听众年龄主要聚集于年轻群体，18 岁以下听众数量稀少，与 46 岁以上人群的数量接近；通过与“职业”分布进行匹配，职业中占比第二高的学生主要为大学生群体；从性别比重看，虽然男性听众高于女性听众，但总体差异并不明显；从学历结构来看，多集中在本科及以上学历水平。报告显示，播客的大学本科学历用户占比达到 60.1%，研究生及以上学历用户占比达到 26.3%，41.2%的用户月收入在 1 万元以上，说明中文播客的听众学历水平相对来说处于较高的段位；播客听众从事的行业主要集中在 IT 互联网行业，占比 18.9%，同时听众中有大量学生群体，占比 17.0%，其他行业中的播客听众相对平均，没有明显差异。

从整体上看，播客听众呈现出高学历、年轻化特点，同抖音、快手等火爆的短视频用户低学历的特征恰好相反。相较于那些“短、平、快”的视频内容来说，受众对音频内容显然抱有不一样的期待，中文播客的听众们关注的话题也是多种多样的，从社科文卫、政治经济到个体经验、情感等社会生活的各个层面。其中，近 85%的人能接受超过 30 分钟的节目时长，且大多数用户抱有开阔视野、学习知识技能、补充兴趣爱好的收听目的。

2. 中国移动播客听众的圈层化、亚文化特点

如前所述，听众收听播客更多的是在上下班途中乘坐公共交通工具时，或做家务等闲暇时间段。年轻化的听众出于个人兴趣或偏好被节目聚集到一起，这种由于特定内容而形成的群体彰显出圈层化、亚文化的结构化特征，他们在某些方面被紧密联系在了一起，互相交流和分享属于他们“圈内”的文化。除此之外，用户在收听播客时大多是一种独处状态，独处时的外部环境通常是安静、舒适的，在这种情形下，用户对内容会更有亲密感，接受度更高，更加专注于内容，也更容易投入其中，这从侧面也反映出用户的忠诚度和黏性很强。《2021 年中文播客创作者报告》发布的数据显示，有 54.8%的听众保持每周收听的习惯，而在收听频率上则有 35%的听众会在每周多次收听。①

从长远角度出发，年轻一代对于新生事物接受度强，他们的网龄较长、忠诚度也较高，利于培养使用习惯，对于推动播客发展存在巨大的潜力。

三、总体特征：初步复兴发展与潜在发展空间并存

根据 Research and Markets 数据，全球的播客市场规模到 2028 年或达到 948.8 亿美元（折合人民币 6136 亿元左右），且 2021—2028 年的年复合增长率能够有 31.1%。全球的播客市场依然处于上升阶段。

站在移动播客的国际复兴发展视角来看，中国移动播客市场尚处于初步复兴的总体发展阶段。根据全球播客搜索引擎公司 eMarketer 2021 年 10 月 22 日描绘的全球播客收听情况，在用户规模上，2021 年中国月均播客听众规模达到 8560 万，位居全球第二，中国播

① 播客先声：《2021 中文播客创作者报告》，http://max.book118.com/html/2022/0127/8070117006004056.shtm，2022-01-28。

客听众年增速为25. 1%，位列世界第一，这在很大程度上是由于迄今为止我国播客渗透率低，仅占国内互联网用户的8. 7%，低于世界平均水平的18. 7%，这也表明我国移动播客市场尚处于初步复兴阶段。

与此同时，以上数据也表明，我国总体潜在市场发展空间较大，eMarketer曾经预计2022年中国国内播客听众人数将超过1亿，2024年中国将拥有4. 853亿播客听众人数，是美国的两倍多；同时，2021年中国播客广告收入迎来大幅增长，突破3亿美元，至2024年将达到6. 89亿美元，如图7. 4和图7. 5所示。

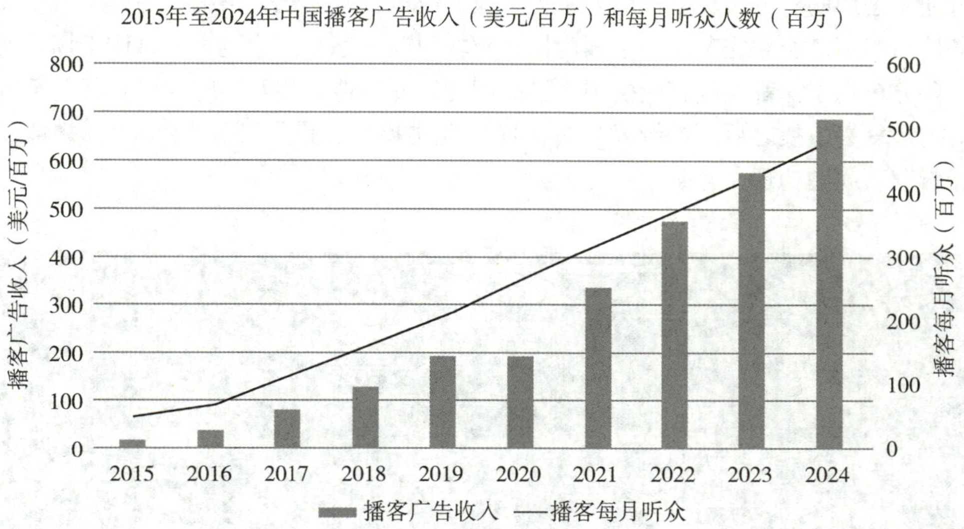

图7. 4　2015—2024年中国月均播客听众数量和年均播客广告收入

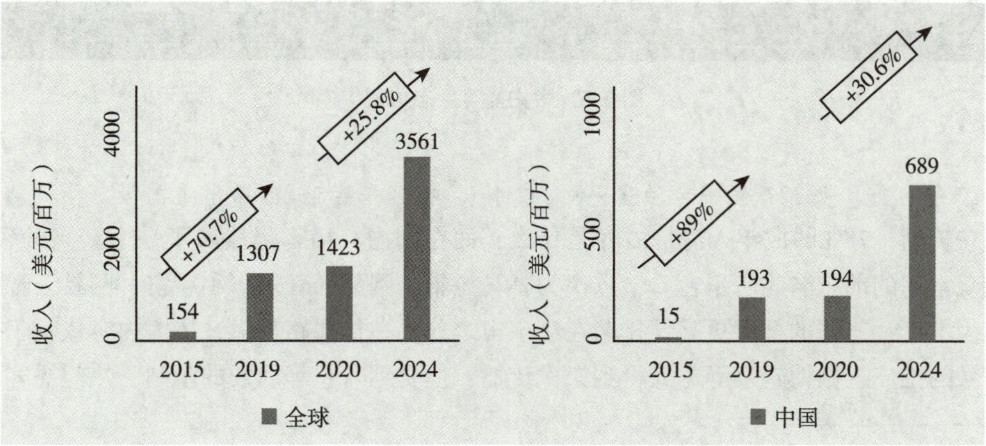

图7. 5　2015—2024年全球与中国播客广告收入比较

第四节 移动播客市场持续运营的现实挑战与应对

一、移动播客市场持续运营的现实挑战

站在国际比较的视野来看，未来几年，尽管我国移动播客市场有着良好的发展前景，并且目前国内移动播客市场初步形成了从品牌、软硬件、服务商、内容生产、内容平台到听众的行业生态，如图7.6所示，但由于我国播客行业近两年真正的复兴发展历程较短，上述行业生态中的各方市场主体尚处于初步摸索阶段，专业化、精细化的内容孵化及其营销服务体系尚不健全和完善。当下国内播客市场内容生态和商业生态，总体市场发展尚不成熟，各方市场主体都面临相应的现实挑战问题，并且造成相互影响。播客行业经过两年时间的初步复兴发展之后，持续发展再次面临现实挑战，市场开始“趋冷”，并且市场规范发展与监管问题初现。

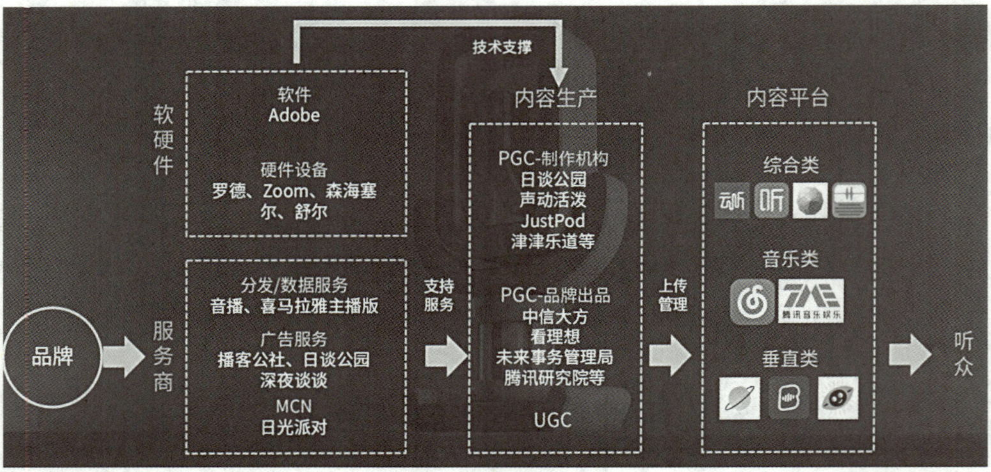

图7.6 中文播客生态构成①

1. 平台方：头部音频平台独当一面，“小众”播客平台难以“杀出重围”

在美国，75%的成年人清楚播客是什么，而在国内，播客仍然属于一个新兴的领域。从听众常用的前三名收听平台看，依次为喜马拉雅、网易云音乐、小宇宙，网易云音乐因其作为二选、三选的概率更高，排名在小宇宙之前。在传播路径上，播客内容依赖于微信公众号的推广、微博转发等方式得到二次传播，但受到时长等因素的限制，热门播客内容

① 播客公社：《2021年播客听众调研报告》，https://wenku.baidu.com/view/e0b79ef50522192e453610661ed9ad51f11d5423.html?_wkts_=1733461715830&bdQuery=%E6%92%AD%E5%AE%A2%E5%85%AC%E7%A4%BE2021%E5%B9%B4%E6%92%AD%E5%AE%A2%E5%90%AC%E4%BC%97%E8%B0%83%E7%A0%94%E6%8A%A5%E5%91%8A&needWelcomeRecommand=1,2021-03-20。

并不能像热门短视频那样做到“病毒式传播”。国内的各个播客平台发现了这一缺陷并制定出了相应举措，如在各类社交媒体平台投放播客广告，或是邀请明星入驻来吸引用户下载和收听。荔枝播客就曾在微博购买广告来进行推广。但由于收听习惯的欠缺、视频行业的不断挤压，中文播客市场由创作者主导迅速转向平台主导，尚处在小众的播客难以在竞争激烈的局面中“杀出重围”。

在风云变幻的现实市场中，国内移动播客还未走出“小众”圈层，众多平台纷纷离场。除了头部流量音频平台，截至 2022 年 2 月，小宇宙、荔枝和汽水儿成为播客市场当下仅存的常态化运营客户端。作为国内较早的、主要的中文播客平台，蜻蜓 FM、喜马拉雅 FM、网易云音乐等聚合类音频平台都曾聚集了大量播客听众，但在激烈的竞争中，近年来上线的播客平台大多难以走到播客市场的舞台中心，开始淡出用户的视线。2021 年，隶属于快手的皮艇、蜻蜓 FM 旗下的播客群岛、百度推出的随声(后更名随音)和腾讯还未问世的播动，都被暂缓或搁置……小众播客的影响力还有待进一步提升。①

2. 内容创作方：播客节目的持续、规律性更新与商业变现成为现实难题

目前，播客创作者主要分布在一、二线城市，北京、上海的创作者接近一半；内容偏社会化、生活类，播客内容创作类型较为单一，这一部分早期播客创作者当下面临持续规律性更新及商业变现的两大难题，两者之间的影响相辅相成。

在国外，无论是播客、视频还是图文，都是以付费订阅作为主要收入，其次才是广告收入。付费订阅这种模式需要公众有极高的版权认知，以及配套的行政法规约束。而在国内，这种版权认知显然不足。虽然版权法律制度政策体系与时俱进，如 2021 年 3 月 1 日起施行的《中华人民共和国刑法修正案(十一)》，对刑法第二百一十七条涉及侵犯著作权或者与著作权有关的权利的情形所涉内容做出修改；2021 年 6 月 1 日起实施的新修改的《著作权法》，着眼解决实践中的突出问题特别是新技术发展带来的一些新课题，完善信息网络传播活动中的版权保护等，但长期以来，国内消费者版权意识薄弱，内心默认并不一定非要在付费的情境下来获取内容，都倾向于追求变相的“免费消费”。

广告成为目前用户和广告主可以接受的商业变现模式，根据艾媒咨询发布的《2021 年中国网络音频产业报告》统计，播客在公关广告上的商业模式可以细分为口播广告、贴片广告、原生节目、品牌电台、节目赞助五个方面。

然而，由于平台或 MCN、营销服务商的内容与广告商业化服务体系尚未健全，相当一部分早期播客创作者缺乏有效的配套服务，持续更新成难题，数据不佳导致恶性循环。根据播客先声给出的《2021 中文播客创作者报告》，持续更新成为难题，超过五成的播客节目更新不超过 20 集，喜马拉雅平台订阅少于 100 的超过 50%；同时，创作者更新播客频次以每周更新、每两周更新为主(57.1%)，21.8%的播客节目还是无规律更新。② 节目数据表

① 《告别“元年”，播客进入“冷静期”》，https://baijiahao.baidu.com/s? id=1725722628809073504&wfr=spider&for=pc,2022-02-25。

② 播客先声：《2021 中文播客创作者报告》，http://max.book118.com/html/2022/0127/8070117006004056.shtm,2022-01-28。

现并不乐观，商业化前景也不明朗。目前部分创作者可能选择停更播客。

国内移动播客虽显示强大的商业潜力，但如何拉动受众为产品买单，让更多的主播能够以播客为主业而非副业，是决定这一行业能否成熟的关键。①

正如喜马拉雅副总裁殷启明所言："播客本身是场马拉松，可能到最后拼的是坚持。"制作一档播客很简单，只要有一台可以录音的智能手机就可以，难点是持续、规律更新以及通过节目实现变现。如何提高早期创作者节目曝光率是平台需要尽快解决的问题。②

3. 用户端：用户群体结构小众化，内容消费门槛高，订阅习惯尚未形成

当前我国移动播客听众的人群主要分布在一线和新一线城市，青年群体且受教育程度比较高，换言之，用户主要集中在中间群体，这一需求端用户的特征优势与劣势并存，其彰显出圈层化、场景化和黏性强的潜在粉丝经济商业价值的同时，也反映出它的现实弊端。一是用户群体结构的小众化，当下我国移动播客用户规模仅占国内互联网用户的8.7%，与当下我国移动播客听众的年轻、高学历的圈层化密不可分，造成用户结构的小众化。二是这一用户群体的内容消费门槛高，首先表现为对内容质量要求高。《2021 播客听众调研》显示，影响听众收听的因素中，话题吸引度占比最高，86.5%的听众会根据感兴趣的话题收听节目。听众的播客内容偏好集中在文化题材，其中影视占比最高。其次为历史，文学、娱乐、艺术等均在 30%以上。其他影响听众收听的因素依次为内容充实、听感舒适、观点独到。这一内容质量要求，无疑提升了内容创作者进入播客的门槛。最后，近一半的用户会因为节目内容更新迟缓而放弃收听，由于节目质量的欠缺，他们对播客的利用率较低，仅仅只是浅显地接触到这一平台，停留在浏览与尝试的边缘，甚至直接放弃继续收听，如图 7.7 所示。这一用户群体的订阅习惯尚未形成，目前各大播客平台用户对播客栏目的订阅数量微乎其微，也说明大多数的中文播客听众用户并没有养成订阅播客栏目的习惯，这在一定程度上也削弱了播客节目的影响力和传播范围。三是市场拓展难度大。在听众获取新播客的途径中，播客互推是最为有效的形式，60%的听众都是通过某一播客获知新播客，与通过主动搜索、朋友推荐、平台推荐等方式的影响持平，这限制了播客用户市场规模的拓展。

4. 播客平台的规范化发展与监管，存在漏洞与隐患

近两年，播客平台在发展过程中，已逐步暴露出一些规范化发展与监管方面的漏洞与隐患问题。主要表现为以下几个方面：

一是平台审核机制方面存在着功能设计缺陷与隐患。目前，我国平台上线的"播客"内容服务产品，从平台的业态形式和媒介技术服务功能来看，分为两大类。一类是垂直细分型的专门化独立运营的移动播客产品，使用国际通行的 RSS 订阅模式，又称为"泛用型

---

① 史林娟、聂艳梅：《耳朵媒介的崛起：音频播客的广告价值与发展路径》，《中国广告》2022 年第 3 期，第 53-57 页。

② 播客先声：《2021 中文播客创作者报告》，http://max.book118.com/html/2022/0127/8070117006004056.shtm，2022-01-28。

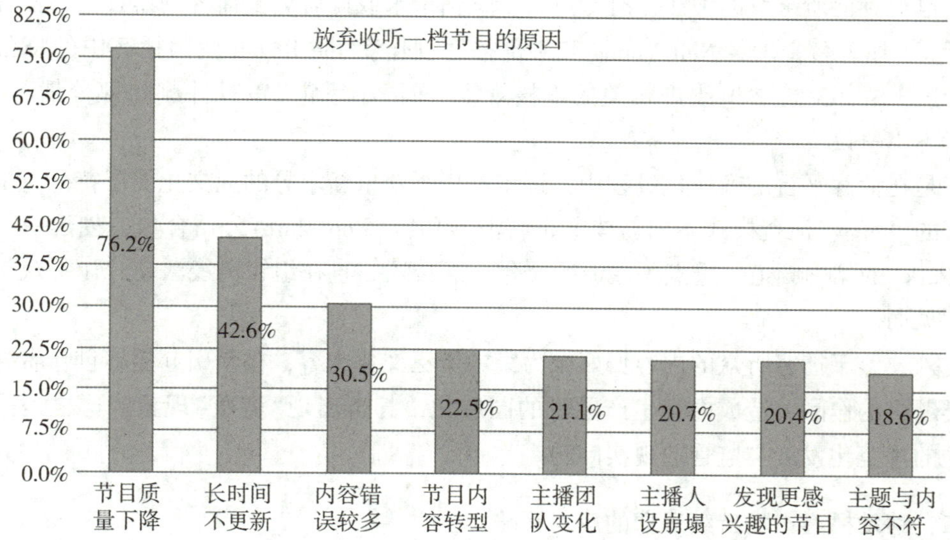

图 7.7　播客听众放弃收听一档节目的原因①

播客”。另一类是栖息在综合性平台之上的非独立型平台型播客产品，播客制作者需要将内容上传到平台服务器，经过审核和编辑发布后用户才能收听；在不同平台型播客订阅的节目需要来回切换。对于“泛用型播客”而言，用户只需添加播客制作方的 RSS 地址，就可以直接与制作方建立端对端的订阅关系，用户可以自行把所有的播客地址收纳到一个客户端来收听，目前以小宇宙 App 和荔枝独立播客 App 为主。对于播客内容生产者和听众而言，使用更加方便省心。RSS Feed 有利于听众收听与创作者保持内容独立性，受到资深播客听众的青睐。从平台的内容把关机制来看，泛用型播客客户端，基本上是一种去中心化的播客手机客户端，缺乏平台的基本审核机制基础之上的内容安全保障，意味着泛用型播客手机客户端，存在着平台审核机制的功能设计缺陷与隐患。而平台型播客产品，理论上是一款“中心化”播客手机客户端，理论上存在着平台的内容审核和编辑把关机制。

二是播客平台成为新的舆论传播场域。如前所述，当下我国播客听众主要以一线、新一线城市的年轻、高学历用户群体为主，对于播客内容的偏好集中于泛文化内容，以社会文化与生活类题材为主，包括当下一些社会问题或年轻人感兴趣的公共议题，以及影视、文学、音乐、艺术、历史；话题偏较为敏感的亚文化思想与情感领域，属于亚文化圈层，一部分传播亚文化的听众往往在评论区进行图片和文字的二次创作和互动讨论，容易导致评论区的言论极端化，成为新的鱼龙混杂的舆论传播场域，这是需要引起平台、内容创作者以及相关监管部门重视的新现象、新问题。步入 2022 年，与播客内容、平台职责有关

① 播客先声：《2021 中文播客创作者报告》，http://max.book118.com/html/2022/0127/8070117006004056.shtm,2022-01-28。

的争议也得到前所未有的关注，有专业人士预估未来或许有更多播客创作者会因播客内容被起诉。① 如著名音乐人 Neil Young 和头部播客创作者 Joe Rogan 就因播客中的疫苗言论产生矛盾，Spotify 也被迫改进相关的审核规则。而“小宇宙”审查并删除部分播客节目，引起了不小争议。

三是在播客平台的商业化进程中，逐步利用听众求新求异的亚文化圈层特征，推行当下流行的“盲盒”消费模式。如荔枝宣布与泡泡玛特(Pop Mart)公司合作，创建一个名为“Pop Park”的品牌频道，重点关注流行文化。荔枝还一直在组织离线活动，让听众与播客主持人见面。

此外，鉴于播客听众的内容偏好较为集中于泛文化内容，极易引起播客创作者扎堆生产同类题材的作品，造成内容生产题材的同质化，甚至出现“盗版”现象，这也是需要引起关注的规范化发展与监管的现实问题。

二、移动播客市场持续运营的应对策略

面对我国播客增量市场的长远预期以及现有存量市场的现实挑战问题，完善优化存量市场的同时拓展新的增量市场，将是未来两大应对思路。具体应对策略如下：

1. 打造专业化、规范化管理的品牌播客平台

平台是互联网时代各方市场主体聚合的中心。受到播客自身的发展历程和用户的使用习惯等因素影响，用户收听播客大多选择在一些集合型的音频平台上，如喜马拉雅、荔枝以及网易云音乐等，但播客并不是它们的主营业务，只是业务之一，用户也会因平台众多而变得过于分散。播客要继续发展，离不开一个能够互相捆绑并扎根在播客领域的专业类平台。只有大的、专业的平台才可以将听众汇聚起来，进而引发关注，逐渐变得繁荣起来。类似于小宇宙 App、荔枝播客 App 以及苹果的 Podcast 这类专业化平台应优化自身、加强自身品牌管理，不断提升品牌的知名度与形象，让更多用户加入进来，实现用户下沉市场的开发，让受众市场不再局限于一线和新一线城市，真正实现移动播客市场的繁荣。

在同一传播平台上，内容永远为王。尤其是在当前移动互联网时代，播客作为音频类平台，只有将声音产品做到极致，自身优势才有可能在竞争中逐渐形成。必须把握用户对音频内容的需求，进一步细化内容，为用户提供良好的、与声音相关的服务，成为声音领域的专家，争取在移动互联网音频内容竞争中取得先机。用户的订阅对于播客扩大传播面和影响力具有一定的价值，其有进一步提高的可能。

品牌播客平台不仅是内容专业化的知名播客平台，而且应是具有社会责任感的公信度高的播客平台。当前中文播客用户主要集中于一线或新一线、教育水平高且年轻的群体。作为负责任的播客传播平台，应加强对主播尤其是知名大咖主播的内容价值引导和平台审核把关。另外，栖息在品牌播客平台的名主播，不应为了粉丝效应，以偏概全地向缺乏社

① 《告别“元年”，播客进入“冷静期”》，https://baijiahao.baidu.com/s? id = 1725722628809073504&wfr = spider&for = pc，2022-02-25。

会生活阅历的年轻人兜售“现实有点甜，未来更痛苦”的亚文化内容，甚至将年轻人当成“韭菜”来收割，而应以价值引导为己任，帮助涉世不深的年轻学生群体，正确认知在当下流行于年轻人中尤其是大学生中的亚文化在我国诞生、生产与传播的历史演变过程，以及对年轻人个人、家庭和学校及周边同伴、社群的各种影响甚至社会危害。正向积极影响的亚文化引导，在当下也是“流量之源”，因此，知名播客平台应积极引入主流媒体的知名播客主播，传播正向引导的亚文化。

与此同时，随着播客市场的进一步扩张，必定面临用户市场下沉的情形，而“敏感内容”、不良信息的传播或许会使侵权事件变得更易出现，播客内容规范化与监督管理严格化需双管齐下。播客传播虽然在一定程度上将信息“把关人”这一作用弱化了，但是作为首要监督者的播客服务提供商，要充分发挥监管作用。

2. MCN 与平台：为播客创作者提供多元化的内容生产与营销扶持服务

近两年来，随着播客行业进入复兴增长的赛道，越来越多的第三方服务机构如雨后春笋般冒出，为播客创作提供专业的第三方内容生产与营销扶持服务。如 2020 年 5 月，播客公社联合业内团队推出“音播”，为播客提供分发服务和内容分析。截至 2021 年 3 月，已经接入 160 余档播客，节目约 12000 期，时长超过 1 万小时。2021 年 7 月 27 日，第三方服务机构播客公社举办的线下播客训练营也正式对外招生。

优质的平台内容是在线音频播客平台维持活力的关键因素，当下的中文播客内容，从内容题材与受众上明显倾向于吸引高学历知识精英和中产阶级。播客平台应加大对 UGC 创作者的扶持，刺激创作者创作高质量的音频播客内容；平台拓展内容题材和节目类型，不仅可解决当下内容持续更新的现实难题，从而解决存量用户的维系问题，而且可以带动增量用户的市场拓展。

2021 年以来，随着播客在各行各业生根发芽，国内主流音频平台推出了一些内容激励计划，为孵化更多优质播客创造了条件，如 TME 旗下 QQ 音乐、酷我音乐以及酷我畅听发起的“第 0 期播客计划”“声浪计划”等扶持计划。QQ 音乐打造的国内首个“手机端一站式播客创作工具”上线，不仅支持手机快速导入，还有音频自动转文字、一键降噪等功能辅助剪辑，试图让播客创作更轻松，鼓励人人都能“玩”播客。QQ 音乐启动“第 0 期播客计划”，为播客主播提供多项扶持服务，在鼓励播客爱好者大胆“尝鲜”播客的同时，也主张帮助播客主播发展成长。

2021 年 6 月，喜马拉雅首期播客训练营正式上线，随后二期、三期陆续上线。由喜马拉雅平台方、播客创作者、第三方服务机构组成导师阵营，带领学员了解学习播客创作全流程，邀请资深播客创作者进行点评，并为优秀学员提供流量扶持。从类型来看，包括财经、健康、科技、娱乐、文化、体育、新闻、军事、亲子、文学等方面的内容；内容涉及的主题丰富多元，从探讨前沿科技到争论社会伦理问题；从对新闻线索的追踪到灾难现场的纪实；从对弱势群体的留意到对明星大腕的嘲讽；从展示个人的才艺到生活的小窍门……内容多种多样且贴近生活，越来越多优质内容持续产出并受到青睐，极大地丰富了喜马拉雅平台上的播客内容形态。如图 7. 8 所示。

在平台和第三方服务机构的多元化内容扶持下，由专业制作机构、媒体、自媒体和业余播客制作者所提供的内容类型和题材、话题范围大大拓展，而增加下沉城市和农村视角的话题，有利于丰富用户对播客节目类型和数量的市场选择，并带动播客用户规模新一波的增长。

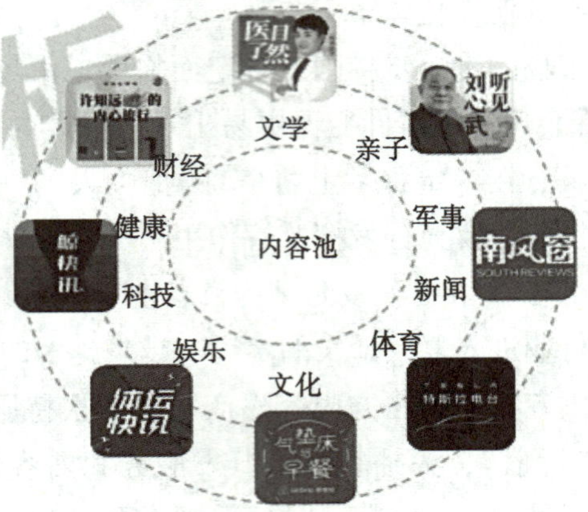

图 7.8 喜马拉雅平台的播客节目类型构成①

3. 加强内容的精细化生产与运营，有效拓展市场的深度与广度

未来播客内容类型和题材的多元和丰富，为播客行业的持续复兴增长提供了坚实的内容供给保障基础。但随之带来的问题是播客内容市场的激烈竞争，加强精细化运营成为平台、自媒体和第三方服务机构(MCN 和广告营销服务商)有效拓展市场的发展路径。具体如下：

一是内容生产的精细化运营。在内容生产的精细化上，播客主播及其团队需要根据用户需求及其变化以及自身的优势，确立特色化内容生产方向。中文播客需尽快打破惯性思维，突破音频市场被音频综艺和有声书占据主流的不利局面，吸引越来越多的优质创作者，借助精品和深度内容，让播客的影响力在主流层面不断扩大。播客主播一般以第一人称视角谈论日常生活中发生的事，给用户极强的代入感，能够迅速与用户建立情感连接，尤其是一些文化名人，其本人依然还是属于 IP 般的存在。在内容生产的精细化运营上，还需要了解国内外互联网发展变化的现状与趋势，在内容生产的选题和内容功能定位方面以及媒介技术应用方面更体现用户的消费需求和心理，制作具有用户情感心理共鸣的精细化播客内容，丰富播客内容的媒体表达方式。目前，中文播客节目以对话访谈为主，节目形式多为二人对谈，技术含量较低，虽然能够较为深入地讨论节目主题，但在媒体使用的丰富度上有所欠缺。

内容生产的精细化运营，需要丰富内容的独特场景化形式，给用户传达优质、有画面

① 易观：《2022 年中国在线音频内容消费市场分析》，https://mp.weixin.qq.com/s/pbv6RWmhhYwsQ6P_XIK8dA，2023-05-04。

的内容，创造独特的内容表现力体验。① 如故事讲述类播客，可以通过真实故事对话、场景还原、创意音效制作、故事脚本打磨等形式，将亲历者口述故事模式更改为音频故事纪录片，使节目更具沉浸感和商业价值。目前，国内播客开始通过“电影制作的方式”制作播客节目和声音杂志。② 超过一半以上的播客创作者接受语音直播形式。雷诺兹新闻学院总结了新闻业中媒体与音频相融合的九个方向：用播客的方式，讲述报道背后的故事；提供报道预告；讲长故事；做长周期的报道；提供独家内容；再现旧报道；将报道文本转化为语音的 AI 产品；在社交媒体上分享音频片段；为智能音箱制作播客节目。

二是内容分发与传播的精细化。首先是内容分发平台的精细化运营，既注重打造头部优质内容，对于垂直领域的内容也应持续深入尝试与探索，形成大咖主播与垂直领域的特色主播共同发展的格局，继续细分内容，使用户千人千面的收听需求得到充分满足，构建更加稳固、更加和谐的平台内容生态圈。此外，平台内容的运营模式需精细化，既要迭代产品以满足需求，同时个性化的运营也不可或缺，探索更多内容分发渠道，相应内容与相应的生态特性要匹配，提高内容的触达效率，让音频播客平台收获更多优质用户。

其次，根据用户的不同使用场景，智能推送与其情境相适配的播客内容：一方面，根据播客用户的使用场景智能化地推送时间长短不一的播客内容，当用户有较大段的空闲时间时，其对节目时长较长的播客节目有更高的收听意愿，如上班通勤、做家务、跑步等情境；当用户空闲时间较短时，则偏向于收听节目时长较短的播客节目，如中午午休、睡前等情境。另一方面，进一步根据用户的不同情境，智能化地推送与之适配的播客节目类型和题材，如在通勤上班路上用户更有意愿倾听较有深度的、引人思考的播客节目，而在下班路上则更倾向于收听休闲娱乐、让人放松的播客节目；在运动情境中，当用户进行运动幅度较大的运动时，更有意愿倾听音乐类播客；当用户正在进行较为安静的运动时，更加偏向于倾听需要思考的、更有深度的播客节目；在关灯睡前情境中，用户使用播客的主要目的在于助眠，其对科普类、故事类或情绪起伏小的播客节目有较高倾听意愿；在外出散步及开车情境中，用户对于逻辑较为简单、内容较为轻松的播客节目有较高倾听意愿。

最后，加强播客对用户的新媒体互动性营销。对于听众来说，公众号基本为节目标配，对公众号的期待甚至高于对粉丝社群的期待。据统计，54.8%的听众认为节目应该开通公众号；40.7%的听众认为节目应该配套粉丝社群；而听众对于直播、短视频等需求则略低，占比在 15%以下。未来可以充分利用数字营销，为用户打造个性化、场景化的广告，提高播客节目广告投放的精确度，以增强其营销效果。

4. 完善商业化变现体系，挖掘播客的多元潜在商业价值

当下，更加多元而丰富的播客节目出现在我国各类播客平台之中。2020 年 9 月，喜马拉雅推出播客频道和播客热播榜单，以增强播客传播，其也成为用户首选的头部播客分

① 樊丽、林莘宜：《“耳朵经济”背景下播客内容新样态探索》，《中国出版》2021 年第 24 期，第 31-35 页。

② 《美国播客市场年入 8 个亿，中国的播客从业者能从中学到什么?》，https://newrank.cn/article/detail/18385,2021-10-16。

发平台。而小宇宙、荔枝播客成为专攻垂直领域的播客平台，同时，小宇宙 App 问世，促使众多行业加入，播客长尾效应明显。众多播客平台的发力带动其商业化进程，根据 2021 年 8 月 PodFest China 的调查数据和评论，粉丝可以接受商业化；87.8%的中文播客听众表示，不反对播客商业化。

然而，从现实看，播客当前的商业变现模式还处在初级阶段，需要进一步完善商业化体系，挖掘播客的多元潜在商业价值。一是拓展播客的潜在广告商业价值和体系。2020 年中文播客听众与消费调查报告显示，听众可以接受的播客广告形式为片头片尾录播广告、品牌长期赞助/冠名节目、围绕品牌或产品而展开节目内容。播客公社与淘宝联盟携手，带领 70 家播客通过“双十一”活动探索电商盈利，大内密谈成立“深夜谈谈”播客网络，与天猫展开“6·18”“双十一”合作。2020 年 12 月，日谈公园成立日光派对，旨在帮助播客解决商业化问题。如今，热门的播客内容大多已经受到了广告主的青睐，开场广告口播或者定制化内容不再是少数。2021 年三八妇女节，内衣品牌 NEIWAI 选择播客节目——《随机波动》开展相关合作，NEIWAI 创始人、奇葩说辩手詹青云以及协和妇产科医生张羽受邀参与了节目，一起探讨了职场与生活中当代女性的成长经验和一些思考。①

二是广告之外的粉丝经济商业类别较为丰富，主要包括周边产品、线下活动(购票)、产品种草、节目付费四种形式，听众的倾向程度接近。其中，听众选择程度最高的是周边产品，占比为 51.2%，其他三类均在 45%以上。粉丝会员和实体店的消费倾向程度略低，在 20%左右②。在周边产品开发上，荔枝播客平台作了探索性尝试，荔枝平台 60%以上的用户是“90 后”用户群体，具有亚文化圈层特征，是商家青睐的“消费主力军”。2021 年 6 月，荔枝播客与玩具和收藏品公司泡泡玛特合作，创建了一个名为“Pop Park”的品牌频道。其首席执行官赖奕龙在接受《内部情报》采访时表示，播客能够激发年轻大学生群体的好奇心和情感，并在一种亲密的氛围中描绘人们的生活图景，从个人爱好到生活课程、旅游和宠物护理等各个方面拓展周边产品售卖的营收模式。据统计，有 88.5%的播客听众曾为播客内容付费，尤其是那些垂直门类的内容，例如《反派影评》《博物志》等，已经做到了部分节目直接面向听众付费收听或者免费收听播客加付费会员通讯的模式。目前，以黑水电台、怡乐电台为代表的播客平台已经可以通过粉丝经济(付费节目、粉丝周边、线下实体店等)实现自给自足。部分播客平台，已初步形成多元化商业变现体系。例如小宇宙平台上粉丝超 1 万的播客“大小电台”持续推出自己的挂耳咖啡周边，并开启了用户付费、版权业务、线下活动等多个盈利渠道。尽管如此，移动播客商业化的道路与内容体系的建设，仍然任重道远。

---

① 《播客，是品牌营销的下个风口吗》，https://www.163.com/dy/article/GMU1LHEA0511805E.html，2021-10-22。

② 播客公社：《2021 播客听众调研报告》，转引自 https://www.sohu.com/a/458567846_116132，2021-04-02。

第八章
虚拟数字人市场的运营

第一节　虚拟数字人市场的起源与爆发

一、虚拟数字人市场的起源与发展

我国虚拟数字人的市场应用自20世纪80年代起开始萌芽，最初是作为游戏、动漫等产业的衍生产品而存在的。进入千禧年后，随着CG、动作面部捕捉技术的日益成熟，虚拟数字人市场开启了初步探索。2015年至2018年，虚拟人形象越发逼真，AI技术的发展，使其开始向更宽广的应用领域延伸。2021年被称为"元宇宙元年"，作为元宇宙市场应用的现实"突破口"，虚拟数字人更是站在元宇宙市场的"风口"。

虚拟数字人，特指存在于非物理世界中，由计算机图形学、图形渲染、动作捕捉、深度学习、语音合成等人工智能技术打造的具有多重人类特征(外貌特征、人类表演能力、人类交互能力等)的综合产物。① 市面上大多将其称为虚拟形象、虚拟人、数字人等，代表性的细分应用包括虚拟助手、虚拟客服、虚拟偶像/主播等。虚拟数字人具有三个重要特征：一是具有人的虚拟形象，需要借助物理设备(VR、AR、XR等设备)呈现，但不是物理实物，这是其与机器人的核心区别；二是具备独特的人设，有自己的性格特征和行为特征；三是具备互动的能力，未来虚拟数字人将能够自如地交流、行动和表达情绪。

在清华大学新媒体研究中心发布的《2021—2022年元宇宙发展研究报告》中，元宇宙未来的技术发展被划分成三个阶段，即数字孪生阶段、数字原生阶段和虚实共生阶段，而虚拟数字人作为元宇宙这一虚拟空间中的行动主体，在当下也呈现出相似的发展路径。以虚拟人类和现实人类的关系作为划分依据，虚拟数字人可以被划分为孪生数字虚拟人、原生数字虚拟人两类。从技术特征来看，孪生数字虚拟人多为真人驱动，由动作捕捉设备或摄像头基于幕后的"中之人"的动作和表情驱动，赋予虚拟数字人以动作、表情、语言，并完成表演、现场互动、直播等。原生数字虚拟人多为智能驱动，即依托深度学习方式，让虚拟人通过学习数据拥有真实人类的动作、表情甚至是记忆、思想等，并借由此形成独

---

① 量子位：《2021年虚拟数字人深度产业报告》，https://zhuanlan.zhihu.com/p/450641548,2021-12-15。

特的“人设”，获得独特的技能，可以自主完成对外的互动与输出。① 近年来，从 2D 到 3D、从静态到动态再到交互，随着虚拟数字人相关技术的日趋成熟，越发拟人化和智能化的虚拟数字人被广泛应用于多个领域，尤其是基于用户消费端的社交、娱乐和购物的应用场景。在 2021 年市场试水获得用户的认可后，2022 年虚拟数字人市场成为当下我国互联网发展的“新风口”，将开启我国互联网下一个“蓝海”市场。

二、虚拟数字人市场爆发与现实背景

我国虚拟数字人行业于 2021—2022 年间迎来了发展“元年”，市场应用呈现爆发式增长，主要得益于以下几方面因素的共同推动。

1. 用户对虚拟数字人的认可，催生市场应用的爆发

近年来，人工智能和虚拟现实等新兴技术推动移动互联时代向沉浸互联的元宇宙时代转变，2021 年更是被称为“元宇宙元年”。尽管“元宇宙”的号角被大张旗鼓地吹响，但其对大多数人而言，只停留在“概念”阶段，这一“高大上”的科技新概念对普通大众来说也显得过于深奥。相比之下，虚拟数字人更容易为大众所接受，也早已为我国大众所熟知。近年来，交互更自然、更智能的虚拟数字人不断以虚拟偶像、虚拟主播、数字员工、虚拟学生等身份进入大众视野，加速渗透于人们的生活。在文娱领域，2021 年 6 月，数字虚拟人“天好”在抖音上引发 6000 万人次观众围观；2021 年 10 月，虚拟偶像“柳夜熙”坐拥 800 多万粉丝，深受网友追捧；在电商直播领域，虚拟主播“我是不白吃”一年直播带货 GMV 过亿。乘着元宇宙之风，包括“天好”“柳夜熙”“我是不白吃”在内的虚拟数字人一夜爆红，作为主角开始走进我国互联网大众用户视野之中。

根据艾媒咨询 2022 年中国虚拟人爱好者调查数据，年轻用户对虚拟数字人的市场认知和认可度较高，超过八成(87.8%)的受访用户对虚拟人物有一定的了解，超过半数(54.1%)的受访用户表示会为虚拟人物消费。② 用户的市场认可，带动了作为虚拟数字人底层技术的 VR、AR、XR 相关设备行业的快速发展。根据 2022 年中国 VR 市场调查可知，2022 年下半年我国 VR 市场快速增长，71%的用户在过去半年内购入了新的 VR 设备，在已购买 VR/AR 设备的用户中超过 90%的人仍有回购计划。我国的虚拟现实市场能够在 2022 年年末依旧呈现出欣欣向荣的态势，有一部分原因在于 2022 年虚拟数字人市场的爆发。③ 在元宇宙时代真正到来之前，虚拟数字人的千亿级产业生态正逐步形成，虚拟数字人与人类共存的时代正式来临，元宇宙里的“元人类”正在集结。

---

① CMKT 咨询圈：《终于有人把“虚拟数字人”，讲清楚了!》，https://mp.weixin.qq.com/s/HuDAeJASiuLv7TfC3EHweg，2022-11-19。

② 艾媒咨询：《2022 年中国虚拟人行业发展研究报告》，https://www.iimedia.cn/c400/83791.html，2022-03-04。

③ 《2022 中国虚拟现实市场调查(下半年报告)》，转引自 https://news.qq.com/rain/a/20221226A0734B00，2022-12-26。

2. 新老互联网厂商相继进场，引爆虚拟数字人发展“元年”

工信部等五部门联合印发《虚拟现实与行业应用融合发展行动计划（2022—2026年）》，提出到2026年，我国虚拟现实产业总体规模超过3500亿元。① 随后，北京、上海等地先后发布数字人专项政策，促进数字人在数字营销、在线培训、电商直播、影音娱乐、服务咨询等多场景的行业应用。

用户对于虚拟数字人的市场认可和消费意愿，使虚拟数字人强大的商业价值日益凸显，加之国家相关产业政策明确表示了对这一新兴产业的支持，新老互联网厂商对虚拟数字人市场趋之若鹜。笔者梳理了2021年至2022年我国国内各互联网公司推出的具有代表性的虚拟数字人相关产品及服务，如表8.1所示。

表8.1　2021—2022年我国互联网厂商的虚拟数字人市场应用表②

公司名称	时间	事　　件
腾讯	2021年4月	腾讯发布全球首位数字航天员小诤，职责为面向载人航天工程、探月工程、深空探测工程等中国航天重大项目开展新闻报道，并进行航天科普传播等工作。
	2021年6月	“QQ炫舞”系列虚拟代言人星瞳在bilibili以虚拟UP主身份进行直播活动。
网易	2021年6月	网易云音乐LOOK直播AI虚拟偶像“乐灵”正式出道，同步开启LOOK直播首个3D视频AI直播间。
创壹科技	2021年10月	创壹科技团队在抖音发布第一条关于柳夜熙的视频内容，此条视频在发布后登上热搜，获赞量达到360余万，“柳夜熙”账号“涨粉”上百万。
百度	2021年12月	百度集团推出的AI数字人“希加加”正式发布，@希加加全网视频平台上线亮相视频。
	2022年1月	在百度科技沙龙“AI呀我去”第四期的会议上，百度推出集数字人生产、内容创作、业务配置服务于一体的平台级产品智能云曦灵数字人平台。

① 《虚拟现实与行业应用融合发展行动计划（2022—2026年）》，http://www.gov.cn/zhengce/zhengceku/2022-11/01/content_5723273.htm，2022-10-28。

② 元宇宙NEWS：《BAT等互联网大厂扎堆“制造”数字虚拟人》，https://mp.weixin.qq.com/s/r9-z1ogUZyvbYB5VmBe3hA，2023-01-04；中国青年网：《网易云音乐AI虚拟偶像“乐灵”正式出道 可实现24小时实时弹幕互动》，https://new.qq.com/rain/a/20210609A034U000，2021-06-09；新浪网，《Asoul嘉然加入Pico单播，人气再次暴涨》，https://news.sina.com.cn/sx/2022-10-12/detail-imqqsmrp2295721.shtml，2022-10-12；青亭网，《百度Create2021：智能数字人平台“百度智能云曦灵”全新发布》，https://new.qq.com/rain/a/20211227A073O800，2021-12-27。

续表

公司名称	时间	事　件
字节跳动	2022 年 1 月	字节跳动独家投资杭州李未可科技有限公司，该公司打造了名为“李未可”的 AR 科技潮牌及同名虚拟 IP 形象。
	2022 年 6—10 月	乐华娱乐与字节跳动合作推出的虚拟偶像团体 A-SOUL 携手 VR 平台 PICO 举办《A-SOUL 奇妙宇宙》VR 演唱会，A-SOUL 团体成员先后入驻 PICO 平台进行单人直播，字节跳动与 PICO 形成联动。
阿里巴巴	2021 年 9 月	由燃麦科技打造的虚拟偶像、超写实数字人 AYAYI 以“天猫超级品牌数字主理人”的身份成为阿里巴巴的首个数字人员工。
	2022 年 2 月	阿里巴巴推出冬奥宣推官数字人“冬冬”，北京冬奥会比赛开始后冬冬每天在淘宝直播带货 2 个小时左右。直播间的观看人数稳定在 14 万左右。
米哈游	2022 年 7 月	米哈游旗下女性虚拟角色 yoyo 鹿鸣开始以虚拟 UP 主身份在 bilibili 进行直播活动。

3. 金融资本积极布局虚拟数字人，行业迎来快速爆发之势

资本是互联网应用发展的“催化剂”，对于站在元宇宙风口的虚拟数字人行业而言更是如此。2022 年开年以来，虚拟数字人市场热度吸引金融资本先后进场，极大地缩短了虚拟数字人市场应用的成长周期，并且迎来了快速爆发期。根据《2022 年全球元宇宙投融资报告》，2022 年中国地区(包括港澳台)在元宇宙细分赛道的虚拟人/数字人领域共发生了 39 笔融资，融资总额达到 30. 51 亿元。其中世优科技与魔珐科技两家公司均完成了总金额过亿的两轮投资，魔珐科技更是凭借其在 2022 年 4 月的 C 轮融资中获得的 1. 1 亿美元的投资金额，一跃跻身为中国元宇宙企业“四只独角兽”的一员。①

2022 年，我国虚拟数字人投融资项目业务主要为三大类：一是直接的虚拟人/数字人产品，包括虚拟偶像、虚拟主播、虚拟人 AYAYI、虚拟直播带货产品、超写实数字人、明星虚拟人；二是投资于虚拟数字人专业化制作或定制服务的一站式平台，包括元宇宙数字娱乐平台、虚拟内容制作系统、虚拟主播平台、虚拟 KOL 等，主要解决其创意生产成本较高和制作周期较长的行业应用“痛点”；三是提供专业化的虚拟数字人技术服务，例如虚拟数智人技术提供商、一站式数字生态解决方案提供商、智能软件技术产品和服务提供商、虚拟生命 AI 驱动技术、数字人底层技术基础设施服务商、直播间解决方案研发商、

① 元宇宙 NEWS：《全球元宇宙 2022 年终盘点：中国诞生 4 只独角兽》，https://www.huxiu.com/article/755733.html，2022-12-29。

VR 技术服务提供商、AI 数字人技术研发公司等投融资项目。① 众多金融资本积极布局元宇宙虚拟数字人细分市场的上下游产业"链路"，加速了行业发展进程。

第二节　虚拟数字人市场爆发的运营特征

一、用户画像：以年轻一代作为消费主力军

根据艾媒咨询在 2022 年中国虚拟人爱好者调查的调研数据，我国虚拟数字人用户画像呈现的特征，主要表现如下几个方面：首先，年轻一代已经成为我国虚拟数字人市场的消费主体；其次，同时虚拟数字人的消费者多为女性；最后，常住在二线及以上城市的中高收入群体。② 如图 8.1 所示。

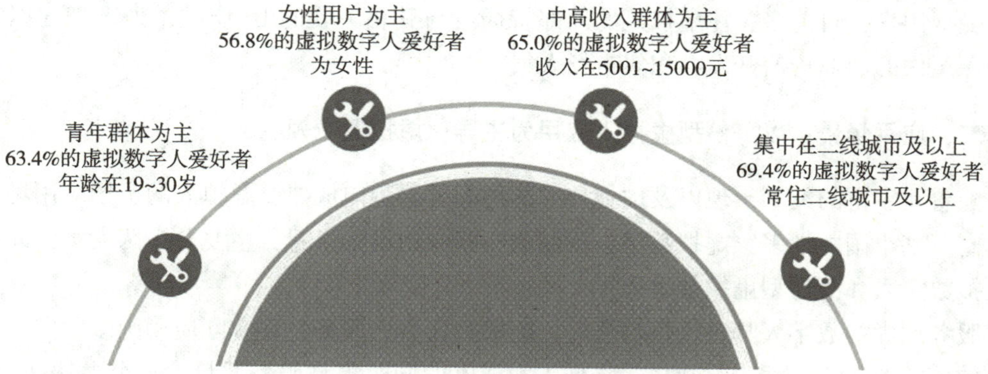

图 8.1　2022 年中国虚拟数字人用户画像特征③

谈及喜爱数字虚拟人的原因，接近七成用户表示喜欢虚拟人形象的外形/声音，其次喜欢虚拟人物的作品。除此之外还有"接近(自己)心中的形象""喜欢 IP 的衍生角色"等主观原因，被身边朋友带动或因虚拟人宣传热度高而"入坑"的用户占比也达到三成有余④。如图 8.2 所示。

以上调研数据表明，我国虚拟数字人市场目前的主要受众存在年龄偏低、收入偏高的

---

① 雷报：《2022 年以来，虚拟人领域 22 起投融资事件，热度不减，有公司融资上亿元》，https://www.36kr.com/p/1923046567641732，2022-09-20；前瞻产业研究院：《启示 2023：中国数字人行业投融资及兼并重组分析》，https://www.qianzhan.com/analyst/detail/220/221227-463824df.html，2022-12-27。

② 艾媒咨询：《2022 年中国虚拟人行业发展研究报告》，https://www.iimedia.cn/c400/83791.html，2022-03-04。

③ 数据来源：艾媒数据中心(data. iimedia，cn)；样本量：N=1620；调研时间：2022 年 1 月。

④ 艾媒咨询：《2022 年中国虚拟人行业发展研究报告》，https://www.iimedia.cn/c400/83791.html，2022-03-04。

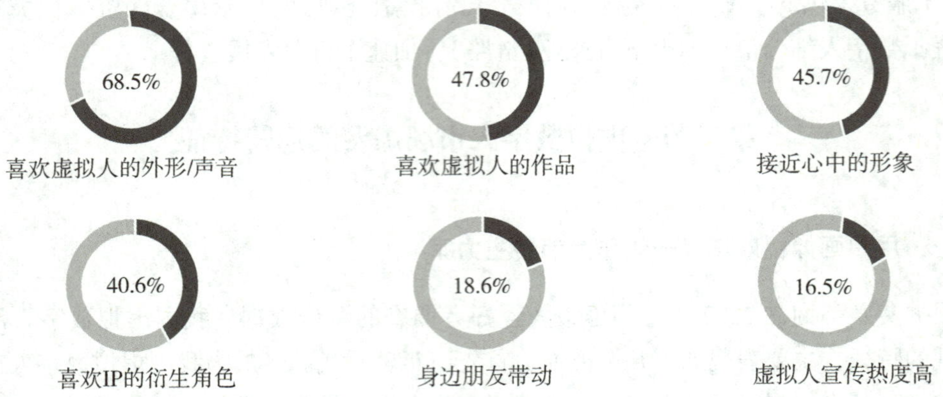

图 8.2 2022 年中国虚拟数字人用户画像特征①

特征，并且在地域分布上多聚集于发达城市，下沉趋势不明显。除此之外，虚拟数字人的主要受众用户，目前多关注虚拟人的外部特征或与其相关联的 IP 作品，为未来虚拟数字人更深层次的商业价值开发，积累市场人气。

二、应用场景：以身份型虚拟人应用为主导，虚拟偶像领跑

随着元宇宙的红利出现以及虚拟技术的仿真效果趋向成熟，虚拟人的市场应用场景不断丰富。基于国内外多家虚拟数字人厂商的实践应用场景来看，主要分为两大类，即服务型虚拟数字人和身份型虚拟数字人。

服务型虚拟数字人具有较强功能性，能够替代真人服务，在实际应用中多面向政府和企业，填补 B 端、G 端人才缺口，降低人力成本的同时提高服务质量。在公共服务领域，大量数字员工在政府、金融、文旅等行业“上岗”，为用户答疑解惑、办理业务。与服务型虚拟人相比，身份型数字虚拟人更强调其本身的人格象征，常见于娱乐、社交、购物等领域，满足品牌方对定制化代言人的需求以及新世代对虚拟化内容的向往，具体包括虚拟网红、虚拟演唱会、虚拟代言人进行品牌推广、虚拟偶像、影视拍摄、明星分身虚拟偶像、虚拟直播带货等应用场景。②

面向消费者的身份型虚拟人受到用户、互联网厂商和资本的热捧。2022 年中国虚拟人爱好者调查数据显示，63.0%的受访用户从影视领域了解到虚拟人形象，其次分别为综艺、游戏、直播领域，其中超过六成的用户对虚拟主播有了解。由此可见，面向消费者的文娱领域的身份型虚拟人，已逐步成发展成为我国虚拟数字人应用较为成熟的细分市场，成为我国虚拟数字人行业应用的主要增长点。

其中，在文娱领域蓬勃发展的虚拟偶像产业，更是成为领跑我国虚拟数字人行业的

① 数据来源：艾媒数据中心（data. iimedia，cn）；样本量：N=1620；调研时间：2022 年 1 月。

② 行研君：《2022 年影视元宇宙报告：虚拟人的商业模式是什么?》，https://www.ccvalue.cn/article/1391308.html，2022-01-18。

"排头兵"。虚拟偶像是指通过绘画、动画、CG 等形式制作，在网络虚拟场景进行演艺活动但不以实体形式存在的人物形象，其根据商业、文化等具体需求进行制作与培养，具有参与性强、基本无负面信息、生命周期长、商业衍生能力强等特点。例如据次世文化公司介绍，单个虚拟偶像的孵化周期大约在 45 天，以一年半为理想的使用周期。在初音未来、洛天依等成功案例的推动下，目前国内已经出现了专门的虚拟偶像经纪公司。①

三、内容创作：UGC、PGC、AIGC 模式多元发展

作为文娱行业的新鲜力量，虚拟数字人正在以技术进步为依托，为内容市场带来更多可能，我国虚拟数字人在创作生产模式上呈现出 UGC、PGC、AIGC 并存的多元化发展格局。

UGC 内容创作模式，多集中于虚拟偶像、虚拟主播等细分行业领域中，以粉丝的"为爱发电"为主要表现形式。UGC 内容创作模式的一个典例是国内知名度最高的虚拟偶像洛天依及其粉丝群体。作为一位虚拟歌手，洛天依的绝大多数歌曲由粉丝使用声库和音乐合成软件自发创作而成。有研究对虚拟歌手粉丝创作者的创作过程进行还原，发现此类 UGC 活动一般包括策划、作词、作曲、调教、混音等流程，以视频形态在 bilibili 等平台发布的作品还需经过曲绘和视频制作。总体而言，虚拟歌手粉丝创作流程复杂，需要付出大量劳动，需要具有不同专长的创作者分工合作、密切配合，而粉丝创作者和偶像间的亲密关系是创作动力的重要来源。②

PGC 内容生产模式在我国目前主要有两种实践探索路径。一方面，国内专业孵化数字虚拟人的 MCN 机构等组织，如虚拟偶像经纪公司，大多采用文娱公司+技术公司联合打造的方式。由文娱公司进行前期的形象设计、人设打造，以及后期的流量、活动运营等，而技术公司则提供虚拟数字人所需的相关技术，并为具体的互动环节提供技术支持。其目的是为快速打造出具有独立人设的高人气虚拟 IP 以收割市场红利。对内容行业的深入了解和相关技术的掌握，成为参与公司必须跨越的硬性门槛。另一方面，元宇宙时代我国主流媒体探索"内容科技"深度融合发展的实践创新应用形式。如央视网"小 C"、上海台"申小雅"、湖南台"小漾"、北京台"时间小妮"和浙江卫视"谷小雨"等，都是这一探索的成果。③ 这些数字虚拟人大多身兼数职，既能胜任新闻播报、晚会主持等专业性极高的场景，也能参与观众采访、直播带货等更为轻松的活动。主流媒体的 PGC 内容生产模式，无论应用于何种场景，均与粉丝或 UP 主自发创作以及商业性虚拟偶像经纪公司打造的"虚拟数字人"有着本质的区别。主流媒体所打造的虚拟数字人，都代表着我国主流媒体发声，传递主流话语，其本质是作为主流媒体内容的"代言人""宣传官"，成为连接专业

---

① 量子位：《2021 年虚拟数字人深度产业报告》，https://zhuanlan.zhihu.com/p/450641548，2021-12-15。

② 高存玲、范珈硕：《为洛天依写歌：虚拟歌手粉丝创作者的情感劳动》，《中国地质大学学报》(社会科学版)2022 年第 3 期，第 147-156 页。

③ 传媒内参(CMNC)：《广电媒体纷纷推出"虚拟人"，数字人霸屏时代来临》，https://new.qq.com/rain/a/20220608A09U9A00，2022-06-08。

媒体与年轻一代受众的桥梁。

AIGC，即 AI Generated Content，是指利用人工智能技术来生成内容，AIGC 是继 UGC、PGC 之后的新型内容生产方式，也被认为是技术创新突破的重点与难点。目前，在我国虚拟数字人的内容创作中，主要通过 AIGC 生产模式进行虚拟人形象的自主开发或平台开发，合成全新的人物形象，与用户进行互动。例如，AI 手语主播通过 AI 算法将文本转化为手语信息，为听障人士提供服务；品牌代言人、火星车数字人“祝融号”与广大用户进行互动；智能客服、游戏陪玩等应用也层出不穷。①

四、盈利模式：承袭泛娱乐内容产业现存的变现路径

商业变现是支持我国虚拟数字人行业持续发展的“重要环节”。目前的具体变现方式并未实现突破性创新，仍然主要集中在粉丝打赏、平台签约、广告代言、直播带货四个方面，这些方式在现有的泛娱乐内容产业中颇为常见。②

粉丝打赏与直播带货，多指虚拟主播通过直播的方式，获得直播带货费和虚拟礼物打赏，其商业价值逐步凸显。头部虚拟主播的直播打赏收入与粉丝量级已可与头部真人主播相媲美。例如，在 B 站 2021 年 8 月虚拟主播粉丝数排行前十中，有 9 位虚拟主播粉丝数超过百万。百观科技数据显示，B 站虚拟主播的人数自 2020 年 3 月开始显著增长，打赏收入同比增长 183%。在 2021 年 12 月 23 日近七天的 B 站游戏主播实力排行榜 TOP50 中，有 11 位虚拟主播入围，“阿梓从小就很可爱”和“嘉然今天吃什么”进入 TOP10，收益礼物分别为 96.47 万元和 10.9 万元。③

平台签约与广告代言是虚拟数字人寻求市场变现的另外两种路径。当虚拟 IP 形象具备一定程度的知名度和商业价值后，可以通过这两种方式进一步挖掘其市场潜力。“明星分身”虚拟偶像可获得 IP 授权费和产品代言费，虚拟网红 KOL 可以通过与社交平台或与护肤、美妆和时尚公司合作，收取相应的品牌推广代言费。④ 这类变现手段的典型代表是燃麦科技旗下的虚拟数字人 AYAYI，其在公众面前的首次亮相就是作为小红书平台的虚拟 KOL 出现。AYAYI 的一夜爆红，火速吸引到了各大品牌抛来的橄榄枝。迄今为止，其不仅与娇兰、LV 达成合作，还受邀“打卡”了迪士尼、空山基的线下活动。在 AYAYI 之后国风虚拟偶像翎 LING、超现实数字人 Reddi 等虚拟人也先后入驻小红书。他们凭借可观的数条笔记点赞量与账号粉丝数，积累了较大的社群影响力，为虚拟数字人的流量变现开辟了道路。

---

① 脑极体：《AIGC 的“含科量”与“含资量”》，https://www.jiemian.com/article/7122197.html，2022-02-21。

② 秦贝贝、傅焕然、周粤婷：《数字虚拟人产业发展现状研究》，《广播电视网络》2023 年第 2 期，第 94-96 页。

③ 行研君：《2022 年影视元宇宙报告：虚拟人的商业模式是什么?》，https://www.ccvalue.cn/article/1391308.html，2022-01-18。

④ 行研君：《2022 年影视元宇宙报告：虚拟人的商业模式是什么?》，https://www.ccvalue.cn/article/1391308.html，2022-01-18。

第三节 虚拟数字人市场持续运营的现实挑战

聚焦当下虚拟数字人市场内容生态和商业生态，我们不难发现，虽然泛娱乐领域的应用日趋成熟，但社会化应用方面尚有不足，相关法律风险也随之而来，核心技术与内容创作面临挑战。

一、关键技术尚不成熟，数字人形象设计同质化

在技术方面，综合现有虚拟数字人的形象来看，它们与真人尚有不小的差距。虽然海报、推文中的平面图可通过后期修图技术作精细化调整，使它们在乍一看时给观众带来真人般的视觉冲击，但一旦这些虚拟数字人以动态的形象出现，就会暴露出表情生硬、动作僵硬、语流怪异等问题。这反映出目前虚拟数字人的计算机建模技术、动作捕捉技术、AI语音技术及虚拟现实投影技术还不够成熟和完善。究其原因，很大程度上是由于虚拟数字人尚处于初步发展阶段，前期高昂的开发成本与商业化变现滞后及“造血”功能不足存在着现实矛盾，影响了大额资本的投入，这也是导致目前虚拟数字人还未能实现量产的重要原因。

在虚拟数字人的形象设计上，还存在同质化严重的问题。女性数字虚拟人大部分拥有流畅小巧的瓜子脸、瘦长窈窕的九头身，如韩国虚拟人女团 MAVE 的四个成员就被观众评价为“去掉发型都长得一样”；而男性数字虚拟人则更倾向于强行加入缺乏阳刚之气的花美男，这种设计更加别扭，也更加不像“真人”。在现实社会中本就存在对性别审美的刻板印象，而虚拟数字人在设计上有更充分的自由空间，应当向世人展示更多元开放的审美，过分追求将虚拟数字人设计为所谓的完美形象只会降低它们的识别度，引发观众的审美疲劳。加之现有建模技术有限，仅能做到让它们停留在“像真人”的程度，在某些情况下容易产生“恐怖谷效应”，使观众产生距离感和不适感。

二、广告代言与版权涉及法律风险，用户隐私安全难以保障

将虚拟数字人作为广告代言人具有成本低、“塌房”风险小、与品牌契合度更高等优点，但其背后的法律风险也不容忽视。首先，根据《中华人民共和国广告法》的相关规定，虚拟数字人并不具有主体地位。严格来说，它们自身就属于信息类产品，是数字化、非物化的财产。一旦广告内容、代言产品等出现问题，虚拟数字人无法作为追责主体。然而具体应由广告方、虚拟数字人版权方、品牌方、“中之人”(指操控虚拟形象的人)等哪一方来承担责任，现有的法律法规中还没有明确定义，这可能导致责任纠纷。其次，目前《中华人民共和国广告法》要求代言人须亲身试用所代言的产品，而虚拟数字人显然是无法进行产品试用的。如 AYAYI 代言 bose 耳机时强调其降噪功能强大，川 CHUAN 担任护肤品牌兰芝的潮流体验官，但事实上虚拟数字人们既无法感知降噪功能，也不需要使用护肤品。这就存在虚假广告的风险。

对于原生型虚拟数字人，其整体版权归推出的公司所有，包括形象、声音等，这是比

较容易确定的。然而，对于有真实原型的虚拟数字人来说，它是由不同路径合成的系统，因此版权问题就更值得重视。对于还在世的名人明星的虚拟形象的制作必须经过本人授权，并签订相关合约限制该虚拟形象使用的场景。对于已经去世的名人形象制作，则需要经过其直系亲属的同意授权。目前虚拟数字人的版权监管仍然较为模糊混乱，很可能出现不法分子非法制作名人的虚拟形象，并借此发表不当言论，抹黑真人形象，造成社会混乱。

网易旗下创作社区 LOFTER 推出 AI 写文、AI 绘画功能，却被用户发现其生成的资源库，来源于平台上用户已发布的原创内容。这实际上是利用人工智能技术盗取用户创作作为自己的“新功能”。外网也曾出现真人模特离开经纪公司后，公司未经授权继续利用其虚拟形象运营账号的情况。我国之所以迅速打击红极一时的“换脸软件”，正是出于对用户肖像权、人格权、名誉权和隐私安全的保障。随着技术得到广泛应用，难免出现未经授权就使用普通用户形象制作虚拟数字人的情况，这无疑增加了用户个人隐私保护的难度。

三、泛娱乐化趋势明显，用户沉迷风险增加

在“万物皆可娱乐化”的当下，现实社会中的泛娱乐生态已然令人感到厌烦。然而，身份型虚拟数字人主导的应用发展方向仍然以娱乐为主，这进一步推动了泛娱乐化趋势。得益于身处虚拟空间的优势，虚拟数字人的活动、互动不受现实时间与空间的限制，这就意味着它们可以轻松做到人类受限于生理因素而无法做到的事，从而大大满足了用户的猎奇心态。更有甚者，不需要“中之人”(即幕后操控者)操控的虚拟数字人能够 24 小时无休地进行工作。如果它们成为主播，完全可以拥有足够长的直播时长。在“真人主播”下播后，用户通常会离开直播间，但换成“虚拟数字人”直播之后，用户留下的时间也会被相应延长。这导致用户被剥夺了更多的注意力，逐渐沉迷上瘾，将越来越多的时间成本耗费在虚拟空间，现实生活很可能因此停摆。用户自身的生理需求也可能被忽略。这为资本提供了新的商机，即利用各类智能机器人帮助用户完成现实生活中的种种需求，从而进一步加深用户对于虚拟世界和智能设备的依赖性。这将大大影响人们的身心健康。

在内容生产方面，同样是娱乐属性的虚拟偶像、虚拟主播、虚拟博主等占据主导地位。虚拟偶像本质依旧是偶像，被赋予了明星属性的它们拥有优越的外形和优秀的唱跳能力，有些虚拟偶像的综合素质甚至超过了现实社会中的流量明星，自然会掀起新一波的追星热潮。初音未来、洛天依这类老牌虚拟歌姬主要依靠个人 P 主(即音乐创作者)的音乐创作。长期以来，它们的内容创作已经形成了较为优秀的生态圈，用户对作品的优劣已形成一套公认的评价体系。运营公司也在利用成熟的 3D 全息投影技术定期举办线下活动来巩固粉丝群体，人气自然不必多说。近几年，以虚拟女团 A-SOUL 为代表的一众虚拟偶像也已建立起坚实庞大的粉丝群体，并不断扩大影响力。一旦形成大型粉丝团，“饭圈”乱象仍然可能出现。在此基础上，值得注意的是，部分用户在喜爱、追随虚拟偶像与主播群体时很可能会“入戏太深”，导致虚实不分，进而引发伦理问题。在日本，就曾有一名男子因太过喜爱虚拟偶像初音未来而与她举行了婚礼，且不说这种行为是否存在侵权问题，与虚拟偶像举办婚礼本身就有悖社会伦理，容易造成社会秩序的混乱。而对于新兴的大部

分原生型虚拟数字人和有“中之人”控制的虚拟主播，它们主要由真人运营，应用于泛娱乐领域，缺少特色优质内容的创作。目前，原生型虚拟数字人的主要运营方向为生活博主、美妆博主、时尚博主等，大多入驻于年轻用户较多、时尚氛围较浓的小红书。除了日常分享生活照、与品牌合作短片外，鲜有具有个人特色的内容产出，缺乏立体性和多元化。在短暂的火爆之后，运营方很难长期用缺乏新意的内容吸引粉丝，与粉丝的双向互动不足。而虚拟主播主要活跃平台为 Youtube 和 B 站，具体创作内容完全依赖于“中之人”的创意，容易出现内容质量参差不齐的问题，且由于现有网络主播的治理条例不能完全适用于虚拟主播，也会催生内容创作的灰色地带，可能滋生淫秽色情等不良信息。

四、用户整体低龄化，虚实难辨，易引发社会伦理问题

在虚拟世界与现实社会的区分上，已建立成熟三观的成年人总体拥有较强的分辨能力。他们先是在现实社会中成长，再目睹虚拟世界的诞生与开发，能明确认知到这是两个不同的世界，能够分清真实与虚拟之间的界线。然而，仍然存在不少虚拟数字人的“梦女”“幻男”，即爱上虚拟形象、幻想自己与之步入“婚姻”的人。对于低龄化的互联网用户来说，他们对虚拟世界与现实社会的认知程度相差无几。在两个世界中穿梭自如已经成为他们必须掌握的技能，这就导致他们对于现实社会的归属感并不强烈，甚至更愿意沉迷于虚拟世界中，在游戏、动漫、线上社交中放纵自我。随着时间的继续推进，不远的未来，很可能每个人的出生都有两次，一次在现实世界，另一次是虚拟形象同步出生在虚拟世界。届时，未成年人可能更加丧失对虚实的辨别能力，我们的世界很可能沦为《头号玩家》中所描绘的现实社会——一片荒芜，每个人都沉溺于虚拟世界，抛却世俗伦理。

第四节 虚拟数字人市场持续运营的应对策略

根据量子位的预测，2030 年我国虚拟数字人整体市场规模将达到 2700 亿元。其中，身份型虚拟数字人①将占据主导地位，并逐步成为元宇宙中的重要一环。② 然而，潜在的市场空间也暗藏着如前所述的方方面面的行业发展问题。为此，应本着规范有序与创新发展的总体应对策略：从宏观和中观层面，急需建立健全相应的规范管理体系；在微观层面，各方主体应积极探索有效而规范的应用策略，使之真正成为打开元宇宙的“钥匙”。具体应对策略如下：

一、宏观层面：完善相关法律法规，加强重点领域动态监管

作为我国元宇宙现实应用突破口的虚拟数字人，正处于从小范围探索到大规模应用转

① 与缺乏人格象征的服务型虚拟数字人相比，身份型虚拟数字人具备鲜明身份性，可用于娱乐/社交等场合，如虚拟 IP/偶像、虚拟世界第二分身。

② 《数字虚拟人赛道率先跑进“元宇宙”》，https://finance.sina.com.cn/blockchain/roll/2022-06-02/doc-imizirau6190788.shtml? finpagefr=p_111,2022-06-02。

化的过程中，引发了社会各界的广泛关注。当前，从现实应用实践来看，越来越多的虚拟数字人加入广告代言的行列，显然企业品牌方已经看中了这一全新领域。然而，其广告代言与版权涉及法律风险，需要尽快完善相关的法律法规。首先，必须明确虚拟代言人进行广告代言时的责任主体，即厘清一旦出现法律纠纷事件，该由谁来承担相关法律责任的问题，使虚拟代言人在《中华人民共和国广告法》中有真实的责任承担主体。其次，根据虚拟数字人的特点，应规范限制其可代言的产品范围。例如，需要亲身体验、广告词中有使用感受的产品，要慎重使用虚拟代言人，以防虚假广告的法律风险。最后，结合虚拟数字人不同部位版权所属的差异，应使用由不同路径合成的系统来保护其知识产权，严禁未经允许随意使用真人形象和声音作为虚拟数字人的原型，以切实维护正常的社会伦理秩序。

与此同时，面向消费者的虚拟数字人，相比 2D 时代的社交、短视频、长视频和直播带货等大众泛娱乐化媒介形态，因其综合应用了“语音、手势、眼动、动感/触感模拟、AI 助理”等各种自然交互技术，可实现更加直观、沉浸、轻松、自在的交互体验。其虚实共融的泛娱乐化形态将会更加立体和逼真。但也随之带来了更加突出的社会问题，如用户沉迷、淫秽色情、网络暴力、虚假新闻、虚假广告、个人隐私信息泄露与深度伪造等，这些问题将进一步对现实社会的新一代年轻用户尤其是未成年人产生深层的负面影响。对此，政府相关主管部门应密切关注，专门制定相应的规范管理政策与法规，从而在国家宏观监管的“顶层”层面，为打造风清气正的虚拟数字人网络空间“保驾护航”。与此同时，在整体宏观监管的实施过程中，可根据虚拟数字人的生产方式、应用场景等的不同，加强动态的日常分级管理，一方面，大力鼓励优质内容生产和有积极意义的社会化应用；另一方面，重点监管泛娱乐化领域，在现有娱乐内容管理的基础上，结合虚拟数字人特性有的放矢，同时注重保护未成年人的身心健康，对未成年人接触虚拟数字人设置切实有效的保护门槛。

二、中观层面：建立健全行业性规范管理体系，促进可持续发展

近年来，虚拟数字人行业既是我国元宇宙发展的现实突破口，也成为当下我国新的互联网流量风口。这一新兴行业吸引了新老互联网相关市场主体纷纷加入，如平台、自媒体以及介于两者之间的各类居间服务型 MCN 机构甚至隐形“饭圈”组织。在增加其市场活力的同时，也引发了社会各界对这一新兴行业发展前景的某些社会担忧。当下虚拟数字人的主要现实应用是面向消费者的身份型虚拟数字人领域，多应用于我国互联网泛娱乐领域。大量企业和资本扎堆涌入虚拟偶像、虚拟主播、虚拟博主、虚拟直播带货等细分赛道，总体以泛娱乐化内容生态为主导。虚拟数字人在互联网行业的应用更为立体化、可视化，能够做到虚实共生，很可能成为我国下一代泛娱乐化生态的数字“栖息地”，将进一步加剧我国现有泛娱乐内容生态和商业生态的社会安全风险，成为社会各界重点关切的焦点问题。

在国家加大对泛娱乐生态规范治理的大背景下，为保障虚拟数字人这一新兴行业的持续有序健康，加入这一行业的各方市场参与主体（平台、自媒体以及介于两者之间的各类

居间 MCN 服务型机构和隐形“饭圈”组织等），应以国家相关法律法规为准绳，回应社会大众的关切，共同强化这一新兴行业中各方市场参与主体的社会责任，重点防范淫秽色情、深度伪造、网络暴力、虚假新闻、虚假广告等网络乱象在虚拟数字人领域的蔓延和深化，建立健全虚拟数字人规范有序的内容生态和商业生态的行业规范管理体系。一方面，从近年来的行业应用实践来看，虚拟数字人涉及用户可视化的个人敏感信息，应重点加强虚拟数字人应用平台及其相关的其他运营主体在用户隐私安全与伦理约束方面的行业规范标准建设和行业自律管理。在行业发展的底层逻辑上，应严格禁止利用人工智能盗用用户隐私信息、未经授权制作用户的孪生数字人，加强自查自纠，将行业内部出现的此类“毒瘤”作为典型反面案例坚决予以抵制并进行矫正。另一方面，当前虚拟数字人的主要用户群体为“求新求异”的年轻一代，且其中相当一部分为未成年人。这部分用户群体的媒介使用与消费大多以感性认知为主，对社会新现象的理性反思意识较弱。他们的媒介使用特征易被互联网行业多方应用型商家组织（如平台、博主圈层化社交媒体、MCN 服务机构甚至粉丝饭圈）所利用。如果行业各方市场主体缺失社会良知和必要社会责任，势必会被虚拟数字人的应用产品或服务功能深度利用。基于此，当前虚拟数字人行业，应重点加强未成年人对于虚拟数字人应用的防沉迷功能，增强辅助用户辨别虚实的功能，加强开发与实质性行业自律管理，这不仅有助于社会各界对这一新兴行业的“信任度”和“行业声誉”的建立，为新兴的虚拟数字人行业的稳步有序发展创造良好的社会信任环境，而且有助于汲取我国过往相关互联网“爆发”行业快速遇冷的深刻教训。

三、微观层面：各方市场主体合规创新，共促行业有序稳步发展

站在现实落地化应用的视角来看，在微观层面，行业发展的关键节点中的各方市场参与主体，在遵守虚拟数字人相关政策法规与行业自律规范的同时，应主要着眼于行业关键节点的创新探索，解决各自细分领域的现实发展瓶颈，共同促进虚拟数字人这一新兴行业整体的有序稳步发展。

1. 技术方：提升核心技术和用户体验，数字人形象设计多元审美

虚拟数字人的长期发展与应用离不开相关核心技术的不断优化升级，其中画面渲染与建模技术更是虚拟数字人能否达到高度拟人化的关键因素。行业的发展需要大力培养相关技术人才，更加注重光学捕捉、三维重建、动态抓取、智能人机交互、实时渲染等新兴技术，以及自然语言处理、语音识别、计算机视觉等 AI 底层技术研究，加速开发流程化、去人工的技术工具与标准。应发展手势追踪、眼动追踪、表情追踪、全身动捕、沉浸声场、高精度环境理解与三维重建技术，加强肌电传感、气味模拟、虚拟移动、触觉反馈、脑机接口等多通道交互技术研究，促进感知交互向自然化、情景化、智能化方向发展，①以解决当下虚拟数字人用户体验的“技术痛点”，提升用户对产品物理功能使用层面的基本感知体验。

---

① 《虚拟现实与行业应用融合发展行动计划（2022—2026 年）》，http://www.gov.cn/zhengce/zhengceku/2022-11/01/content_5723273.htm，2022-10-28。

与此同时，虚拟数字人的形象创意设计应拥抱多元审美。全球首位虚拟超模 Shudu Gram 拥有细腻的黑皮肤，曾被《时代周刊》评为“25 位最有影响力的互联网人物”之一的 Lil Miquela 也是有着小雀斑、塌鼻子的普通女孩。这正说明虚拟数字人并非一定是白皮肤、高鼻梁、瓜子脸、九头身的“完美形象”。现实生活中年轻一代已经因“白幼瘦”审美而苦恼，更不应该将这股不良风气带入虚拟世界。虚拟数字人的形象设计应当拥抱多元审美，更好地呼应元宇宙“包容”与“去中心化”的多元设计理念。

2. 内容方：规范与丰富内容创作，探索多元变现路径

现有虚拟数字人的内容创作，总体还处于在真人 PUGC 的范畴。针对虚拟数字人领域的低俗暴力、淫秽色情等“灰色地带”，完全可以套用现存行业管理规则，一视同仁地予以规范。另外，目前虚拟数字人形象的创意制作，还是以机构的 PG 方式为主体，大部分用户无法拥有自己的专属虚拟形象。以韩国女团 aespa 为例，每位成员都拥有与自己相伴而生的虚拟形象 ae，既可以与之同时出现、互动合影，也能够让它代替自己出现在其他场合。这无疑是人们对于虚拟数字人的另一种畅想。虚拟数字人平台型企业应在建立健全个人敏感隐私信息保护、防范深度伪造、严禁网络暴力和维护社会公序良俗的内容创作规则的前提下，加速推进用户端的技术开发，有序开放 UGC 创作领域，以丰富内容创作，实现虚拟数字人的内容量产。

与此同时，在当下虚拟数字人行业的 PUGC 生产实践中，已衍生出“动捕演员”“中之人”这样的幕后职业。这些“隐身化”的内容生产参与者往往缺乏必要的规范管理与保护。例如虚拟女团 A-SOUL 成员珈乐“毕业”事件的背后正是其组合热度与待遇不匹配——工资低、训练苦、受伤、被公司限制人身自由。这群受万千粉丝追捧的虚拟偶像实质上还是被压迫的“打工人”。因此，对此类虚拟数字人背后的真人，需要社会给予更多的人文关怀，也应当呼吁行业制定相关规范，给予他们应有的待遇。

从内容运营视角来看，鉴于当前虚拟数字人行业整体尚处于初步探索期，我们应在确保合规运营的同时，探索创新运营方式。例如，加强虚拟数字人的个性化标签打造，结合外形、技能、行业、服务等进行交叉定位，以个性化吸引目标用户并保持用户黏性，从而提升用户忠诚度与口碑，更好地实现虚拟数字人品牌建设，并提高影响力。同时，应积极探索多种传播形式，突出数字化、互动性、沉浸式特征，为虚拟数字人传播内容的生产、呈现、自传播提供动力。在此基础之上，进一步突破现有领域的同质化变现路径，探索适合数字虚拟人的多元变现路径，实现多元化创收。

3. 用户方：提升自身媒介素养，增强虚实辨别能力

虚拟数字人的用户整体呈现低龄化特征，他们既缺乏一定的虚实辨别能力，也容易被煽动，产生群体极化行为。用户应当进一步提升自身媒介素养，学会选择性地接触虚拟数字人相关信息，提高信息筛选和过滤能力；多方面认知世界，注意与传统媒介相结合，不可完全脱离现实社会，注重增强虚实辨别能力；提升个人修养，提高伦理道德与法律意识；自觉接受媒介素养教育，全面提高新时代对媒介素养的社会认知，有意识地规范自己在媒介接触中的行为，积极对抗“上瘾”“沉迷”“低俗暴力”“饭圈抱团”等不良网络行为。

结语与启示

通过考察梳理与分析研究我国移动互联网4G和5G时代以来，不同年度主要新兴媒体市场的爆发式发展与运营实务，发现了近十年间众多新兴媒体产业化市场共同的生命周期规律，以及其中存在的问题和启示。具体如下。

一、我国新兴媒体市场化运营具有共同的生命周期规律

1. 初始期："用户为王"的市场创新之道，引领新兴媒体产业发展的动态演变方向

早期以"用户为王"为市场化创新开发的核心经营理念，即以用户市场化需求为王、以用户的实际体验为王，并通过多种资源的市场协同创新之道，以不断满足用户时代性的市场新需求(如优质视频内容的付费观看、优质内容的知识付费、短视频与直播电商的使用)为市场创新的引擎，在资金、政策、市场等多重红利加持下，通过整合资本、技术与人员，开发与运营可以供用户直接方便使用的市场化新业务(如前所述的视频付费、知识付费、短视频、直播及电商)之类的新产品、新平台，在客观满足用户新需求的同时，最终主观上实现了自身商业性的市场化利益，成为引领我国新兴媒体产业化发展动态演变方向的市场创新驱动力。移动化、社交化、视频化、直播化与智能传播成为4G应用以来我国新兴媒体市场的主要发展方向。

2. 成长期：过度追求用户规模市场份额，严重影响新兴媒体内容生态的持续健康发展

初始"用户为王"的市场创新，引发某一个新兴媒体产业市场"爆发"。进入市场成长期后，大量同类竞争者快速入场，短期内加剧某一个新兴媒体产业的市场竞争，"蓝海市场"很快变成"红海市场"，在竞争加剧，市场生存空间受挤压，同时引入的初始资本追求及时的市场回报的现实经营环境之下，一些前期非常重视用户体验的新产品、新业务，为了快速追求用户规模(流量)或在同类竞品中抢占用户市场份额，以快速成为新兴媒体产业细分领域的"龙头"，掌控垄断经营的"市场话语权"，开始对某些用户低俗化的内容需求"放水"，一些格调低下、价值导向偏离、低俗恶搞、盗版侵权、"标题党"的内容开始潜入用户使用的新媒体产品或新业务(尤其是过度娱乐化的视频、短视频、直播)。这些低俗、恶搞、荒诞甚至色情、暴力等违法和不良信息，以及盗用篡改他人版权影视作品，炮制推荐"标题党"内容等行为，背离社会主义核心价值观，给广大网民特别是青少年网民造成了严重不良影响，严重影响了新兴媒体内容生态的持续健康发展。

3. 成熟期：急于追求流量的商业变现、收益最大化，影响新兴媒体产业的持续发展

随着新兴媒体产业的进一步市场化发展，在市场竞争压力和上市公司盈利要求的双重

挑战下，一些大型新媒体平台甚至是头部平台，忘记了最初取信于用户的职业操守，平台规范化自律缺失，合法化程度不足，导致各种问题层出不穷。如视频广告及付费内容中低俗化问题、版权问题、用户使用沉迷问题等更加突出，商业变现环节中的流量数据真实性问题，如“注水”抽奖成功率，涉嫌侵害消费者合法权益，短视频商业营销与直播电商变现中的主播流量数据造假，实际营销效果存在水分等违法违规问题；直播电商变现中主播素质参差不齐，直播营销过程中的低俗化、同质化、直播商品的虚假宣传；在商家端，多数商家因流量成本高或带货流量不真实，实际获益不大，难以持续维系；在直播电商售后环节，商品质量以难保障、售后服务差、维权难，影响甚至损害新兴媒体产业的持续发展，将本可以较长时间内持续稳定发展的新兴媒体产业转化为“昙花一现”的“流星产业”。

由上观之，过度开发的市场化、商业化与同质化甚至恶性市场竞争，导致新兴媒体产业的“短平快”迭代，基于用户的子行业市场红利短期内被“透支”，压缩了持续发展的市场空间。

二、新兴媒体市场化“短平快”迭代的主要原因

1. 资本对新兴媒体市场的产业化运营影响是一把“双刃剑”

资本的短期利益驱动对新兴媒体产业发展的影响，是“成也萧何，败也萧何”。综合上述分析，我们发现，在短期利益驱动下，大量资本进入新兴的新媒体产业市场领域，为新媒体产业的快速发展提供了必要的市场资本投融资支持。然而，短期内大量资本进入同一类新兴的新媒体产业项目，势必会盲目追市场热点，蹭市场热点，竞争成本急剧上升，新兴的新媒体产业项目的商业变现压力增大，并导致过度追求商业利益，从而短期内过度压缩新兴媒体产业正常的可持续发展空间，造成“短平快”发展甚至“昙花一现”。“你方唱罢我登场”，表面看来是“繁花似锦”，实质是“走马灯”式的短平快迭代，影响了新兴媒体产业正常的持续健康发展。

2. 新兴媒体市场运营的传统创新路径遭遇现实困境

如前所述，近年来，我国新兴媒体市场总体上走的是以产业为中心、以内容为辅的市场创新传统之路。一方面，在商业资本追求“新用户红利”的利益驱动下，互联网市场化与商业化的过度开发，导致新兴媒体产业“短平快”的快速迭代，用户红利短期内迅速消减。这迫使商业资本寻求新的用户红利市场，最终造成“新兴产业”周期性快速迭代的“两难困境”。

另一方面，新兴媒体产业与其他一般物质性产业有所不同，其主要是由内容黏着用户的，内容在新兴产业发展中起着举足轻重的作用。然而，在新兴产业发展的成长期和成熟期的商业变现过程中，一些平台、自媒体、商家忽略甚至抛弃内容质量，尤其是一旦某种新兴新媒体服务产业形成头部平台市场化垄断经营之后，常常忘记平台初期坚守的“初心”，不顾老用户体验的下降，在新媒体产品或新业务置入一些为正常用户体验所不齿的背离社会主义核心价值观的违法违规行为。这些行为严重影响新兴媒体市场内容生态的持续健康发展，甚至损害网络内容安全，同时还侵害用户的正当消费权益。这种以产业为中心，以内容质量为辅的传统市场创新之路已经走到了尽头，已经成为以国家强监管为主导

的网络社会治理的重点场域。

三、启示

1. 新兴媒体市场的创新：需以内容价值观的守正为前提和基础

创新与守正，是新兴媒体产业持续发展的保障。基于“用户为王”的初始互联网经营理念的市场与产业发展的协同创新，是促进新兴媒体产业持续健康发展的源头和“发动机”。然而，作为以互联网科技应用技术为驱动力的新兴媒体产业，其核心在于对用户内容价值的产业化、市场化运用。新兴媒体产业的核心商业价值，其实核心要义是内容，而内容承载着社会价值观的内核，其中，社会主义核心价值观是新兴媒体市场创新的核心要义。在市场化创新过程中，新兴媒体在迎合、取悦用户与教育、引导用户之间应找到平衡，坚守正确的内容社会价值观（社会主义核心价值观），营造清朗的网络环境，从而赢得广大用户群体和国家的长期认可，从而形成产业发展的良好社会声誉，使市场创新开发的某一新兴媒体产业，在社会认同和认可中获得长期发展的社会基础。

2. 互联网公司应平衡与相关利益者的关系，以实现新兴媒体市场的持续稳定发展

研究发现，我国新兴媒体产业之所以“短平快”迭代，除了正常的市场需求变化引领之外，在很大程度上与商业互联网公司（尤其是互联网平台型公司）在进行新兴媒体产业创新发展之中，未意识到与本产业发展息息相关的利益关系人建立和谐平衡关系的重要性有关，除了在新兴媒体产业发展初期，要注重与用户、内容方的友好合作关系，在成长期与成熟期，更要把握与国家基于社会公共利益（网络舆论安全和社会安全稳定的社会治理目标、维护市场正常运行的经济治理目标）的相关法律法规和政策监管的关系。互联网公司应自觉将维护社会公序良俗、维护社会主义核心价值观以及国家对相关网络空间（包括网络内容生态和舆论生态）乱象的法治理念和监管法律法规融入新兴媒体市场长远发展的目标管理中。这是促进互联网公司新兴媒体产业走得稳、走得持久的重要保障。应注意与用户、内容方、商家之间利益关系的平衡，在利益共享、成本共担中构建和谐的产业持续发展空间。

附　录

新时代中国网络法治的相关文献

附录 1

《新时代的中国网络法治建设》白皮书(2023)节选[①]

中华人民共和国国务院新闻办公室

前言

互联网是人类文明发展的重要成果。互联网在促进经济社会发展的同时，也对监管和治理形成巨大挑战。发展好治理好互联网，让互联网更好造福人类，是世界各国共同的追求。实践证明，法治是互联网治理的基本方式。运用法治观念、法治思维和法治手段推动互联网发展治理，已经成为全球普遍共识。

自 1994 年全功能接入国际互联网以来，中国坚持依法治网，持续推进网络空间法治化，推动互联网在法治轨道上健康运行。进入新时代，在习近平新时代中国特色社会主义思想指引下，中国将依法治网作为全面依法治国和网络强国建设重要内容，努力构建完备的网络法律规范体系、高效的网络法治实施体系、严密的网络法治监督体系、有力的网络法治保障体系，网络法治建设取得历史性成就。网络立法、网络执法、网络司法、网络普法、网络法治教育一体推进，国家、政府、企业、社会组织、网民等多主体参与，走出了一条既符合国际通行做法，又有中国特色的依法治网之路。中国的网络法治建设不仅有力提升了中国互联网治理能力，也为全球互联网治理贡献了中国智慧和中国方案。

为全面介绍中国网络法治建设情况，分享中国网络法治建设的经验做法，特发布此白皮书。

一、坚定不移走依法治网之路

中国顺应全球信息化发展大势，立足中国互联网发展实践，将网络法治建设融入全面依法治国战略布局，不断深化对依法治网的规律性认识，在探索中发展、在发展中坚持，走出了一条中国特色的网络法治道路。

二、夯实网络空间法制基础

法律是治国重器，良法是善治前提。中国把握互联网发展规律，坚持科学立法、民主

---

① http://www.gov.cn/zhengce/2023-03/16/content_5747005.htm,2023-03-16。

立法、依法立法，大力推进网络法律制度建设，网络立法的系统性、整体性、协同性、时效性不断增强。

中国网络立法随着互联网发展经历了从无到有、从少到多、由点到面、由面到体的发展过程。第一阶段从 1994 年至 1999 年，是接入互联网阶段。上网用户和设备数量稳步增加。这一阶段网络立法主要聚焦于网络基础设施安全，即计算机系统安全和联网安全。第二阶段从 2000 年至 2011 年，是 PC 互联网阶段。随着计算机数量逐步增加、上网资费逐步降低，用户上网日益普遍，网络信息服务迅猛发展。这一阶段网络立法转向侧重网络服务管理和内容管理。第三阶段从 2012 年至今，是移动互联网阶段。这一阶段网络立法逐步趋向全面涵盖网络信息服务、信息化发展、网络安全保护等在内的网络综合治理。在这一进程中，中国制定出台网络领域立法 140 余部，基本形成了以宪法为根本，以法律、行政法规、部门规章和地方性法规、地方政府规章为依托，以传统立法为基础，以网络内容建设与管理、网络安全和信息化等网络专门立法为主干的网络法律体系，为网络强国建设提供了坚实的制度保障。

专栏 1　中国网络立法状况

类型	示　　例
法律	电子商务法、电子签名法、网络安全法、数据安全法、个人信息保护法，反电信网络诈骗法
行政法规	《计算机信息系统安全保护条例》《计算机软件保护条例》《互联网信息服务管理办法》《电信条例》《外商投资电信企业管理规定》《信息网络传播权保护条例》《关键信息基础设施安全保护条例》
部门规章	《儿童个人信息网络保护规定》《互联网域名管理办法》《网络交易监督管理办法》《互联网新闻信息服务管理规定》《网络信息内容生态治理规定》《互联网信息服务算法推荐管理规定》
地方性法规	《广东省数字经济促进条例》《浙江省数字经济促进条例》《河北省信息化条例》《贵州省政府数据共享开放条例》《上海市数据条例》
地方政府规章	《广东省公共数据管理办法》《安徽省政务数据资源管理办法》《江西省计算机信息系统安全保护办法》《杭州市网络交易管理暂行办法》
合计	140 余部

(一)建立网络权益保障法律制度

科学构建网络权益保障法律制度，为实现人民群众合法权益的线上、线下全方位保护提供了充分法律依据。

保障公民通信自由和通信秘密。通信自由和通信秘密的保护是确保公民能够自主地在网络空间表达诉求和思想的前提。早在 1997 年就制定《计算机信息网络国际联网安全保护管理办法》，落实宪法对通信自由和通信秘密基本权利的保护。2000 年制定《电信条例》，规定电信用户依法使用电信的自由和通信秘密受法律保护。2016 年修订《无线电管理条例》，进一步强化无线电领域对通信秘密的保护，实现对这一基本权利在网络空间的全方位保障。

保护个人信息权益。通过民法、刑法和专门立法，构建个人信息权益全链条保护的法律屏障。2020 年十三届全国人大三次会议审议通过民法典，在前期法律规定的基础上，对民事领域的个人信息保护问题作了系统规定。2009 年、2015 年通过刑法修正案，设立侵犯公民个人信息罪，强化个人信息的刑法保护。在网络专门立法中，2012 年通过《全国人民代表大会常务委员会关于加强网络信息保护的决定》，明确保护能够识别公民个人身份和涉及公民个人隐私的电子信息。2016 年制定网络安全法，进一步完善个人信息保护规则。2021 年制定个人信息保护法，细化完善个人信息保护原则和个人信息处理规则，依法规范国家机关处理个人信息的活动，赋予个人信息主体多项权利，强化个人信息处理者义务，健全个人信息保护工作机制，设置严格的法律责任，个人信息保护水平得到全面提升。

守护公民财产安全。持续加大立法保护力度，遏制利用网络侵犯财产权益的行为。2018 年出台电子商务法，规定电子商务经营者销售的商品或者提供的服务应当符合保障人身、财产安全的要求。民法典明确利用网络侵害他人财产权益的行为应当承担相应法律责任。2022 年出台反电信网络诈骗法，为打击电信网络诈骗活动提供有力法律支撑，切实维护人民群众的财产权益。

保障特殊群体数字权利。通过多层次、多维度立法，弥合未成年人、老年人、残疾人等特殊群体的数字鸿沟，使其能够更加平等广泛地融入数字社会，享受数字时代红利。网络安全法规定，国家支持研究开发有利于未成年人健康成长的网络产品和服务，依法惩治利用网络从事危害未成年人身心健康的活动。2019 年制定《儿童个人信息网络保护规定》，对儿童个人信息权益予以重点保护。2020 年修订未成年人保护法，对加强未成年人网络素养教育、强化未成年人网络内容监管、加强未成年人个人信息保护和网络沉迷防治等做出专门规定，保护未成年人的网络合法权益。2021 年出台数据安全法，要求提供智能化公共服务应当充分考虑老年人、残疾人的需求，避免对老年人、残疾人的日常生活造成障碍。

（二）健全数字经济法治规则

不断完善数据基础制度，维护数字市场秩序，规范数字经济新业态新模式，为数字经济健康发展提供良好制度基础，助力经济由高速增长转向高质量发展。

推动构建数据基础制度。注重发挥数据的基础资源作用和创新引擎作用，数据安全法对实施大数据战略、支持数据相关技术研发和商业创新、推进数据相关标准体系建设、培育数据交易市场等作出规定，提升数据开发利用水平，促进以数据为关键要素的数字经济发展。

明晰数字市场运行制度。坚持依法规范发展数字市场，坚决反对垄断和不正当竞争，健全数字规则，有力维护公平竞争的市场环境。电子商务法全面规范电子商务经营行为，明确电子商务平台经营者和平台内经营者责任，要求具有市场支配地位的电子商务经营者不得滥用市场支配地位排除、限制竞争，维护公平市场竞争秩序。2013 年修改消费者权益保护法，建立网络购物“七日无理由退货”等制度，强化网络经营者消费维权主体责任。2017 年修订反不正当竞争法，增加互联网专条，禁止利用技术手段从事不正当竞争。2021 年制定《网络交易监督管理办法》，细化电子商务法有关规定，进一步完善网络交易监管制度体系。2021 年发布《国务院反垄断委员会关于平台经济领域的反垄断指南》，并根据平台经济发展状况、发展特点和规律，加强和改进反垄断监管。2022 年修改反垄断法，完善平台经济反垄断制度，规定经营者不得利用数据和算法、技术、资本优势以及平台规则等从事该法禁止的垄断行为。

规范数字经济新业态新模式。数字经济新业态新模式快速涌现，在为经济社会发展带来巨大动力和潜能的同时，也对社会治理、产业发展等提出了新的挑战。中国聚焦新业态新模式特定领域、特殊问题，坚持“大块头”立法和“小快灵”立法相结合，防范和化解风险。民法典完善电子合同订立和履行规则，将数据和网络虚拟财产纳入法律保护范围，促进数字经济发展。《网络预约出租汽车经营服务管理暂行办法》《互联网信息服务算法推荐管理规定》《区块链信息服务管理规定》《网络借贷信息中介机构业务活动管理暂行办法》《在线旅游经营服务管理暂行规定》等规范网约车、算法、区块链、互联网金融、在线旅游等新技术新业态，丰富“互联网+”各领域治理的法律依据。

(三)划定网络安全法律红线

网络安全是国家安全的新课题和新内容，成为关乎全局的重大问题。中国通过制定国家安全法、网络安全法、数据安全法等法律，系统构建网络安全法律制度，增强网络安全防御能力，有效应对网络安全风险。

确立网络安全规则。1994 年出台《计算机信息系统安全保护条例》，确立计算机信息系统安全保护制度和安全监督制度。2000 年出台《全国人民代表大会常务委员会关于维护互联网安全的决定》，将互联网安全划分为互联网运行安全和互联网信息安全，确立民事责任、行政责任和刑事责任三位一体的网络安全责任体系框架。网络安全法明确维护网络运行安全、网络产品和服务安全、网络数据安全、网络信息安全等方面的制度。《网络安全审查办法》《网络产品安全漏洞管理规定》等进一步细化网络安全法相关制度。通过多年努力，初步形成了一套系统全面的网络安全法律规则，以制度建设提高国家网络安全保障能力。

保障关键信息基础设施安全。关键信息基础设施是经济社会运行的神经中枢，是网络安全的重中之重。保障关键信息基础设施安全，对于维护国家网络主权和国家安全、保障经济社会健康发展、维护公共利益和公民合法权益具有重大意义。2021 年制定《关键信息基础设施安全保护条例》，明确关键信息基础设施范围和保护工作原则目标，完善关键信息基础设施认定机制，对关键信息基础设施运营者落实网络安全责任、建立健全网络安全保护制度、设置专门安全管理机构、开展安全监测和风险评估、规范网络产品和服务采购活动等作出具体规定，为加快提升关键信息基础设施安全保护能力提供法律依据。

构建数据安全管理法律制度。立足数据安全工作实际，着眼数据安全领域突出问题，通过立法加强数据安全保护，提升国家数据安全保障能力。数据安全法明确建立健全数据分类分级保护、风险监测预警和应急处置、数据安全审查等制度，对支持促进数据安全与发展的措施、推进政务数据安全与开放等作出规定，以安全保发展、以发展促安全。

(四)完善网络生态治理规范

网络空间是亿万民众共同的精神家园，网络空间天朗气清、生态良好，是人民对网上家园的美好向往。中国本着对社会负责、对人民负责的态度，以网络信息内容为主要规制对象，建立健全网络综合治理法律规范，持续净化网络空间。

规范网络信息传播秩序。面对网络信息治理这一世界性难题，制定民法典、网络安全法、《互联网信息服务管理办法》等法律法规，明确网络信息内容传播规范和相关主体的责任，为治理危害国家安全、损害公共利益、侵害他人合法权益的违法信息提供了法律依据。

打造网络反恐法律利器。坚决依法遏制恐怖主义在网络空间的威胁，刑法、刑事诉讼法、反洗钱法等法律对恐怖活动犯罪的刑事责任、惩治恐怖活动犯罪的诉讼程序、涉恐资金监控等作了规定。2015 年制定反恐怖主义法，对网络反恐的对象、措施和机制等作出专门规定。

三、保障网络空间规范有序

严格执法是依法治网的关键环节。中国坚持严格规范公正文明网络执法，加大关系人民群众切身利益的重点领域执法力度，全面保护人民群众合法权益、维护社会公共利益，推动形成健康规范的网络空间秩序，营造天朗气清的网络生态。

(一)保障个人信息权益

伴随数字经济的快速发展，非法收集、买卖、使用、泄露个人信息等违法行为日益增多，严重侵害了人民群众人身财产安全，影响了社会经济正常秩序。个人信息保护不仅关系广大人民群众合法权益，也关系公共安全治理和数字经济发展。中国针对个人信息侵权行为的密集性、隐蔽性、技术性等特点，采取新的监管思路、监管方式和监管手段，加大违法行为处置力度，持续开展移动互联网应用程序(App)违法违规收集使用个人信息专项治理，有效整治违法违规处理个人信息问题。2019 年以来，累计完成 322 万款移动互联网应用程序检测，通报、下架违法违规移动互联网应用程序近 3000 款。通过专项治理，侵害用户个人信息权益的违法违规行为得到有力遏制，个人信息保护意识显著增强，个人信息保护合规水平明显提升，全社会尊重和保护个人信息权益的良好局面初步形成。

(二)保护网络知识产权

加强网络知识产权保护是支持网络科技创新的关键。新技术新应用不断涌现，使得网络知识产权侵权的手段更加隐蔽、形式更加多样、成本更加低廉，执法面临溯源难、取证难、执行难等问题。中国持续探索、准确把握网络环境下知识产权创造、保护、运用的特点规律，通过建立健全监管机制、构建知识产权保护社会共治新格局，推动平台建立知识产权保护合作机制，开展打击网络侵权盗版专项行动等多重举措，持续加强网络知识产权保护。推进线上线下一体化执法，重拳出击，严厉打击网络商标侵权、假冒专利违法行为。常态化组织开展打击网络侵权盗版的“剑网”专项行动、打击院线电影盗录传播集中行动、重点市场版权专项整治等执法活动，严厉打击各类侵权盗版行为，集中整治重点领域、重点市场版权秩序。北京冬奥会、冬残奥会期间，开展冬奥版权保护集中行动，推动网络平台删除涉冬奥侵权链接 11 万余个。经过多年执法，网络知识产权保护环境得到明显改善。

(三)规范网络市场秩序

网络市场快速崛起，对稳经济、促消费、保就业、惠民生发挥了重要作用。中国积极探索与网络市场新业态相适应的执法模式，通过规范市场公平竞争发展、打击不法新型交易行为等一系列行动，助力网络市场健康可持续发展。

保障公平竞争的网络市场环境。随着网络平台企业不断扩展自身的体量和实力，“掐尖式并购”、无正当理由屏蔽链接、“二选一”、大数据杀熟、流量挟持等妨碍市场公平竞争的问题也逐渐凸显。中国积极回应人民群众诉求，在支持网络平台企业创新发展的同时，依法规范和引导资本健康发展，采取多种治理平台竞争失序的执法举措。聚焦大型网络平台价格欺诈、低价倾销等重点问题，通过行政约谈、行政指导、规则指引等多种监管手段，整治垄断和不正当竞争行为。围绕民生、金融、科技、传媒等重点行业，依法审查涉及平台经营者集中案件，防止可能妨碍市场竞争和创新发展的并购行为，引导网络平台企业增强合规意识，规范自身经营行为。通过一系列行动，平台经济市场环境不断优化，公平竞争的行业生态稳步向好，中小企业获得更广阔的发展空间，统一、开放、公平、竞争、有序的网络竞争环境正在形成。

专栏 2　依法查处网络平台企业涉不正当竞争、垄断案件

2020 年至 2021 年，依法立案查处电商、网络餐饮外卖等领域 2 件典型的“二选一”垄断案件，罚款 216.7 亿元。2021 年，共查处网络不正当竞争案件 1998 件，罚没金额 1.19 亿元。2020 年至 2022 年上半年，依法审查涉及平台经营者集中申报案件 56 件，依法查处涉及平台企业未依法申报违法实施经营者集中案件 159 件。

规范网络交易活动。让网络交易活动在规范中运行，是营造良好网络市场环境、维护广大网络交易主体权益的必然要求。开展“网剑行动”，集中治理网上销售侵权假冒伪劣商品违法行为，重拳打击网上非法交易野生动植物及其制品活动。严格落实网络平台责任，强化互联网广告监管。针对“直播带货”、微店营销等新型网络交易形式，严管网络招徕渠道，查处多家涉嫌违法网站和平台用户。针对网络传销行为开展专项行动，对网络购物型传销、网络投资理财型传销、网络创业型传销，实施重点打击查处。通过一系列执法，重点领域、重点主体、重点形式的网络交易活动得到有效规范。

专栏 3　“网剑”专项行动

2018 年以来，中国连续开展“网剑行动”，集中整治网上销售侵权假冒伪劣商品、网上非法野生动植物交易、网上发布违法广告等突出问题。指导网络交易平台删除违法商品信息 182.97 万条，关闭网站 2.39 万个次，责令停止网站平台服务 10.5 万个次，查处涉网类案件 11.97 万件，有效维护了消费者合法权益和公平竞争的网络交易秩序。

（四）维护国家网络安全

筑牢网络安全防线是实现互联网健康发展的重要前提和基础。中国持续在网络基础资源、重要网络系统、网络数据等领域开展安全执法工作，有效防范化解安全风险，体系化构建网络时代的安全环境。在网络基础资源领域，强化网站、域名、IP 地址等基础资源管理，通过加强技术手段建设、完善预警机制等举措，强化安全保障。在重要网络系统领域，深化网络系统安全防护，持续监测网络安全威胁，有效防治网络系统遭受大规模服务攻击等重大安全事件。在网络数据领域，提升数据安全保护监管能力，通过建立安全监测体系、实施分类分级管理等手段，强化工业互联网、车联网、5G 应用等领域的数据安全执法。

（五）营造清朗网络空间

紧紧围绕人民群众的新期待新要求，规范网络信息传播秩序，整治各类网络生态乱象。聚焦网络淫秽色情、虚假信息、网络暴力、算法滥用等人民群众反映强烈的突出问题，持续开展“净网”“清朗”系列专项行动，对传播各类违法违规信息的网站平台，采取约谈、责令改正、警告、暂停信息更新、罚款等多种措施。督促网站平台履行主体责任，依法依约对用户发布的信息进行管理，建立网络信息安全投诉、举报机制，形成治理合力。网络生态持续优化，全社会网络文明素养有效提升，网络环境有效净化。

坚持对未成年人优先保护、特殊保护，构建有利于未成年人上网的良好环境。通过开展“护苗”、未成年人网络环境专项治理等行动，围绕网络违法和不良信息、沉迷网络游戏、网络不良社交等问题进行重点整治，净化未成年人网络环境。加强未成年人网络安全教育，依法惩处利用网络从事危害未成年人身心健康的活动，形成家庭、学校、社会多方位保护合力，营造良好安全的未成年人网络环境。

专栏 4　“护苗”专项行动

从 2011 年开始，中国定期开展“护苗”行动。一方面，组织执法力量定期检查校园周边重点市场点位，集中清理夹杂“黄暴毒”、宣扬邪教迷信等有害内容的少儿出版物，深层清理网上对未成年人具有诱导性的不良内容。督促网络平台实施“青少年模式”并切实发挥作用，推进重点互联网企业专设“护苗”工作站点。另一方面，培育“护苗”品牌，开展“护苗”系列正面宣传教育活动，打造“护苗”教育基地，推动学校、家庭严格管理学生使用手机等智能终端产品。

四、捍卫网络空间公平正义

公正司法是维护社会公平正义的最后一道防线。中国坚持司法公正、司法为民，积极回应网络时代司法需求，运用网络信息技术赋能传统司法，完善网络司法规则，革新网络司法模式，依法解决新型网络纠纷，打击网络犯罪，保障网络空间主体权益，使人民群众获得更加公平公正、公开透明、高效便捷、普惠均等的司法服务。

（一）创新网络司法规则

随着互联网新技术新应用新业态的快速发展，网络空间承载的法律关系更为丰富多元，给网络空间司法保障带来了新挑战，需要构建更为完善的网络司法规则。中国及时制定涉及网络知识产权、人格权、网络交易、网络不正当竞争、电信网络诈骗等领域的民事和刑事司法解释。网络司法规则的体系化、系统化，为网络司法工作提供了规则引领和制度保障，让网络司法有章可循。

（二）探索网络司法模式

积极探索司法活动与网络技术深度融合的新路径、新领域、新模式，让社会正义"提速"。积极推行大数据、云计算、人工智能、区块链等现代科技在诉讼服务、审判执行、司法管理等领域的深度应用，先行先试构建中国特色的网络司法模式。鼓励各地法院因地制宜，结合当地互联网产业发展情况和网络纠纷特点，探索具有地域特色的新型互联网审判机制。相继设立杭州、北京、广州互联网法院，探索实行"网上案件网上审理"。

专栏 5　成立互联网法院

互联网法院是中国推动司法模式创新的成功尝试。2017 年 8 月 18 日，杭州互联网法院成立。2018 年 9 月 9 日、9 月 28 日，北京互联网法院、广州互联网法院先后成立。互联网法院集中管辖所在市辖区内的网络金融借款合同纠纷、网络侵权纠纷、网络著作权纠纷等十一类互联网案件，推动技术创新、规则确立、网络治理向前迈进。2017 年 8 月至 2019 年 10 月，三家互联网法院共受理互联网案件 118764 件，审结 88401 件，在线立案申请率为 96.8%，全流程在线审结 80819 件，在线庭审平均用时 45 分钟，案件平均审理周期约 38 天，比传统审理模式分别节约时间约五分之三和二分之一，一审服判息诉率达 98.0%，审判质量、效率和效果呈现良好态势。

（三）维护网络司法权益

强化公民网络民事权益司法保护。在个人信息保护方面，重点关注处理大规模个人信息的网络平台，对侵犯公民个人信息的网络平台提起民事公益诉讼，通过案件审理明确用户个人信息商业使用的规则和边界，督促网络平台企业合法合规收集使用数据。在网络知识产权保护方面，针对涉及专利、集成电路布图设计、技术秘密、计算机软件等专业技术性较强的案件，探索引入技术调查官制度，逐步构建起维护网络空间公民合法权益的"防护栏"。

加大网络犯罪惩治力度。随着互联网技术的快速发展，传统犯罪加速向以互联网为媒介的非接触式犯罪转变，电信网络诈骗、网络赌博、网络淫秽色情等涉网违法犯罪多发。中国依法办理新型网络犯罪案件。连续多年开展"净网行动"，严厉打击群众反映强烈的黑客攻击破坏、侵犯公民个人信息等违法犯罪活动。持续推进"云剑""断卡""断流""拔钉"等专项行动，打击套路贷、校园贷、"以房养老"、"投资养老"等电信网络诈骗犯罪，依法惩处为电信网络诈骗犯罪团伙提供互联网接入、域名注册、服务器托管、移动互联网应用程序制作开发、网络支付、引流推广等服务支撑的黑灰产业。完善国家反诈大数据平台和反诈移动互联网应用程序，建设国家涉诈黑样本库，完善快速止付冻结机制、涉诈资金返还机制。坚决打击网络赌博犯罪行为，从严治理网络淫秽色情。网络犯罪治理工作取得明显成效，人民群众安全感有效提升，社会更加和谐稳定。

专栏6　依法惩治电信网络诈骗犯罪

电信网络诈骗犯罪严重侵害人民群众切身利益和财产安全，严重影响社会和谐稳定，人民群众对此深恶痛绝。面对电信网络诈骗犯罪这一全球性治理难题，中国开展全链条纵深打击，取得良好成效。2019年至2021年，全国共起诉电信网络诈骗犯罪12.9万人。2017年至2021年，全国一审审结电信网络诈骗犯罪案件10.3万件，22.3万名被告人被判处刑罚。

探索未成年人网络司法保护新路径。以惩防网络犯罪为重点，依法精准打击“隔空猥亵”等网络违法犯罪，加大对以未成年人为目标的网络诈骗犯罪的打击惩治力度。依法惩戒和精准帮教相结合，最大限度教育挽救涉网络犯罪的未成年人。积极推动网络领域未成年人公益保护，以办理涉毒音视频传播、侵犯未成年人个人信息权益、网络高额打赏等典型个案作为突破口，通过公益诉讼、检察建议、支持起诉、情况通报等多种形式，推动网络平台、社会、政府共同守护未成年人健康网络环境。

五、提升全社会网络法治意识和素养

（一）拓展“互联网+普法”新模式

充分运用互联网开展法治宣传教育。开展网上法治宣传，全面普及法律知识。充分利用中国普法“一网两微一端”，加强智慧普法平台建设，宣传中国法治建设实践经验。

积极运用网络媒体开展网上普法活动。互联网媒体发挥内容、渠道、资源优势，结合不同群体普法需求，运用图解、动漫、短视频、网络直播、网络音乐等多种形式创作大量网络普法作品，通过论坛、博客、微博客、公众账号、即时通信工具、网络直播、搜索引擎、问答社区等多种渠道向公众提供法律知识，解读法律法规。

网络普法打通了普法与群众间的“最后一公里”，促进普法更充分地融入市场经营、社区生活、校园学习、乡村建设，法律知识的到达率、普及率、知晓率得到显著提升。

线下普法活动向线上延伸。学习培训、微视频比赛、互联网法律法规知识大赛等更多“键对键”的线上活动和“面对面”的线下普法相互融合、相互补充、相得益彰，吸引更多人群参与法治宣传教育，让网络法治宣传教育惠及更广泛社会群体。

（二）普及网络法律法规

在网络执法、司法活动中适时开展网络法律法规普及。围绕利用网络传播违法和不良信息、侵害个人信息权益、电信网络诈骗、未成年人网络保护等人民群众关心关注的问题，发布网络法治典型案事例，集中开展以案释法。

（三）面向重点对象开展网络普法

法律的权威源自人民内心拥护和真诚信仰。中国围绕青少年、互联网企业从业人员等重要普法对象开展法治宣传，引导青少年网民依法上网、文明上网、安全上网，督促互联网企业合规合法经营，提升法律风险防范意识。

加强青少年网络法治宣传教育。中国从保护青少年网络权益，促进青少年健康成长、全面发展出发，遵循青少年身心发展规律，贴近青少年学习生活实际，聚焦网络沉迷、网络欺凌、网络淫秽色情信息等重点问题，通过普法微综艺、儿童普法话剧、网络普法故事广播、网络普法云课堂、学法用法知识竞赛、法治副校长进校园、编写网络普法读本等生动活泼、丰富多彩的形式开展法治宣传教育，逐步形成了政府、社会、学校、家庭相结合的法治宣传教育格局，为提升青少年网民法治意识和网络安全素养提供了全面保障。

专栏 7 创建全国青少年普法网

2012 年，中国创建全国青少年普法网，设置影视动漫、法律小故事、看图学法等栏目，为中小学生法治教育学习提供平台。目前，注册学校超过 19 万所，用户数 1.5 亿多。2021 年，通过全国青少年普法网参与宪法在线学习人次达到 83 亿。

强化互联网企业的依法经营意识。互联网企业是推动数字经济健康发展的重要市场主体，守法诚信是其应当遵守的基本行为准则。中国加强对互联网企业的网络法治教育培训，把网络法律法规特别是电子商务法、网络安全法、数据安全法、个人信息保护法、反垄断法、反不正当竞争法等与经营活动、行业发展密切相关的法律法规纳入企业入职培训、日常培训。通过完善行业规范、出台行业标准、发布诚信倡议等方式，引导互联网企业积极履行法律义务和社会责任，依法保护消费者合法权益，维护公平竞争的市场环境。

（四）强化网络法治研究教育

网络法治教育、网络法治人才是建设网络强国的重要支撑和创新动力。中国面对网络法治实践中产生的重大理论问题和人才需求，初步形成了理论与实践相结合、制度与发展相适应的教育研究、人才培养机制，为网络法治建设提供了智力支持和人才保障。

全面提升网络法治研究能力。高校、科研机构创建网络法治研究新型智库，先后建立多个综合性网络法治研究基地。截至 2022 年 6 月，中国网络法治研究机构超过 90 家。网络法治智库充分发挥"智囊团""思想库""人才库"的重要作用，围绕数据、算法、平台治理等前沿问题开展研究，形成了大量学术研究成果。专家学者深入参与网络法治活动，围绕网络法治重要规划、重大立法、重点改革等加强调查研究，提出建设性建议。

加强网络法治领域人才培养。中国系统整合传统法学学科教育和网络相关学科教育，在设立网络空间安全一级学科的基础上，部分高校开设网络与信息法学、数字法学、人工智能法学等二级学科。高校依规自主开设网络安全与执法等网络法治相关本科专业。组建从事网络法学研究和教学的工作团队，讲授网络与信息安全、法律与人工智能、网络法学、区块链与电子证据、法律数据分析等融合法律知识与计算机科学、统计学知识的跨学科跨专业课程，编写了网络法、计算法、数据法、个人信息保护法等领域的一系列具有前沿性、通用性及实操性教材，培养出一大批兼具法律专业知识和技术背景的复合型人才，为网络强国建设提供了有力的法治人才支撑。

六、加强网络法治国际交流合作

网络空间是人类共同的活动空间。全球推动数字经济发展的愿望相同，应对网络安全风险的挑战相同，加强网络空间治理的需求相同。中国积极开展网络法治国际交流合作，坚持在独立自主、完全平等、互相尊重的基础上，与世界各国一道，共同参与全球网络治理体系变革，促进全球共同分享互联网发展的机遇和成果，携手构建网络空间命运共同体。

(一)积极参与规则建设

中国坚定维护国际公平正义，坚定维护以联合国为核心的国际体系、以国际法为基础的国际秩序、以《联合国宪章》宗旨和原则为基础的国际关系基本准则。支持各国平等参与网络国际治理，制定各方普遍接受的网络空间国际规则。

支持发挥联合国在网络国际治理中的主渠道作用。注重发挥联合国在应对国际信息安全威胁领域的关键作用，与上海合作组织其他成员国共同向联合国提交“信息安全国际行为准则”，并于2015年提交更新案文。提出《全球数据安全倡议》，分别于2021年3月和2022年6月同阿拉伯国家联盟、中亚五国发表《中阿数据安全合作倡议》《“中国+中亚五国”数据安全合作倡议》，为讨论制定全球数据安全规则提供蓝本。参与推动联合国达成“网络空间负责任国家行为规范框架”，明确应建立全球性、客观的信息技术产品供应链安全标准。拓展与联合国专门机构的网络事务合作，参与联合国教科文组织制定《人工智能伦理建议书》，并与世界知识产权组织在域名规则制定和域名争议解决领域开展广泛合作。

积极参与形成区域性网络治理规则。签署《区域全面经济伙伴关系协定》，与其他14个成员国一道，围绕电子认证和签名、在线消费者保护、在线个人信息保护、网络安全、数据跨境流动、知识产权保护等领域形成区域规则，电子商务章节成为目前全球覆盖区域最广、内容全面、水平较高的电子商务国际规则。

(二)广泛开展交流合作

中国始终支持网络法治领域的国际交流与合作，积极开展对话协商、交流互鉴，不断拓展深化平等、开放、合作的全球伙伴关系，以共进为动力、以共赢为目标，共同推进网络国际治理。

开展网络法治双多边对话交流。建立中俄信息安全磋商机制、中欧网络工作组机制、中国-东盟网络事务对话机制、中日韩三方网络磋商机制等对话机制，联合举办“2019中德互联网经济对话”“中英互联网圆桌会议”“中韩互联网圆桌会议”“中古(巴)互联网圆桌论坛”“中巴(西)互联网治理研讨会”等活动，与相关国家在网络政策法规和治网实践等方面开展务实交流，及时回应各方关切，平等协商解决分歧。与泰国、印度尼西亚等签署网络安全合作备忘录，加强网络安全政策法规交流分享，共同促进网络安全能力建设。

加强网络安全国际执法司法合作。中国与多国达成网络安全领域合作共识，在打击网络恐怖主义、电信网络诈骗等方面开展深层次务实合作。在打击网络恐怖主义方面，通过联合反恐演习、联合边防行动、警务合作、司法协助等多种形式，不断深化与相关国家交流合作，携手应对威胁挑战，共同维护世界和平和地区稳定。在打击电信网络诈骗方面，开展国际执法司法合作，与多国联合侦办跨境重大案件，取得明显成效。2022 年 3 月至 6 月，在国际刑警组织框架下，与其他 75 个成员国共同参与“曙光行动”，逮捕犯罪嫌疑人 2000 余名，拦截非法资金 5000 余万美元，有效遏制跨国电信网络诈骗活动。

携手保护未成年人网络权益。积极与联合国儿童基金会、国际互联网举报热线联合会等国际组织以及英国、德国、阿联酋等国相关部门开展合作，治理线上未成年人色情问题。加入“WePROTECT 终结网络儿童性剥削全球联盟”，与全球 200 多个政府、企业和民间社会组织一道努力打击儿童网上性剥削及性虐待，为儿童创造更加安全的网络环境。

（三）努力搭建对话平台

中国展现负责任大国担当，积极搭建与世界互联互通的国际平台和国际互联网共建共享的中国平台，为世界各国在网络法治领域密切联系、增进了解、促进互信发挥了积极作用。

通过世界互联网大会搭建网络法治交流平台。自 2014 年起，中国连续九年举办世界互联网大会，邀请各国政府、国际组织、互联网企业、智库、行业协会、技术社群等各界代表参加。大会组委会发布《携手构建网络空间命运共同体》概念文件，提出“尊重网络主权，《联合国宪章》确立的主权平等原则是当代国际关系的基本准则，同样适用于网络空间”。发布《携手构建网络空间命运共同体行动倡议》，提出开展数据安全和个人信息保护及相关规则、标准的国际交流合作，推动符合《联合国宪章》宗旨的个人信息保护规则标准国际互认。开展未成年人保护立法经验交流，打击针对未成年人的网络犯罪和网络欺凌，进一步完善打击网络犯罪与网络恐怖主义的机制建设。支持并积极参与联合国打击网络犯罪国际公约谈判，有效协调各国立法和实践，合力应对网络犯罪和网络恐怖主义威胁。

专栏 8　世界互联网大会国际组织

2022 年，在世界互联网大会基础上，中国发起成立世界互联网大会国际组织，以搭建全球网络共商共建共享为宗旨，以务实合作推动共享，为全球互联网发展治理贡献智慧和力量。目前已有来自六大洲近 20 个国家的互联网领域机构、组织、企业及个人加入，成为世界互联网大会国际组织初始会员。

搭建多形式、多渠道、多层次网络法治国际交流平台。举办世界互联网法治论坛，发布《世界互联网法治论坛乌镇宣言》，为在网络司法领域分享经验、增进了解、相互学习借鉴搭建桥梁。

结束语

中国在互联网发展治理实践中，立足本国国情，借鉴世界经验，形成了具有鲜明中国特色的依法治网之道。在全面建设社会主义现代化国家新征程上，中国将始终坚持全面依法治国、依法治网的理念，推动互联网依法有序健康运行，以法治力量护航数字中国高质量发展，为网络强国建设提供坚实的法治保障。

互联网发展红利惠及全球，依法促进网络空间发展和繁荣，符合世界各国人民利益。网络法治既是数字治理的重要方式，也是数字文明建设的重要成果。面对数字化带来的机遇和挑战，中国愿同国际社会一道践行共商共建共享的全球治理观，共同推动全球互联网治理法治化进程，让数字文明发展成果更好造福各国人民，携手构建网络空间命运共同体，共同创造人类美好未来。

附录 2

中华人民共和国个人信息保护法(2021)[①]

(2021 年 8 月 20 日第十三届全国人民代表大会常务委员会第三十次会议通过)

第一章　总　　则

第一条　为了保护个人信息权益，规范个人信息处理活动，促进个人信息合理利用，根据宪法，制定本法。

第二条　自然人的个人信息受法律保护，任何组织、个人不得侵害自然人的个人信息权益。

第三条　在中华人民共和国境内处理自然人个人信息的活动，适用本法。

在中华人民共和国境外处理中华人民共和国境内自然人个人信息的活动，有下列情形之一的，也适用本法：

(一)以向境内自然人提供产品或者服务为目的；

(二)分析、评估境内自然人的行为；

(三)法律、行政法规规定的其他情形。

第四条　个人信息是以电子或者其他方式记录的与已识别或者可识别的自然人有关的各种信息，不包括匿名化处理后的信息。

个人信息的处理包括个人信息的收集、存储、使用、加工、传输、提供、公开、删除等。

第五条　处理个人信息应当遵循合法、正当、必要和诚信原则，不得通过误导、欺诈、胁迫等方式处理个人信息。

第六条　处理个人信息应当具有明确、合理的目的，并应当与处理目的直接相关，采取对个人权益影响最小的方式。

收集个人信息，应当限于实现处理目的的最小范围，不得过度收集个人信息。

第七条　处理个人信息应当遵循公开、透明原则，公开个人信息处理规则，明示处理的目的、方式和范围。

第八条　处理个人信息应当保证个人信息的质量，避免因个人信息不准确、不完整对个人权益造成不利影响。

第九条　个人信息处理者应当对其个人信息处理活动负责，并采取必要措施保障所处理的个人信息的安全。

---

① http://www.gov.cn/xinwen/2021-08/20/content_5632486.htm,2021-08-20。

第十条　任何组织、个人不得非法收集、使用、加工、传输他人个人信息，不得非法买卖、提供或者公开他人个人信息；不得从事危害国家安全、公共利益的个人信息处理活动。

第十一条　国家建立健全个人信息保护制度，预防和惩治侵害个人信息权益的行为，加强个人信息保护宣传教育，推动形成政府、企业、相关社会组织、公众共同参与个人信息保护的良好环境。

第十二条　国家积极参与个人信息保护国际规则的制定，促进个人信息保护方面的国际交流与合作，推动与其他国家、地区、国际组织之间的个人信息保护规则、标准等互认。

第二章　个人信息处理规则

第一节　一般规定

第十三条　符合下列情形之一的，个人信息处理者方可处理个人信息：

(一)取得个人的同意；

(二)为订立、履行个人作为一方当事人的合同所必需，或者按照依法制定的劳动规章制度和依法签订的集体合同实施人力资源管理所必需；

(三)为履行法定职责或者法定义务所必需；

(四)为应对突发公共卫生事件，或者紧急情况下为保护自然人的生命健康和财产安全所必需；

(五)为公共利益实施新闻报道、舆论监督等行为，在合理的范围内处理个人信息；

(六)依照本法规定在合理的范围内处理个人自行公开或者其他已经合法公开的个人信息；

(七)法律、行政法规规定的其他情形。

依照本法其他有关规定，处理个人信息应当取得个人同意，但是有前款第二项至第七项规定情形的，不需取得个人同意。

第十四条　基于个人同意处理个人信息的，该同意应当由个人在充分知情的前提下自愿、明确作出。法律、行政法规规定处理个人信息应当取得个人单独同意或者书面同意的，从其规定。

个人信息的处理目的、处理方式和处理的个人信息种类发生变更的，应当重新取得个人同意。

第十五条　基于个人同意处理个人信息的，个人有权撤回其同意。个人信息处理者应当提供便捷的撤回同意的方式。

个人撤回同意，不影响撤回前基于个人同意已进行的个人信息处理活动的效力。

第十六条　个人信息处理者不得以个人不同意处理其个人信息或者撤回同意为由，拒绝提供产品或者服务；处理个人信息属于提供产品或者服务所必需的除外。

第十七条　个人信息处理者在处理个人信息前，应当以显著方式、清晰易懂的语言真实、准确、完整地向个人告知下列事项：

（一）个人信息处理者的名称或者姓名和联系方式；

（二）个人信息的处理目的、处理方式，处理的个人信息种类、保存期限；

（三）个人行使本法规定权利的方式和程序；

（四）法律、行政法规规定应当告知的其他事项。

前款规定事项发生变更的，应当将变更部分告知个人。

个人信息处理者通过制定个人信息处理规则的方式告知第一款规定事项的，处理规则应当公开，并且便于查阅和保存。

第十八条 个人信息处理者处理个人信息，有法律、行政法规规定应当保密或者不需要告知的情形的，可以不向个人告知前条第一款规定的事项。

紧急情况下为保护自然人的生命健康和财产安全无法及时向个人告知的，个人信息处理者应当在紧急情况消除后及时告知。

第十九条 除法律、行政法规另有规定外，个人信息的保存期限应当为实现处理目的所必要的最短时间。

第二十条 两个以上的个人信息处理者共同决定个人信息的处理目的和处理方式的，应当约定各自的权利和义务。但是，该约定不影响个人向其中任何一个个人信息处理者要求行使本法规定的权利。

个人信息处理者共同处理个人信息，侵害个人信息权益造成损害的，应当依法承担连带责任。

第二十一条 个人信息处理者委托处理个人信息的，应当与受托人约定委托处理的目的、期限、处理方式、个人信息的种类、保护措施以及双方的权利和义务等，并对受托人的个人信息处理活动进行监督。

受托人应当按照约定处理个人信息，不得超出约定的处理目的、处理方式等处理个人信息；委托合同不生效、无效、被撤销或者终止的，受托人应当将个人信息返还个人信息处理者或者予以删除，不得保留。

未经个人信息处理者同意，受托人不得转委托他人处理个人信息。

第二十二条 个人信息处理者因合并、分立、解散、被宣告破产等原因需要转移个人信息的，应当向个人告知接收方的名称或者姓名和联系方式。接收方应当继续履行个人信息处理者的义务。接收方变更原先的处理目的、处理方式的，应当依照本法规定重新取得个人同意。

第二十三条 个人信息处理者向其他个人信息处理者提供其处理的个人信息的，应当向个人告知接收方的名称或者姓名、联系方式、处理目的、处理方式和个人信息的种类，并取得个人的单独同意。接收方应当在上述处理目的、处理方式和个人信息的种类等范围内处理个人信息。接收方变更原先的处理目的、处理方式的，应当依照本法规定重新取得个人同意。

第二十四条 个人信息处理者利用个人信息进行自动化决策，应当保证决策的透明度和结果公平、公正，不得对个人在交易价格等交易条件上实行不合理的差别待遇。

通过自动化决策方式向个人进行信息推送、商业营销，应当同时提供不针对其个人特征的选项，或者向个人提供便捷的拒绝方式。

通过自动化决策方式作出对个人权益有重大影响的决定，个人有权要求个人信息处理者予以说明，并有权拒绝个人信息处理者仅通过自动化决策的方式作出决定。

第二十五条　个人信息处理者不得公开其处理的个人信息，取得个人单独同意的除外。

第二十六条　在公共场所安装图像采集、个人身份识别设备，应当为维护公共安全所必需，遵守国家有关规定，并设置显著的提示标识。所收集的个人图像、身份识别信息只能用于维护公共安全的目的，不得用于其他目的；取得个人单独同意的除外。

第二十七条　个人信息处理者可以在合理的范围内处理个人自行公开或者其他已经合法公开的个人信息；个人明确拒绝的除外。个人信息处理者处理已公开的个人信息，对个人权益有重大影响的，应当依照本法规定取得个人同意。

第二节　敏感个人信息的处理规则

第二十八条　敏感个人信息是一旦泄露或者非法使用，容易导致自然人的人格尊严受到侵害或者人身、财产安全受到危害的个人信息，包括生物识别、宗教信仰、特定身份、医疗健康、金融账户、行踪轨迹等信息，以及不满十四周岁未成年人的个人信息。

只有在具有特定的目的和充分的必要性，并采取严格保护措施的情形下，个人信息处理者方可处理敏感个人信息。

第二十九条　处理敏感个人信息应当取得个人的单独同意；法律、行政法规规定处理敏感个人信息应当取得书面同意的，从其规定。

第三十条　个人信息处理者处理敏感个人信息的，除本法第十七条第一款规定的事项外，还应当向个人告知处理敏感个人信息的必要性以及对个人权益的影响；依照本法规定可以不向个人告知的除外。

第三十一条　个人信息处理者处理不满十四周岁未成年人个人信息的，应当取得未成年人的父母或者其他监护人的同意。

个人信息处理者处理不满十四周岁未成年人个人信息的，应当制定专门的个人信息处理规则。

第三十二条　法律、行政法规对处理敏感个人信息规定应当取得相关行政许可或者作出其他限制的，从其规定。

第三节　国家机关处理个人信息的特别规定

第三十三条　国家机关处理个人信息的活动，适用本法；本节有特别规定的，适用本节规定。

第三十四条　国家机关为履行法定职责处理个人信息，应当依照法律、行政法规规定的权限、程序进行，不得超出履行法定职责所必需的范围和限度。

第三十五条　国家机关为履行法定职责处理个人信息，应当依照本法规定履行告知义务；有本法第十八条第一款规定的情形，或者告知将妨碍国家机关履行法定职责的除外。

第三十六条　国家机关处理的个人信息应当在中华人民共和国境内存储；确需向境外提供的，应当进行安全评估。安全评估可以要求有关部门提供支持与协助。

第三十七条 法律、法规授权的具有管理公共事务职能的组织为履行法定职责处理个人信息，适用本法关于国家机关处理个人信息的规定。

第三章 个人信息跨境提供的规则

第三十八条 个人信息处理者因业务等需要，确需向中华人民共和国境外提供个人信息的，应当具备下列条件之一：

(一)依照本法第四十条的规定通过国家网信部门组织的安全评估；

(二)按照国家网信部门的规定经专业机构进行个人信息保护认证；

(三)按照国家网信部门制定的标准合同与境外接收方订立合同，约定双方的权利和义务；

(四)法律、行政法规或者国家网信部门规定的其他条件。

中华人民共和国缔结或者参加的国际条约、协定对向中华人民共和国境外提供个人信息的条件等有规定的，可以按照其规定执行。

个人信息处理者应当采取必要措施，保障境外接收方处理个人信息的活动达到本法规定的个人信息保护标准。

第三十九条 个人信息处理者向中华人民共和国境外提供个人信息的，应当向个人告知境外接收方的名称或者姓名、联系方式、处理目的、处理方式、个人信息的种类以及个人向境外接收方行使本法规定权利的方式和程序等事项，并取得个人的单独同意。

第四十条 关键信息基础设施运营者和处理个人信息达到国家网信部门规定数量的个人信息处理者，应当将在中华人民共和国境内收集和产生的个人信息存储在境内。确需向境外提供的，应当通过国家网信部门组织的安全评估；法律、行政法规和国家网信部门规定可以不进行安全评估的，从其规定。

第四十一条 中华人民共和国主管机关根据有关法律和中华人民共和国缔结或者参加的国际条约、协定，或者按照平等互惠原则，处理外国司法或者执法机构关于提供存储于境内个人信息的请求。非经中华人民共和国主管机关批准，个人信息处理者不得向外国司法或者执法机构提供存储于中华人民共和国境内的个人信息。

第四十二条 境外的组织、个人从事侵害中华人民共和国公民的个人信息权益，或者危害中华人民共和国国家安全、公共利益的个人信息处理活动的，国家网信部门可以将其列入限制或者禁止个人信息提供清单，予以公告，并采取限制或者禁止向其提供个人信息等措施。

第四十三条 任何国家或者地区在个人信息保护方面对中华人民共和国采取歧视性的禁止、限制或者其他类似措施的，中华人民共和国可以根据实际情况对该国家或者地区对等采取措施。

第四章 个人在个人信息处理活动中的权利

第四十四条 个人对其个人信息的处理享有知情权、决定权，有权限制或者拒绝他人对其个人信息进行处理；法律、行政法规另有规定的除外。

第四十五条　个人有权向个人信息处理者查阅、复制其个人信息；有本法第十八条第一款、第三十五条规定情形的除外。

个人请求查阅、复制其个人信息的，个人信息处理者应当及时提供。

个人请求将个人信息转移至其指定的个人信息处理者，符合国家网信部门规定条件的，个人信息处理者应当提供转移的途径。

第四十六条　个人发现其个人信息不准确或者不完整的，有权请求个人信息处理者更正、补充。

个人请求更正、补充其个人信息的，个人信息处理者应当对其个人信息予以核实，并及时更正、补充。

第四十七条　有下列情形之一的，个人信息处理者应当主动删除个人信息；个人信息处理者未删除的，个人有权请求删除：

（一）处理目的已实现、无法实现或者为实现处理目的不再必要；

（二）个人信息处理者停止提供产品或者服务，或者保存期限已届满；

（三）个人撤回同意；

（四）个人信息处理者违反法律、行政法规或者违反约定处理个人信息；

（五）法律、行政法规规定的其他情形。

法律、行政法规规定的保存期限未届满，或者删除个人信息从技术上难以实现的，个人信息处理者应当停止除存储和采取必要的安全保护措施之外的处理。

第四十八条　个人有权要求个人信息处理者对其个人信息处理规则进行解释说明。

第四十九条　自然人死亡的，其近亲属为了自身的合法、正当利益，可以对死者的相关个人信息行使本章规定的查阅、复制、更正、删除等权利；死者生前另有安排的除外。

第五十条　个人信息处理者应当建立便捷的个人行使权利的申请受理和处理机制。拒绝个人行使权利的请求的，应当说明理由。

个人信息处理者拒绝个人行使权利的请求的，个人可以依法向人民法院提起诉讼。

第五章　个人信息处理者的义务

第五十一条　个人信息处理者应当根据个人信息的处理目的、处理方式、个人信息的种类以及对个人权益的影响、可能存在的安全风险等，采取下列措施确保个人信息处理活动符合法律、行政法规的规定，并防止未经授权的访问以及个人信息泄露、篡改、丢失：

（一）制定内部管理制度和操作规程；

（二）对个人信息实行分类管理；

（三）采取相应的加密、去标识化等安全技术措施；

（四）合理确定个人信息处理的操作权限，并定期对从业人员进行安全教育和培训；

（五）制定并组织实施个人信息安全事件应急预案；

（六）法律、行政法规规定的其他措施。

第五十二条　处理个人信息达到国家网信部门规定数量的个人信息处理者应当指定个人信息保护负责人，负责对个人信息处理活动以及采取的保护措施等进行监督。

个人信息处理者应当公开个人信息保护负责人的联系方式，并将个人信息保护负责人的姓名、联系方式等报送履行个人信息保护职责的部门。

第五十三条 本法第三条第二款规定的中华人民共和国境外的个人信息处理者，应当在中华人民共和国境内设立专门机构或者指定代表，负责处理个人信息保护相关事务，并将有关机构的名称或者代表的姓名、联系方式等报送履行个人信息保护职责的部门。

第五十四条 个人信息处理者应当定期对其处理个人信息遵守法律、行政法规的情况进行合规审计。

第五十五条 有下列情形之一的，个人信息处理者应当事前进行个人信息保护影响评估，并对处理情况进行记录：

（一）处理敏感个人信息；

（二）利用个人信息进行自动化决策；

（三）委托处理个人信息、向其他个人信息处理者提供个人信息、公开个人信息；

（四）向境外提供个人信息；

（五）其他对个人权益有重大影响的个人信息处理活动。

第五十六条 个人信息保护影响评估应当包括下列内容：

（一）个人信息的处理目的、处理方式等是否合法、正当、必要；

（二）对个人权益的影响及安全风险；

（三）所采取的保护措施是否合法、有效并与风险程度相适应。

个人信息保护影响评估报告和处理情况记录应当至少保存三年。

第五十七条 发生或者可能发生个人信息泄露、篡改、丢失的，个人信息处理者应当立即采取补救措施，并通知履行个人信息保护职责的部门和个人。通知应当包括下列事项：

（一）发生或者可能发生个人信息泄露、篡改、丢失的信息种类、原因和可能造成的危害；

（二）个人信息处理者采取的补救措施和个人可以采取的减轻危害的措施；

（三）个人信息处理者的联系方式。

个人信息处理者采取措施能够有效避免信息泄露、篡改、丢失造成危害的，个人信息处理者可以不通知个人；履行个人信息保护职责的部门认为可能造成危害的，有权要求个人信息处理者通知个人。

第五十八条 提供重要互联网平台服务、用户数量巨大、业务类型复杂的个人信息处理者，应当履行下列义务：

（一）按照国家规定建立健全个人信息保护合规制度体系，成立主要由外部成员组成的独立机构对个人信息保护情况进行监督；

（二）遵循公开、公平、公正的原则，制定平台规则，明确平台内产品或者服务提供者处理个人信息的规范和保护个人信息的义务；

（三）对严重违反法律、行政法规处理个人信息的平台内的产品或者服务提供者，停止提供服务；

（四）定期发布个人信息保护社会责任报告，接受社会监督。

第五十九条　接受委托处理个人信息的受托人，应当依照本法和有关法律、行政法规的规定，采取必要措施保障所处理的个人信息的安全，并协助个人信息处理者履行本法规定的义务。

第六章　履行个人信息保护职责的部门

第六十条　国家网信部门负责统筹协调个人信息保护工作和相关监督管理工作。国务院有关部门依照本法和有关法律、行政法规的规定，在各自职责范围内负责个人信息保护和监督管理工作。

县级以上地方人民政府有关部门的个人信息保护和监督管理职责，按照国家有关规定确定。

前两款规定的部门统称为履行个人信息保护职责的部门。

第六十一条　履行个人信息保护职责的部门履行下列个人信息保护职责：

（一）开展个人信息保护宣传教育，指导、监督个人信息处理者开展个人信息保护工作；

（二）接受、处理与个人信息保护有关的投诉、举报；

（三）组织对应用程序等个人信息保护情况进行测评，并公布测评结果；

（四）调查、处理违法个人信息处理活动；

（五）法律、行政法规规定的其他职责。

第六十二条　国家网信部门统筹协调有关部门依据本法推进下列个人信息保护工作：

（一）制定个人信息保护具体规则、标准；

（二）针对小型个人信息处理者、处理敏感个人信息以及人脸识别、人工智能等新技术、新应用，制定专门的个人信息保护规则、标准；

（三）支持研究开发和推广应用安全、方便的电子身份认证技术，推进网络身份认证公共服务建设；

（四）推进个人信息保护社会化服务体系建设，支持有关机构开展个人信息保护评估、认证服务；

（五）完善个人信息保护投诉、举报工作机制。

第六十三条　履行个人信息保护职责的部门履行个人信息保护职责，可以采取下列措施：

（一）询问有关当事人，调查与个人信息处理活动有关的情况；

（二）查阅、复制当事人与个人信息处理活动有关的合同、记录、账簿以及其他有关资料；

（三）实施现场检查，对涉嫌违法的个人信息处理活动进行调查；

（四）检查与个人信息处理活动有关的设备、物品；对有证据证明是用于违法个人信息处理活动的设备、物品，向本部门主要负责人书面报告并经批准，可以查封或者扣押。

履行个人信息保护职责的部门依法履行职责，当事人应当予以协助、配合，不得拒绝、阻挠。

第六十四条 履行个人信息保护职责的部门在履行职责中，发现个人信息处理活动存在较大风险或者发生个人信息安全事件的，可以按照规定的权限和程序对该个人信息处理者的法定代表人或者主要负责人进行约谈，或者要求个人信息处理者委托专业机构对其个人信息处理活动进行合规审计。个人信息处理者应当按照要求采取措施，进行整改，消除隐患。

履行个人信息保护职责的部门在履行职责中，发现违法处理个人信息涉嫌犯罪的，应当及时移送公安机关依法处理。

第六十五条 任何组织、个人有权对违法个人信息处理活动向履行个人信息保护职责的部门进行投诉、举报。收到投诉、举报的部门应当依法及时处理，并将处理结果告知投诉、举报人。

履行个人信息保护职责的部门应当公布接受投诉、举报的联系方式。

第七章 法律责任

第六十六条 违反本法规定处理个人信息，或者处理个人信息未履行本法规定的个人信息保护义务的，由履行个人信息保护职责的部门责令改正，给予警告，没收违法所得，对违法处理个人信息的应用程序，责令暂停或者终止提供服务；拒不改正的，并处一百万元以下罚款；对直接负责的主管人员和其他直接责任人员处一万元以上十万元以下罚款。

有前款规定的违法行为，情节严重的，由省级以上履行个人信息保护职责的部门责令改正，没收违法所得，并处五千万元以下或者上一年度营业额百分之五以下罚款，并可以责令暂停相关业务或者停业整顿、通报有关主管部门吊销相关业务许可或者吊销营业执照；对直接负责的主管人员和其他直接责任人员处十万元以上一百万元以下罚款，并可以决定禁止其在一定期限内担任相关企业的董事、监事、高级管理人员和个人信息保护负责人。

第六十七条 有本法规定的违法行为的，依照有关法律、行政法规的规定记入信用档案，并予以公示。

第六十八条 国家机关不履行本法规定的个人信息保护义务的，由其上级机关或者履行个人信息保护职责的部门责令改正；对直接负责的主管人员和其他直接责任人员依法给予处分。

履行个人信息保护职责的部门的工作人员玩忽职守、滥用职权、徇私舞弊，尚不构成犯罪的，依法给予处分。

第六十九条 处理个人信息侵害个人信息权益造成损害，个人信息处理者不能证明自己没有过错的，应当承担损害赔偿等侵权责任。

前款规定的损害赔偿责任按照个人因此受到的损失或者个人信息处理者因此获得的利益确定；个人因此受到的损失和个人信息处理者因此获得的利益难以确定的，根据实际情况确定赔偿数额。

第七十条 个人信息处理者违反本法规定处理个人信息，侵害众多个人的权益的，人民检察院、法律规定的消费者组织和由国家网信部门确定的组织可以依法向人民法院提起诉讼。

第七十一条　违反本法规定，构成违反治安管理行为的，依法给予治安管理处罚；构成犯罪的，依法追究刑事责任。

第八章　附　　则

第七十二条　自然人因个人或者家庭事务处理个人信息的，不适用本法。

法律对各级人民政府及其有关部门组织实施的统计、档案管理活动中的个人信息处理有规定的，适用其规定。

第七十三条　本法下列用语的含义：

（一）个人信息处理者，是指在个人信息处理活动中自主决定处理目的、处理方式的组织、个人。

（二）自动化决策，是指通过计算机程序自动分析、评估个人的行为习惯、兴趣爱好或者经济、健康、信用状况等，并进行决策的活动。

（三）去标识化，是指个人信息经过处理，使其在不借助额外信息的情况下无法识别特定自然人的过程。

（四）匿名化，是指个人信息经过处理无法识别特定自然人且不能复原的过程。

第七十四条　本法自2021年11月1日起施行。

附录3

网络信息内容生态治理规定(2020)[①]

《网络信息内容生态治理规定》已经国家互联网信息办公室室务会议审议通过，现予公布，自2020年3月1日起施行)

第一章　总　　则

第一条　为了营造良好网络生态，保障公民、法人和其他组织的合法权益，维护国家安全和公共利益，根据《中华人民共和国国家安全法》《中华人民共和国网络安全法》《互联网信息服务管理办法》等法律、行政法规，制定本规定。

第二条　中华人民共和国境内的网络信息内容生态治理活动，适用本规定。

本规定所称网络信息内容生态治理，是指政府、企业、社会、网民等主体，以培育和践行社会主义核心价值观为根本，以网络信息内容为主要治理对象，以建立健全网络综合治理体系、营造清朗的网络空间、建设良好的网络生态为目标，开展的弘扬正能量、处置违法和不良信息等相关活动。

第三条　国家网信部门负责统筹协调全国网络信息内容生态治理和相关监督管理工作，各有关主管部门依据各自职责做好网络信息内容生态治理工作。

地方网信部门负责统筹协调本行政区域内网络信息内容生态治理和相关监督管理工作，地方各有关主管部门依据各自职责做好本行政区域内网络信息内容生态治理工作。

第二章　网络信息内容生产者

第四条　网络信息内容生产者应当遵守法律法规，遵循公序良俗，不得损害国家利益、公共利益和他人合法权益。

第五条　鼓励网络信息内容生产者制作、复制、发布含有下列内容的信息：

(一)宣传习近平新时代中国特色社会主义思想，全面准确生动解读中国特色社会主义道路、理论、制度、文化的；

(二)宣传党的理论路线方针政策和中央重大决策部署的；

(三)展示经济社会发展亮点，反映人民群众伟大奋斗和火热生活的；

(四)弘扬社会主义核心价值观，宣传优秀道德文化和时代精神，充分展现中华民族昂扬向上精神风貌的；

(五)有效回应社会关切，解疑释惑，析事明理，有助于引导群众形成共识的；

---

① 中国网信网，http://www.cac.gov.cn/2019-12/20/c_1578375159509309.htm,2019-12-20。

(六)有助于提高中华文化国际影响力，向世界展现真实立体全面的中国的；

(七)其他讲品味讲格调讲责任、讴歌真善美、促进团结稳定等的内容。

第六条　网络信息内容生产者不得制作、复制、发布含有下列内容的违法信息：

(一)反对宪法所确定的基本原则的；

(二)危害国家安全，泄露国家秘密，颠覆国家政权，破坏国家统一的；

(三)损害国家荣誉和利益的；

(四)歪曲、丑化、亵渎、否定英雄烈士事迹和精神，以侮辱、诽谤或者其他方式侵害英雄烈士的姓名、肖像、名誉、荣誉的；

(五)宣扬恐怖主义、极端主义或者煽动实施恐怖活动、极端主义活动的；

(六)煽动民族仇恨、民族歧视，破坏民族团结的；

(七)破坏国家宗教政策，宣扬邪教和封建迷信的；

(八)散布谣言，扰乱经济秩序和社会秩序的；

(九)散布淫秽、色情、赌博、暴力、凶杀、恐怖或者教唆犯罪的；

(十)侮辱或者诽谤他人，侵害他人名誉、隐私和其他合法权益的；

(十一)法律、行政法规禁止的其他内容。

第七条　网络信息内容生产者应当采取措施，防范和抵制制作、复制、发布含有下列内容的不良信息：

(一)使用夸张标题，内容与标题严重不符的；

(二)炒作绯闻、丑闻、劣迹等的；

(三)不当评述自然灾害、重大事故等灾难的；

(四)带有性暗示、性挑逗等易使人产生性联想的；

(五)展现血腥、惊悚、残忍等致人身心不适的；

(六)煽动人群歧视、地域歧视等的；

(七)宣扬低俗、庸俗、媚俗内容的；

(八)可能引发未成年人模仿不安全行为和违反社会公德行为、诱导未成年人不良嗜好等的；

(九)其他对网络生态造成不良影响的内容。

第三章　网络信息内容服务平台

第八条　网络信息内容服务平台应当履行信息内容管理主体责任，加强本平台网络信息内容生态治理，培育积极健康、向上向善的网络文化。

第九条　网络信息内容服务平台应当建立网络信息内容生态治理机制，制定本平台网络信息内容生态治理细则，健全用户注册、账号管理、信息发布审核、跟帖评论审核、版面页面生态管理、实时巡查、应急处置和网络谣言、黑色产业链信息处置等制度。

网络信息内容服务平台应当设立网络信息内容生态治理负责人，配备与业务范围和服务规模相适应的专业人员，加强培训考核，提升从业人员素质。

第十条　网络信息内容服务平台不得传播本规定第六条规定的信息，应当防范和抵制传播本规定第七条规定的信息。

网络信息内容服务平台应当加强信息内容的管理，发现本规定第六条、第七条规定的信息的，应当依法立即采取处置措施，保存有关记录，并向有关主管部门报告。

第十一条 鼓励网络信息内容服务平台坚持主流价值导向，优化信息推荐机制，加强版面页面生态管理，在下列重点环节(包括服务类型、位置版块等)积极呈现本规定第五条规定的信息：

(一)互联网新闻信息服务首页首屏、弹窗和重要新闻信息内容页面等；

(二)互联网用户公众账号信息服务精选、热搜等；

(三)博客、微博客信息服务热门推荐、榜单类、弹窗及基于地理位置的信息服务版块等；

(四)互联网信息搜索服务热搜词、热搜图及默认搜索等；

(五)互联网论坛社区服务首页首屏、榜单类、弹窗等；

(六)互联网音视频服务首页首屏、发现、精选、榜单类、弹窗等；

(七)互联网网址导航服务、浏览器服务、输入法服务首页首屏、榜单类、皮肤、联想词、弹窗等；

(八)数字阅读、网络游戏、网络动漫服务首页首屏、精选、榜单类、弹窗等；

(九)生活服务、知识服务平台首页首屏、热门推荐、弹窗等；

(十)电子商务平台首页首屏、推荐区等；

(十一)移动应用商店、移动智能终端预置应用软件和内置信息内容服务首屏、推荐区等；

(十二)专门以未成年人为服务对象的网络信息内容专栏、专区和产品等；

(十三)其他处于产品或者服务醒目位置、易引起网络信息内容服务使用者关注的重点环节。

网络信息内容服务平台不得在以上重点环节呈现本规定第七条规定的信息。

第十二条 网络信息内容服务平台采用个性化算法推荐技术推送信息的，应当设置符合本规定第十条、第十一条规定要求的推荐模型，建立健全人工干预和用户自主选择机制。

第十三条 鼓励网络信息内容服务平台开发适合未成年人使用的模式，提供适合未成年人使用的网络产品和服务，便利未成年人获取有益身心健康的信息。

第十四条 网络信息内容服务平台应当加强对本平台设置的广告位和在本平台展示的广告内容的审核巡查，对发布违法广告的，应当依法予以处理。

第十五条 网络信息内容服务平台应当制定并公开管理规则和平台公约，完善用户协议，明确用户相关权利义务，并依法依约履行相应管理职责。

网络信息内容服务平台应当建立用户账号信用管理制度，根据用户账号的信用情况提供相应服务。

第十六条 网络信息内容服务平台应当在显著位置设置便捷的投诉举报入口，公布投诉举报方式，及时受理处置公众投诉举报并反馈处理结果。

第十七条 网络信息内容服务平台应当编制网络信息内容生态治理工作年度报告，年度报告应当包括网络信息内容生态治理工作情况、网络信息内容生态治理负责人履职情况、社会评价情况等内容。

第四章 网络信息内容服务使用者

第十八条 网络信息内容服务使用者应当文明健康使用网络，按照法律法规的要求和用户协议约定，切实履行相应义务，在以发帖、回复、留言、弹幕等形式参与网络活动时，文明互动，理性表达，不得发布本规定第六条规定的信息，防范和抵制本规定第七条规定的信息。

第十九条 网络群组、论坛社区版块建立者和管理者应当履行群组、版块管理责任，依据法律法规、用户协议和平台公约等，规范群组、版块内信息发布等行为。

第二十条 鼓励网络信息内容服务使用者积极参与网络信息内容生态治理，通过投诉、举报等方式对网上违法和不良信息进行监督，共同维护良好网络生态。

第二十一条 网络信息内容服务使用者和网络信息内容生产者、网络信息内容服务平台不得利用网络和相关信息技术实施侮辱、诽谤、威胁、散布谣言以及侵犯他人隐私等违法行为，损害他人合法权益。

第二十二条 网络信息内容服务使用者和网络信息内容生产者、网络信息内容服务平台不得通过发布、删除信息以及其他干预信息呈现的手段侵害他人合法权益或者谋取非法利益。

第二十三条 网络信息内容服务使用者和网络信息内容生产者、网络信息内容服务平台不得利用深度学习、虚拟现实等新技术新应用从事法律、行政法规禁止的活动。

第二十四条 网络信息内容服务使用者和网络信息内容生产者、网络信息内容服务平台不得通过人工方式或者技术手段实施流量造假、流量劫持以及虚假注册账号、非法交易账号、操纵用户账号等行为，破坏网络生态秩序。

第二十五条 网络信息内容服务使用者和网络信息内容生产者、网络信息内容服务平台不得利用党旗、党徽、国旗、国徽、国歌等代表党和国家形象的标识及内容，或者借国家重大活动、重大纪念日和国家机关及其工作人员名义等，违法违规开展网络商业营销活动。

第五章 网络行业组织

第二十六条 鼓励行业组织发挥服务指导和桥梁纽带作用，引导会员单位增强社会责任感，唱响主旋律，弘扬正能量，反对违法信息，防范和抵制不良信息。

第二十七条 鼓励行业组织建立完善行业自律机制，制定网络信息内容生态治理行业规范和自律公约，建立内容审核标准细则，指导会员单位建立健全服务规范、依法提供网络信息内容服务、接受社会监督。

第二十八条 鼓励行业组织开展网络信息内容生态治理教育培训和宣传引导工作，提升会员单位、从业人员治理能力，增强全社会共同参与网络信息内容生态治理意识。

第二十九条 鼓励行业组织推动行业信用评价体系建设，依据章程建立行业评议等评价奖惩机制，加大对会员单位的激励和惩戒力度，强化会员单位的守信意识。

第六章 监督管理

第三十条 各级网信部门会同有关主管部门，建立健全信息共享、会商通报、联合执法、案件督办、信息公开等工作机制，协同开展网络信息内容生态治理工作。

第三十一条 各级网信部门对网络信息内容服务平台履行信息内容管理主体责任情况开展监督检查，对存在问题的平台开展专项督查。

网络信息内容服务平台对网信部门和有关主管部门依法实施的监督检查，应当予以配合。

第三十二条 各级网信部门建立网络信息内容服务平台违法违规行为台账管理制度，并依法依规进行相应处理。

第三十三条 各级网信部门建立政府、企业、社会、网民等主体共同参与的监督评价机制，定期对本行政区域内网络信息内容服务平台生态治理情况进行评估。

第七章 法律责任

第三十四条 网络信息内容生产者违反本规定第六条规定的，网络信息内容服务平台应当依法依约采取警示整改、限制功能、暂停更新、关闭账号等处置措施，及时消除违法信息内容，保存记录并向有关主管部门报告。

第三十五条 网络信息内容服务平台违反本规定第十条、第三十一条第二款规定的，由网信等有关主管部门依据职责，按照《中华人民共和国网络安全法》《互联网信息服务管理办法》等法律、行政法规的规定予以处理。

第三十六条 网络信息内容服务平台违反本规定第十一条第二款规定的，由设区的市级以上网信部门依据职责进行约谈，给予警告，责令限期改正；拒不改正或者情节严重的，责令暂停信息更新，按照有关法律、行政法规的规定予以处理。

第三十七条 网络信息内容服务平台违反本规定第九条、第十二条、第十五条、第十六条、第十七条规定的，由设区的市级以上网信部门依据职责进行约谈，给予警告，责令限期改正；拒不改正或者情节严重的，责令暂停信息更新，按照有关法律、行政法规的规定予以处理。

第三十八条 违反本规定第十四条、第十八条、第十九条、第二十一条、第二十二条、第二十三条、第二十四条、第二十五条规定的，由网信等有关主管部门依据职责，按照有关法律、行政法规的规定予以处理。

第三十九条 网信部门根据法律、行政法规和国家有关规定，会同有关主管部门建立健全网络信息内容服务严重失信联合惩戒机制，对严重违反本规定的网络信息内容服务平台、网络信息内容生产者和网络信息内容使用者依法依规实施限制从事网络信息服务、网上行为限制、行业禁入等惩戒措施。

第四十条 违反本规定，给他人造成损害的，依法承担民事责任；构成犯罪的，依法追究刑事责任；尚不构成犯罪的，由有关主管部门依照有关法律、行政法规的规定予以处罚。

第八章　附　　则

第四十一条　本规定所称网络信息内容生产者，是指制作、复制、发布网络信息内容的组织或者个人。

本规定所称网络信息内容服务平台，是指提供网络信息内容传播服务的网络信息服务提供者。

本规定所称网络信息内容服务使用者，是指使用网络信息内容服务的组织或者个人。

第四十二条　本规定自 2020 年 3 月 1 日起施行。

附录4

网络直播营销管理办法(试行)[1]

第一章　总　　则

第一条　为加强网络直播营销管理，维护国家安全和公共利益，保护公民、法人和其他组织的合法权益，促进网络直播营销健康有序发展，根据《中华人民共和国网络安全法》《中华人民共和国电子商务法》《中华人民共和国广告法》《中华人民共和国反不正当竞争法》《网络信息内容生态治理规定》等法律、行政法规和国家有关规定，制定本办法。

第二条　在中华人民共和国境内，通过互联网站、应用程序、小程序等，以视频直播、音频直播、图文直播或多种直播相结合等形式开展营销的商业活动，适用本办法。

本办法所称直播营销平台，是指在网络直播营销中提供直播服务的各类平台，包括互联网直播服务平台、互联网音视频服务平台、电子商务平台等。

本办法所称直播间运营者，是指在直播营销平台上注册账号或者通过自建网站等其他网络服务，开设直播间从事网络直播营销活动的个人、法人和其他组织。

本办法所称直播营销人员，是指在网络直播营销中直接向社会公众开展营销的个人。

本办法所称直播营销人员服务机构，是指为直播营销人员从事网络直播营销活动提供策划、运营、经纪、培训等的专门机构。

从事网络直播营销活动，属于《中华人民共和国电子商务法》规定的“电子商务平台经营者”或“平台内经营者”定义的市场主体，应当依法履行相应的责任和义务。

第三条　从事网络直播营销活动，应当遵守法律法规，遵循公序良俗，遵守商业道德，坚持正确导向，弘扬社会主义核心价值观，营造良好网络生态。

第四条　国家网信部门和国务院公安、商务、文化和旅游、税务、市场监督管理、广播电视等有关主管部门建立健全线索移交、信息共享、会商研判、教育培训等工作机制，依据各自职责做好网络直播营销相关监督管理工作。

县级以上地方人民政府有关主管部门依据各自职责做好本行政区域内网络直播营销相关监督管理工作。

第二章　直播营销平台

第五条　直播营销平台应当依法依规履行备案手续，并按照有关规定开展安全评估。

从事网络直播营销活动，依法需要取得相关行政许可的，应当依法取得行政许可。

---

① http://www.gov.cn/zhengce/zhengceku/2021-04/23/content_5601682.htm,2021-04-23。

第六条　直播营销平台应当建立健全账号及直播营销功能注册注销、信息安全管理、营销行为规范、未成年人保护、消费者权益保护、个人信息保护、网络和数据安全管理等机制、措施。

直播营销平台应当配备与服务规模相适应的直播内容管理专业人员，具备维护互联网直播内容安全的技术能力，技术方案应符合国家相关标准。

第七条　直播营销平台应当依据相关法律法规和国家有关规定，制定并公开网络直播营销管理规则、平台公约。

直播营销平台应当与直播营销人员服务机构、直播间运营者签订协议，要求其规范直播营销人员招募、培训、管理流程，履行对直播营销内容、商品和服务的真实性、合法性审核义务。

直播营销平台应当制定直播营销商品和服务负面目录，列明法律法规规定的禁止生产销售、禁止网络交易、禁止商业推销宣传以及不适宜以直播形式营销的商品和服务类别。

第八条　直播营销平台应当对直播间运营者、直播营销人员进行基于身份证件信息、统一社会信用代码等真实身份信息认证，并依法依规向税务机关报送身份信息和其他涉税信息。直播营销平台应当采取必要措施保障处理的个人信息安全。

直播营销平台应当建立直播营销人员真实身份动态核验机制，在直播前核验所有直播营销人员身份信息，对与真实身份信息不符或按照国家有关规定不得从事网络直播发布的，不得为其提供直播发布服务。

第九条　直播营销平台应当加强网络直播营销信息内容管理，开展信息发布审核和实时巡查，发现违法和不良信息，应当立即采取处置措施，保存有关记录，并向有关主管部门报告。

直播营销平台应当加强直播间内链接、二维码等跳转服务的信息安全管理，防范信息安全风险。

第十条　直播营销平台应当建立健全风险识别模型，对涉嫌违法违规的高风险营销行为采取弹窗提示、违规警示、限制流量、暂停直播等措施。直播营销平台应当以显著方式警示用户平台外私下交易等行为的风险。

第十一条　直播营销平台提供付费导流等服务，对网络直播营销进行宣传、推广，构成商业广告的，应当履行广告发布者或者广告经营者的责任和义务。

直播营销平台不得为直播间运营者、直播营销人员虚假或者引人误解的商业宣传提供帮助、便利条件。

第十二条　直播营销平台应当建立健全未成年人保护机制，注重保护未成年人身心健康。网络直播营销中包含可能影响未成年人身心健康内容的，直播营销平台应当在信息展示前以显著方式作出提示。

第十三条　直播营销平台应当加强新技术新应用新功能上线和使用管理，对利用人工智能、数字视觉、虚拟现实、语音合成等技术展示的虚拟形象从事网络直播营销的，应当按照有关规定进行安全评估，并以显著方式予以标识。

第十四条　直播营销平台应当根据直播间运营者账号合规情况、关注和访问量、交易量和金额及其他指标维度，建立分级管理制度，根据级别确定服务范围及功能，对重点直播间运营者采取安排专人实时巡查、延长直播内容保存时间等措施。

直播营销平台应当对违反法律法规和服务协议的直播间运营者账号，视情采取警示提醒、限制功能、暂停发布、注销账号、禁止重新注册等处置措施，保存记录并向有关主管部门报告。

直播营销平台应当建立黑名单制度，将严重违法违规的直播营销人员及因违法失德造成恶劣社会影响的人员列入黑名单，并向有关主管部门报告。

第十五条 直播营销平台应当建立健全投诉、举报机制，明确处理流程和反馈期限，及时处理公众对于违法违规信息内容、营销行为投诉举报。

消费者通过直播间内链接、二维码等方式跳转到其他平台购买商品或者接受服务，发生争议时，相关直播营销平台应当积极协助消费者维护合法权益，提供必要的证据等支持。

第十六条 直播营销平台应当提示直播间运营者依法办理市场主体登记或税务登记，如实申报收入，依法履行纳税义务，并依法享受税收优惠。直播营销平台及直播营销人员服务机构应当依法履行代扣代缴义务。

第三章 直播间运营者和直播营销人员

第十七条 直播营销人员或者直播间运营者为自然人的，应当年满十六周岁；十六周岁以上的未成年人申请成为直播营销人员或者直播间运营者的，应当经监护人同意。

第十八条 直播间运营者、直播营销人员从事网络直播营销活动，应当遵守法律法规和国家有关规定，遵循社会公序良俗，真实、准确、全面地发布商品或服务信息，不得有下列行为：

（一）违反《网络信息内容生态治理规定》第六条、第七条规定的；

（二）发布虚假或者引人误解的信息，欺骗、误导用户；

（三）营销假冒伪劣、侵犯知识产权或不符合保障人身、财产安全要求的商品；

（四）虚构或者篡改交易、关注度、浏览量、点赞量等数据流量造假；

（五）知道或应当知道他人存在违法违规或高风险行为，仍为其推广、引流；

（六）骚扰、诋毁、谩骂及恐吓他人，侵害他人合法权益；

（七）传销、诈骗、赌博、贩卖违禁品及管制物品等；

（八）其他违反国家法律法规和有关规定的行为。

第十九条 直播间运营者、直播营销人员发布的直播内容构成商业广告的，应当履行广告发布者、广告经营者或者广告代言人的责任和义务。

第二十条 直播营销人员不得在涉及国家安全、公共安全、影响他人及社会正常生产生活秩序的场所从事网络直播营销活动。

直播间运营者、直播营销人员应当加强直播间管理，在下列重点环节的设置应当符合法律法规和国家有关规定，不得含有违法和不良信息，不得以暗示等方式误导用户：

（一）直播间运营者账号名称、头像、简介；

（二）直播间标题、封面；

（三）直播间布景、道具、商品展示；

（四）直播营销人员着装、形象；

（五）其他易引起用户关注的重点环节。

第二十一条　直播间运营者、直播营销人员应当依据平台服务协议做好语音和视频连线、评论、弹幕等互动内容的实时管理，不得以删除、屏蔽相关不利评价等方式欺骗、误导用户。

第二十二条　直播间运营者应当对商品和服务供应商的身份、地址、联系方式、行政许可、信用情况等信息进行核验，并留存相关记录备查。

第二十三条　直播间运营者、直播营销人员应当依法依规履行消费者权益保护责任和义务，不得故意拖延或者无正当理由拒绝消费者提出的合法合理要求。

第二十四条　直播间运营者、直播营销人员与直播营销人员服务机构合作开展商业合作的，应当与直播营销人员服务机构签订书面协议，明确信息安全管理、商品质量审核、消费者权益保护等义务并督促履行。

第二十五条　直播间运营者、直播营销人员使用其他人肖像作为虚拟形象从事网络直播营销活动的，应当征得肖像权人同意，不得利用信息技术手段伪造等方式侵害他人的肖像权。对自然人声音的保护，参照适用前述规定。

第四章　监督管理和法律责任

第二十六条　有关部门根据需要对直播营销平台履行主体责任情况开展监督检查，对存在问题的平台开展专项检查。

直播营销平台对有关部门依法实施的监督检查，应当予以配合，不得拒绝、阻挠。直播营销平台应当为有关部门依法调查、侦查活动提供技术支持和协助。

第二十七条　有关部门加强对行业协会商会的指导，鼓励建立完善行业标准，开展法律法规宣传，推动行业自律。

第二十八条　违反本办法，给他人造成损害的，依法承担民事责任；构成犯罪的，依法追究刑事责任；尚不构成犯罪的，由网信等有关主管部门依据各自职责依照有关法律法规予以处理。

第二十九条　有关部门对严重违反法律法规的直播营销市场主体名单实施信息共享，依法开展联合惩戒。

第五章　附　　则

第三十条　本办法自 2021 年 5 月 25 日起施行。

附录 5
互联网信息服务算法推荐管理规定（2021—2022）[①]

《互联网信息服务算法推荐管理规定》已经 2021 年 11 月 16 日国家互联网信息办公室 2021 年第 20 次室务会议审议通过，并经工业和信息化部、公安部、国家市场监督管理总局同意，现予公布，自 2022 年 3 月 1 日起施行。

互联网信息服务算法推荐管理规定

第一章　总　　则

第一条　为了规范互联网信息服务算法推荐活动，弘扬社会主义核心价值观，维护国家安全和社会公共利益，保护公民、法人和其他组织的合法权益，促进互联网信息服务健康有序发展，根据《中华人民共和国网络安全法》、《中华人民共和国数据安全法》、《中华人民共和国个人信息保护法》、《互联网信息服务管理办法》等法律、行政法规，制定本规定。

第二条　在中华人民共和国境内应用算法推荐技术提供互联网信息服务（以下简称算法推荐服务），适用本规定。法律、行政法规另有规定的，依照其规定。

前款所称应用算法推荐技术，是指利用生成合成类、个性化推送类、排序精选类、检索过滤类、调度决策类等算法技术向用户提供信息。

第三条　国家网信部门负责统筹协调全国算法推荐服务治理和相关监督管理工作。国务院电信、公安、市场监管等有关部门依据各自职责负责算法推荐服务监督管理工作。

地方网信部门负责统筹协调本行政区域内的算法推荐服务治理和相关监督管理工作。地方电信、公安、市场监管等有关部门依据各自职责负责本行政区域内的算法推荐服务监督管理工作。

第四条　提供算法推荐服务，应当遵守法律法规，尊重社会公德和伦理，遵守商业道德和职业道德，遵循公正公平、公开透明、科学合理和诚实信用的原则。

第五条　鼓励相关行业组织加强行业自律，建立健全行业标准、行业准则和自律管理制度，督促指导算法推荐服务提供者制定完善服务规范、依法提供服务并接受社会监督。

第二章　信息服务规范

第六条　算法推荐服务提供者应当坚持主流价值导向，优化算法推荐服务机制，积极

---

① https://www.gov.cn/zhengce/2022-01/04/content_5666429.htm,2021-12-31。

传播正能量，促进算法应用向上向善。

算法推荐服务提供者不得利用算法推荐服务从事危害国家安全和社会公共利益、扰乱经济秩序和社会秩序、侵犯他人合法权益等法律、行政法规禁止的活动，不得利用算法推荐服务传播法律、行政法规禁止的信息，应当采取措施防范和抵制传播不良信息。

第七条 算法推荐服务提供者应当落实算法安全主体责任，建立健全算法机制机理审核、科技伦理审查、用户注册、信息发布审核、数据安全和个人信息保护、反电信网络诈骗、安全评估监测、安全事件应急处置等管理制度和技术措施，制定并公开算法推荐服务相关规则，配备与算法推荐服务规模相适应的专业人员和技术支撑。

第八条 算法推荐服务提供者应当定期审核、评估、验证算法机制机理、模型、数据和应用结果等，不得设置诱导用户沉迷、过度消费等违反法律法规或者违背伦理道德的算法模型。

第九条 算法推荐服务提供者应当加强信息安全管理，建立健全用于识别违法和不良信息的特征库，完善入库标准、规则和程序。发现未作显著标识的算法生成合成信息的，应当作出显著标识后，方可继续传输。

发现违法信息的，应当立即停止传输，采取消除等处置措施，防止信息扩散，保存有关记录，并向网信部门和有关部门报告。发现不良信息的，应当按照网络信息内容生态治理有关规定予以处置。

第十条 算法推荐服务提供者应当加强用户模型和用户标签管理，完善记入用户模型的兴趣点规则和用户标签管理规则，不得将违法和不良信息关键词记入用户兴趣点或者作为用户标签并据以推送信息。

第十一条 算法推荐服务提供者应当加强算法推荐服务版面页面生态管理，建立完善人工干预和用户自主选择机制，在首页首屏、热搜、精选、榜单类、弹窗等重点环节积极呈现符合主流价值导向的信息。

第十二条 鼓励算法推荐服务提供者综合运用内容去重、打散干预等策略，并优化检索、排序、选择、推送、展示等规则的透明度和可解释性，避免对用户产生不良影响，预防和减少争议纠纷。

第十三条 算法推荐服务提供者提供互联网新闻信息服务的，应当依法取得互联网新闻信息服务许可，规范开展互联网新闻信息采编发布服务、转载服务和传播平台服务，不得生成合成虚假新闻信息，不得传播非国家规定范围内的单位发布的新闻信息。

第十四条 算法推荐服务提供者不得利用算法虚假注册账号、非法交易账号、操纵用户账号或者虚假点赞、评论、转发，不得利用算法屏蔽信息、过度推荐、操纵榜单或者检索结果排序、控制热搜或者精选等干预信息呈现，实施影响网络舆论或者规避监督管理行为。

第十五条 算法推荐服务提供者不得利用算法对其他互联网信息服务提供者进行不合理限制，或者妨碍、破坏其合法提供的互联网信息服务正常运行，实施垄断和不正当竞争行为。

第三章 用户权益保护

第十六条 算法推荐服务提供者应当以显著方式告知用户其提供算法推荐服务的情况，并以适当方式公示算法推荐服务的基本原理、目的意图和主要运行机制等。

第十七条 算法推荐服务提供者应当向用户提供不针对其个人特征的选项，或者向用户提供便捷的关闭算法推荐服务的选项。用户选择关闭算法推荐服务的，算法推荐服务提供者应当立即停止提供相关服务。

算法推荐服务提供者应当向用户提供选择或者删除用于算法推荐服务的针对其个人特征的用户标签的功能。

算法推荐服务提供者应用算法对用户权益造成重大影响的，应当依法予以说明并承担相应责任。

第十八条 算法推荐服务提供者向未成年人提供服务的，应当依法履行未成年人网络保护义务，并通过开发适合未成年人使用的模式、提供适合未成年人特点的服务等方式，便利未成年人获取有益身心健康的信息。

算法推荐服务提供者不得向未成年人推送可能引发未成年人模仿不安全行为和违反社会公德行为、诱导未成年人不良嗜好等可能影响未成年人身心健康的信息，不得利用算法推荐服务诱导未成年人沉迷网络。

第十九条 算法推荐服务提供者向老年人提供服务的，应当保障老年人依法享有的权益，充分考虑老年人出行、就医、消费、办事等需求，按照国家有关规定提供智能化适老服务，依法开展涉电信网络诈骗信息的监测、识别和处置，便利老年人安全使用算法推荐服务。

第二十条 算法推荐服务提供者向劳动者提供工作调度服务的，应当保护劳动者取得劳动报酬、休息休假等合法权益，建立完善平台订单分配、报酬构成及支付、工作时间、奖惩等相关算法。

第二十一条 算法推荐服务提供者向消费者销售商品或者提供服务的，应当保护消费者公平交易的权利，不得根据消费者的偏好、交易习惯等特征，利用算法在交易价格等交易条件上实施不合理的差别待遇等违法行为。

第二十二条 算法推荐服务提供者应当设置便捷有效的用户申诉和公众投诉、举报入口，明确处理流程和反馈时限，及时受理、处理并反馈处理结果。

第四章 监督管理

第二十三条 网信部门会同电信、公安、市场监管等有关部门建立算法分级分类安全管理制度，根据算法推荐服务的舆论属性或者社会动员能力、内容类别、用户规模、算法推荐技术处理的数据重要程度、对用户行为的干预程度等对算法推荐服务提供者实施分级分类管理。

第二十四条 具有舆论属性或者社会动员能力的算法推荐服务提供者应当在提供服务之日起十个工作日内通过互联网信息服务算法备案系统填报服务提供者的名称、服务形式、应用领域、算法类型、算法自评估报告、拟公示内容等信息，履行备案手续。

算法推荐服务提供者的备案信息发生变更的，应当在变更之日起十个工作日内办理变更手续。

算法推荐服务提供者终止服务的，应当在终止服务之日起二十个工作日内办理注销备案手续，并作出妥善安排。

第二十五条 国家和省、自治区、直辖市网信部门收到备案人提交的备案材料后，材料齐全的，应当在三十个工作日内予以备案，发放备案编号并进行公示；材料不齐全的，不予备案，并应当在三十个工作日内通知备案人并说明理由。

第二十六条 完成备案的算法推荐服务提供者应当在其对外提供服务的网站、应用程序等的显著位置标明其备案编号并提供公示信息链接。

第二十七条 具有舆论属性或者社会动员能力的算法推荐服务提供者应当按照国家有关规定开展安全评估。

第二十八条 网信部门会同电信、公安、市场监管等有关部门对算法推荐服务依法开展安全评估和监督检查工作，对发现的问题及时提出整改意见并限期整改。

算法推荐服务提供者应当依法留存网络日志，配合网信部门和电信、公安、市场监管等有关部门开展安全评估和监督检查工作，并提供必要的技术、数据等支持和协助。

第二十九条 参与算法推荐服务安全评估和监督检查的相关机构和人员对在履行职责中知悉的个人隐私、个人信息和商业秘密应当依法予以保密，不得泄露或者非法向他人提供。

第三十条 任何组织和个人发现违反本规定行为的，可以向网信部门和有关部门投诉、举报。收到投诉、举报的部门应当及时依法处理。

第五章 法律责任

第三十一条 算法推荐服务提供者违反本规定第七条、第八条、第九条第一款、第十条、第十四条、第十六条、第十七条、第二十二条、第二十四条、第二十六条规定，法律、行政法规有规定的，依照其规定；法律、行政法规没有规定的，由网信部门和电信、公安、市场监管等有关部门依据职责给予警告、通报批评，责令限期改正；拒不改正或者情节严重的，责令暂停信息更新，并处一万元以上十万元以下罚款。构成违反治安管理行为的，依法给予治安管理处罚；构成犯罪的，依法追究刑事责任。

第三十二条 算法推荐服务提供者违反本规定第六条、第九条第二款、第十一条、第十三条、第十五条、第十八条、第十九条、第二十条、第二十一条、第二十七条、第二十八条第二款规定的，由网信部门和电信、公安、市场监管等有关部门依据职责，按照有关法律、行政法规和部门规章的规定予以处理。

第三十三条 具有舆论属性或者社会动员能力的算法推荐服务提供者通过隐瞒有关情况、提供虚假材料等不正当手段取得备案的，由国家和省、自治区、直辖市网信部门予以撤销备案，给予警告、通报批评；情节严重的，责令暂停信息更新，并处一万元以上十万元以下罚款。

具有舆论属性或者社会动员能力的算法推荐服务提供者终止服务未按照本规定第二十

四条第三款要求办理注销备案手续，或者发生严重违法情形受到责令关闭网站、吊销相关业务许可证或者吊销营业执照等行政处罚的，由国家和省、自治区、直辖市网信部门予以注销备案。

第六章　附　　则

第三十四条　本规定由国家互联网信息办公室会同工业和信息化部、公安部、国家市场监督管理总局负责解释。

第三十五条　本规定自 2022 年 3 月 1 日起施行。

附录 6

2023 年“清朗”系列专项行动新闻发布会（图片版）[①]

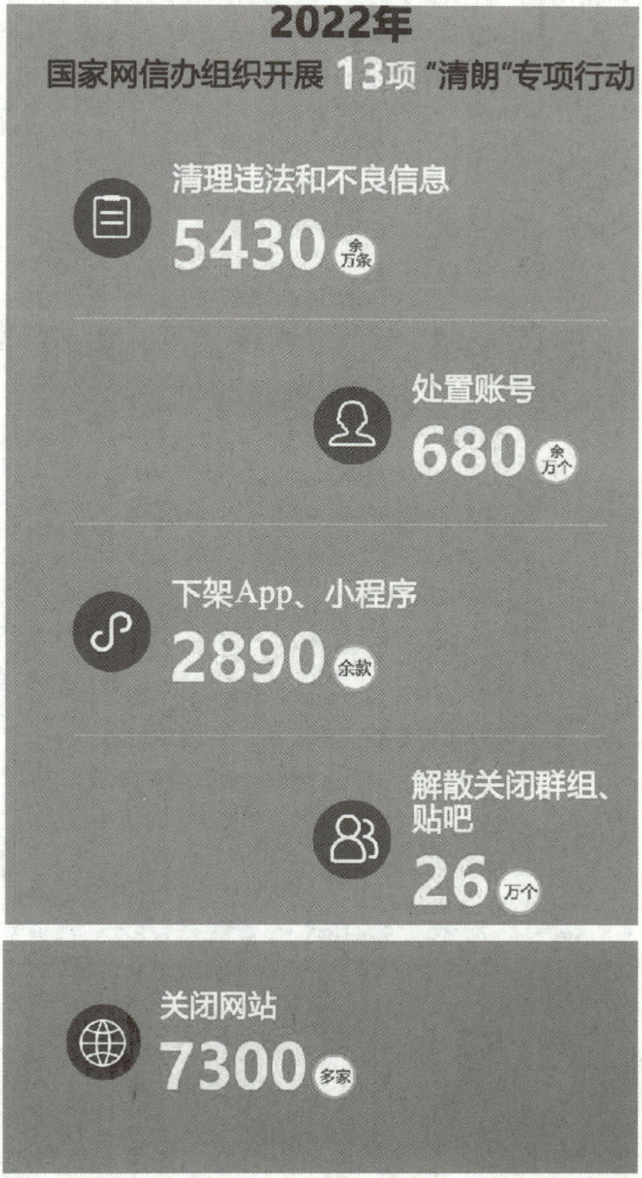

① http://www.cac.gov.cn/2023-03/28/c_1681651403795085.htm，2023-03-28。

2023年

国家网信办重点开展 9项 专项行动

- 整治“自媒体”乱象
- 打击网络水军操纵信息内容
- 规范重点流量环节网络传播秩序
- 优化营商网络环境 保护企业合法权益
- 整治生活服务类平台信息内容乱象
- 整治短视频信息内容导向不良问题
- 整治暑期未成年人网络环境
- 整治网络戾气
- 整治春节网络环境

重点做好三方面工作

1 **更加注重网民关切。**以专项行动为契机，集中力量整治人民群众反映强烈的网络生态突出问题，做到严厉打击和引导规范并重，乱象治理与权益保护并举，更好提升网民获得感和满意度。

2 **更加注重难题破解。**持续加大对“网络水军”、“自媒体”乱象、短视频沉迷等问题的治理力度，着力破解乱象背后的深层次问题，啃硬骨头、打攻坚战，力争以重点突破带动整体生态优化。

3 **更加注重治理创新。**进一步发挥规则制定、技术升级、功能调整、产品优化等创新手段在管网治网中的关键作用，推出全链条、体系化治理措施，针对各类问题，一抓到底、标本兼治。

参考文献

[1]刘友芝. 新媒体运营[M]. 北京：中国人民大学出版社，2018.
[2]陈光锋. 互联网思维：商业颠覆与重构[M]. 北京：机械工业出版社，2014.
[3]陈灿. 互联网+：跨界与融合[M]. 北京：机械工业出版社. 2015.
[4]陈威如. 余卓轩. 平台战略——正在席卷全球的商业模式革命[M]. 北京：中信出版社，2013.
[5]喻晓马，程宇宁，喻卫东. 互联网商业生态——重构商业规则[M]. 北京：中国人民大学出版社，2016.
[6][美]E. M. 罗杰斯. 创新的扩散[M]. 唐兴通，郑常青，张延臣，译. 北京：电子工业出版社，2016.
[7]张亮. 从零开始做运营[M]. 北京：中信出版社，2015.
[8]舒杨. 共鸣：内容运营方法论[M]. 北京：机械工业出版社，2017.
[9]付峥嵘，常洛瑜. 移动社交营销实战手册[M]. 北京：人民邮电出版社，2016.
[10]李斌. IP 生态圈：泛娱乐时代的 IP 产业及运营实践[M]. 北京：中国经济出版社，2017.
[11]刘仕杰. 超级变现：知识付费的多元实战心法[M]. 武汉：华中科技大学出版社，2022.
[12]庞金玲. 抖音运营 2.0：进阶方法论与实战攻略[M]. 北京：机械工业出版社，2019.
[13]王芳. 网络社会治理[M]. 北京：商务印书馆，2021.
[14]丁茂战. 新时代媒体深度融合理论和实践路径研究[M]. 北京：中国言实出版社，2021.
[15]刘冰，刘茜. 视频网站收费有没有春天[J]. 青年记者，2016(13)：33-34.
[16]高旭阳. 网络视频付费市场分析[J]. 新闻研究导刊，2018，9(15)：64-65.
[17]王文珺. 网络视频用户付费意愿影响因素研究[D]. 暨南大学，2021.
[18]喻国明. 知识付费何以成势？[J]. 新闻记者，2017(7)：61-63.
[19]方军. 知识付费：互联网知识经济的兴起[J]. 互联网经济，2017(5)：72.
[20]张利洁，张艳彬. 从免费惯性到付费变现——数字环境下知识传播模式的变化研究[J]. 编辑之友，2017(12)：50-53.
[21]宋建超. 知识付费的发展困境和发展趋势探析[J]. 视听，2017(11)：21-22.

[22]喻国明，郭超凯. 线上知识付费：主要类型、形态架构与发展模式[J]. 编辑学刊，2017(5)：6-11.
[23]彭兰. 平台机制与用户意愿：知识付费的两大要素解析[J]. 中国编辑，2018(11)：11-17.
[24]杜智涛，徐敬宏. 从需求到体验：用户在线知识付费行为的影响因素[J]. 新闻与传播研究，2018，25(10)：18-39、126.
[25]丁晓蔚，王雪莹，高淑萍. 知识付费：概念涵义、兴盛原因和现实危机[J]. 当代传播，2018(2)：29-32.
[26]刘友芝. 知识付费平台持续发展的现实瓶颈与创新突破[J]. 编辑之友，2018(11)：22-27.
[27]方爱华，陆朦朦，刘坤锋. 虚拟社区用户知识付费意愿实证研究[J]. 图书情报工作，2018，62(6)：105-115.
[28]张帅，王文韬，李晶. 用户在线知识付费行为影响因素研究[J]. 图书情报工作，2017，61(10)：94-100.
[29]郭全中. 风口下的短视频行业研究[J]. 传媒评论，2016(10)：23-26.
[30]胡沈明，马婉莹. 短视频 MCN 运作模式与存在问题探究[J]. 现代视听，2018(7)：12-17.
[31]董潇潇. 短视频行业发展的新情况与新特点[J]. 传媒，2019(9)：48-50.
[32]马昌博. 短视频运营：本质、原则与方法[J]. 新闻爱好者，2020(4)：94-96.
[33]张海涛，张鑫蕊，周红磊等. 融合用户偏好与内容特征的短视频传播效果评价研究[J]. 图书情报工作，2020，64(16)：81-91.
[34]喻国明. 网络治理的重中之重[J]. 青年记者，2016(28)：4-5.
[35]伍健辉，孙科. 中国网络治理从“媒介管理”到“社会治理”的思维转换——从“今日头条 App 下架”等事件说起[J]. 视听，2018(8)：143-144.
[36]马梦娇. MCN 模式下短视频内容生态伦理的失范与对策[J]. 青年记者，2019(30)：35-36.
[37]丁迈，张天莉，罗佳. 短视频的用户生态与需求演进——《短视频用户价值调研报告(2020)》[J]. 新闻与写作，2021(2)：52-59.
[38]潘祥辉. “无名者”的出场：短视频媒介的历史社会学考察[J]. 国际新闻界，2020，42(6)：40-54.
[39]张布帆. “三农”短视频的内容营销策略研究[J]. 中国广播电视学刊，2020(6)：119-121.
[40]佘倩倩. 抖音短视频的商业价值与盈利模式调查报告[D]. 南京大学，2019.
[41]褚俊杰. 国内短视频盈利模式探析[D]. 上海师范大学，2018.

[42]夏金彪. 腾讯、抖音和解或推动长短视频大融合[N]. 中国经济时报，2023-04-11.
[43]黄楚新. “互联网+媒体”——融合时代的传媒发展路径[J]. 新闻与传播研究，2015(9)：107-116.
[42]宋建武，陈璐颖. 建设区域性生态级媒体平台——打造新型主流媒体的路径探索[J]. 新闻与写作，2016.
[43]丁伟. 新媒体内容生态演进的8个方向[J]. 新闻战线，2018(19)：32-33.
[44]朱鸿军. 颠覆性创新：大型传统媒体的融媒转型[J]. 现代传播(中国传媒大学学报)，2019，41(8)：1-6.
[45]黄国春. “学习强国”传播模式与主流媒体的融合传播[J]. 青年记者，2019(22)：63-65.
[46]支庭荣. 我国媒体融合发展的内在逻辑与焦点问题[J]. 人民论坛·学术前沿，2019(3)：6-14.
[47]刘友芝，张晓敏. 新时代媒体深度融合战略路径的创新突破——从“以老推新”到“强新拉老”[J]. 编辑之友，2020(1)：19-24.
[48]丁汉青. 新冠肺炎疫情下的新媒介景观：主流媒体直播带货的生产与影响[J]. 编辑之友，2020(10)：5-11.
[49]黄楚新，吴梦瑶. 我国直播带货的发展状况、存在问题及优化路径[J]. 传媒，2020(17)：11-14.
[50]郭全中. 中国直播电商的发展动因、现状与趋势[J]. 新闻与写作，2020(8)：84-91.
[51]燕道成，李菲. 场景·符号·权力：电商直播的视觉景观与价值反思[J]. 现代传播(中国传媒大学学报)，2020，42(6)：124-129.
[52]刘友芝，李行芩. 中国直播电商发展特点及趋势[J]. 传媒，2021(14)：26-29.
[53]刘科，黄博琛. 电商直播带货行为主体的法律责任及规制逻辑[J]. 江汉论坛，2023(10)：139-144.
[54]白龙跃，周瑶. 媒介融合时代的“耳朵经济”——中文移动播客的多元商业价值挖掘[J]. 传媒，2023(S1)：31-35.
[55]周利娟. 移动互联时代中文播客平台发展研究——以小宇宙 App 为例[J]. 视听，2021(2)：119-120.
[56]樊丽，林莘宜. “耳朵经济”背景下播客内容新样态探索[J]. 中国出版，2021(24).
[57]史林娟，聂艳梅. 耳朵媒介的崛起：音频播客的广告价值与发展路径[J]. 中国广告，2022(3).
[58]喻国明，杨名宜. 元宇宙时代的新媒体景观：数字虚拟人直播的具身性研究[J]. 当代传播，2023，228(1)：32-36，48.
[59]郭全中. 虚拟数字人发展的现状、关键与未来[J]. 新闻与写作，2022(7)：56-64.

[60]程思琪，喻国明，杨嘉仪，等. 虚拟数字人：一种体验性媒介——试析虚拟数字人的连接机制与媒介属性[J]. 新闻界，2022(7)：12-23.

[61]秦贝贝，傅焕然，周粤婷. 数字虚拟人产业发展现状研究[J]. 广播电视网络，2023，30(2)：94-96.

[62]冯晓宇. 元宇宙背景下虚拟数字人发展面临的挑战及对策建议[J]. 文化产业，2022，253(36)：19-21.

[63]方兴东，何可，钟祥铭，等. 中国网络治理30年："一体多元模式"的演进历程与规律启示[J]. 传媒观察，2023(9)：54-65.

[64]中国互联网络信息中心. 中国互联网络发展状况统计报告(第39次~第52次报告)[R/OL]. http://www.cnnic.net.cn.

后　记

几年前，笔者获得国家社科基金项目以及武汉大学创新创业课程建设项目和通识 3.0 项目的资助，出版了《新媒体运营》(21 世纪新媒体专业系列教材)。该教材自出版以来，受到了全国 200 多所高校师生的认同和欢迎，并获得 2023 年武汉大学优秀教材奖(证书编号：202315)。

与此同时，近些年随着我国移动互联网的快速发展，热点新兴媒体市场层出不穷，经过初始爆发式发展之后持续动态地演变发展。为了使教材建设适应这一新时代互联网发展的形势，本研究团队分四步展开现实研究：首先，全面检视我国移动互联网快速发展以来历年爆发式发展中涌现出的主要热点新兴媒体市场，如视频付费、知识付费、短视频内容、短视频商业营销、主流媒体新闻 App 转型升级、直播电商、移动播客、虚拟数字人等；其次，详细梳理我国移动互联网快速发展以来国家对新兴媒体市场“依法治网”的相关政策法规和“剑网”“净网”现状；再次，总结探析上述热点新兴媒体市场的现实动态演变的运营规律，主要聚焦于各个热点新兴媒体市场最初现实爆发的具体背景、发展历程、初始运营现状与特征，以及市场初始爆发运营之后，市场后续运营面临的主要现实问题和市场持续发展趋势，并针对相关市场主体提出相应的新媒体运营对策；最后，从总体上洞察和分析我国移动互联网时代涌现的热点新兴媒体市场发展和运营的特点以及启示。

也是在 2023 年，笔者获得武汉大学 2023 年本科教育质量建设综合改革建设——武汉大学新闻与传播学院规划教材建设项目的资助。在其资助下，开始系统地展开上述研究，并将相应的研究成果转化为本书。本书的特色在于现实针对性强，以纯实务解读的方式区别于此前编写出版的《新媒体运营》。本书有助于广大青年学子全面系统而具体地了解和掌握我国上述各个热点新兴媒体市场化运营实践的主要发展脉络和主要现实运营规律。

本书由刘友芝提出全书各章节的具体写作思路、详细写作框架及主要观点，易志奇协助完成了部分工作。按写作顺序，各具体章节的作者分别如下：前言由刘友芝完成；第一章由刘友芝、王晓婉、易志奇完成；第二章由刘友芝、张晓敏完成；第三章由刘友芝、胡青山完成；第四章由刘友芝、孙晴完成；第五章由刘友芝、李子纯完成；第六章由刘友芝、李行芩完成；第七章由刘友芝、翁丽、曾舒迪完成；第八章由刘友芝、阳露、潘晨蕊完成；结语与启示、附录、参考文献由刘友芝完成。全书内容的整体修改由刘友芝、易志奇完成。

在本书写作过程中，参阅并引用了一些知名学者的理论研究文献和知名大数据网站出具的新媒体研究报告以及知名新媒体专业网站的文献资料，在此向各位作者一并表示诚挚的谢意！

感谢各位合作者的积极参与和辛勤工作，感谢各方的通力合作，感谢家人的理解和付出，使本书得以最终完稿；感谢武汉大学出版社胡国民、韩秋婷、李琼等老师的辛勤工作与付出。

由于时间仓促，水平有限，本书虽经过多次修改，仍难免存在错漏之处。在此，恳请读者批评指正。

刘友芝

2024 年 11 月于武汉大学珞珈书斋